ESSAIS PHILOSOPHIQUES
SUR L'HOMME,

SES PRINCIPAUX RAPPORTS

ET

SA DESTINÉE.

Nouvelle édition, *considérablement augmentée.*

ESSAIS PHILOSOPHIQUES
SUR L'HOMME,

SES PRINCIPAUX RAPPORTS ET SA DESTINÉE,

FONDÉS SUR L'EXPÉRIENCE ET LA RAISON.

SUIVIS

D'OBSERVATIONS SUR LE BEAU.

PUBLIÉS PAR LE CONSEILLER D'ÉTAT
L. H. DE JACOB,
SUR LES MANUSCRITS AUTOGRAPHES DE L'AUTEUR.

Sibi res, non se submittere rebus.
HORAT.

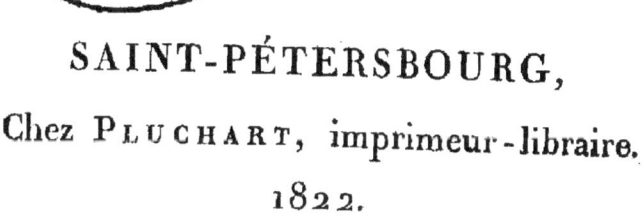

SAINT-PÉTERSBOURG,
Chez PLUCHART, imprimeur-libraire.
1822.

PRÉFACE

DE L'ÉDITEUR DE LA PREMIÈRE ÉDITION.

L'OUVRAGE que je présente ici au public, me semble renfermer les recherches les plus intéressantes sur les premiers principes de la philosophie. La marche que suit l'auteur dans son raisonnement, la base sur laquelle il s'appuie, la combinaison des idées, la structure entière du système, tout y est nouveau. Un tel ouvrage ne peut manquer d'attirer l'attention des philosophes qui, exempts de l'esprit de parti, savent examiner avec impartialité des raisonnemens qui s'écartent des systèmes ordinaires.

L'esprit religieux et moral qui caractérise cet ouvrage, la clarté des pensées et la beauté de la diction, que l'auteur a su conserver dans l'exposition des notions les plus abstraites et des vérités les plus métaphysiques, ajoutent encore aux motifs qui portent à recommander la philosophie qui y est exposée.

Je me flatte donc que ceci me justifiera pleinement d'avoir profité de la permission que m'a donnée mon vénérable ami, de faire imprimer le manuscrit qu'il m'a confié.

Du reste, l'auteur désirant garder l'anonyme, on m'excusera si je passe sous silence tout ce qui pourrait conduire à faire même soupçonner le nom de celui qui a composé cet ouvrage.

L. H. DE JACOB.

PRÉFACE DE L'AUTEUR.

Le but que je me propose dans cet ouvrage, est de prouver que la philosophie possède un caractère d'évidence et de certitude qui ne le cède pas à celui des sciences exactes, et que les vérités les plus importantes à notre bonheur présent et futur, telles que l'existence de Dieu, l'immortalité de l'ame, les peines et les récompenses selon nos œuvres, peuvent être aussi rigoureusement démontrées que les vérités mathématiques. Pour remplir, d'un autre côté, le vœu le plus cher des ames sensibles, dominées par l'ascendant de la raison et de la piété, j'ai pris à tâche d'établir le parfait accord que je découvre entre la vraie philosophie et le christianisme. Que j'aie réussi ou non dans cette grande entreprise, il est toujours beau de l'avoir tentée.

Si des bigots et des fanatiques ne trouvent point cet accord satisfaisant, malgré l'intimité qui règne dans toutes ses parties; si des assertions gratuites ou même absurdes leur paraissent offrir une base plus solide à la foi chrétienne, que tous les argumens tirés de la raison et du sentiment; si, pour étendre et maintenir l'empire de notre sainte religion, la violence et la persécution sont à leurs yeux des moyens plus efficaces que des démonstrations claires, nobles et touchantes; s'ils pensent que la vérité a besoin d'un autre appui que la vérité même; s'ils s'imaginent enfin que les déclamations sont des argumens, je n'opposerai plus que la pitié à leurs erreurs, et le silence à leurs invectives.

Ce n'est pas d'ailleurs pour ces gens-là que j'écris : je m'adresse à ceux qui, las de flotter au milieu des incertitudes et des vacillations spéculatives, éprouvent la nécessité de reposer leur esprit et leur cœur sur des vérités utiles et consolantes; à ceux qui, regardant avec droit la religion comme un moyen sûr de prévenir et de réprimer les horreurs révolutionnaires dont notre siècle a été le témoin et la victime, se donnent la peine d'examiner si, loin de la contrarier dans cet important office, la philosophie ne la seconde pas de toute sa puissance.

Assez et trop long-temps on a confondu le fanatisme avec la religion, et le philosophisme avec la philosophie. L'un a dressé des bûchers, allumé des guerres, commandé des massacres, dépeuplé un nouveau monde, ensanglanté la terre entière; l'autre a répandu le doute le plus affreux sur nos connaissances les plus évidentes, desséché toutes les branches de la morale, sapé l'édifice de la société et des bonnes mœurs, établi des théories de gouvernement pernicieuses, excité les peuples à la révolte, et produit par l'irréligion, l'immoralité et l'insensibilité, ce que le fanatisme enfanta par le faux zèle, les préjugés et les fureurs.

Le fanatisme et le philosophisme ayant eu les mêmes résultats, on ne saurait trop se garantir de l'un et de l'autre, et pour cet effet il faut *éclairer*. Si, par un faux motif de prudence, vous augmentez les ténèbres au lieu de les dissiper, les mêmes causes ramèneront infailliblement les mêmes effets. Or celui qui sur la croix pria pour ses bourreaux, ne prêcha ni la contrainte ni la persécution. Vous ne souffrez pas qu'on discute *à fond* et publiquement les points les plus essentiels de philosophie et de législation : comment détruirez-vous le doute et les erreurs des sophistes et des prétendus politiques ? Ils ne manqueront pas de reparaître avec de nouvelles théories et de nouvelles calamités; car, vous aurez beau faire, l'esprit humain ne se laisse pas comprimer toujours; il finit par rompre ses entraves : témoin l'histoire de tous les peuples et de tous les temps.

Éclairez, mais *éclairez bien* : la lumière, présentée subitement à des yeux accoutumés aux ténèbres, les offusquera; la lumière une fois éteinte, comment éviter le heurt et la chute?

Une des opinions favorites des soi-disans sages du jour, c'est que les maux révolutionnaires de la France ont été l'ouvrage de la philosophie, et que, pour en préserver les autres états, il faut s'appliquer sans relâche à consolider les préjugés religieux et politiques et les consacrer à jamais. C'est ce qu'on appelle raffermir l'autel et le trône.

Qu'on me permette à cet égard les observations suivantes.

1.° La vraie religion contribue sans doute à la sûreté comme au salut de l'État : on sait, au contraire, que les préjugés religieux ou politiques lui sont ou lui deviennent ordinairement funestes. Je conviens qu'il est impossible de les heurter de front : on causerait des maux plus grands que ces préjugés ne peuvent devenir nuisibles. Mais du moins ne faut-il pas les fortifier, les enraciner davantage. Pourquoi ne pas chercher à les dissiper lentement et sans commotion violente? On se rappelle ces temps déplorables, où le despotisme sacerdotal opprimait les Souverains et les peuples : la philosophie en a fait justice. Maintenant, par un excès contraire, l'irréligion et le doute, ces fléaux de toute moralité, s'emparent des esprits : c'est encore à la philosophie d'en faire justice. Si pour cet effet vous avez recours à la superstition, vous retomberez dans le despotisme sacerdotal, qui, de toutes les tyrannies, est la plus redoutable et la plus absurde.

2.° Le caractère des Français étant tout-à-fait différent du caractère des autres peuples, on n'est pas en droit de conclure que les mêmes institutions produiront partout les mêmes effets : la conclusion contraire serait plus vraisemblable.

3.° La liberté de la presse fut toujours comprimée en France autant que possible; et cependant les livres et les opinions y circulèrent toujours dans le public.

4.° Cette liberté, presque illimitée en Angleterre, loin de détruire le Gouvernement, ne sert qu'à lui donner plus d'énergie ; et quel gouvernement ! un des plus sages qui furent jamais.

5.° Indépendamment du caractère de légèreté que tout le monde reconnaît aux Français, et qui est la source *principale* de leurs maux révolutionnaires, il faut encore en chercher d'autres particulières dans la superstition et l'ignorance que les prêtres entretenaient parmi les sept huitièmes de la nation, comme dans l'irréligion et le sensualisme que les philosophes accréditaient parmi le reste. Quand des pratiques superstitieuses remplacent l'exercice des vertus, quand le doute et l'indifférence tiennent lieu de vérité et de morale, que voulez-vous qu'un peuple ainsi composé fasse dans une crise révolutionnaire ? Ce que les Français ont fait. Si pourtant chez eux, du temps de la ligue, la religion réformée eût triomphé de la catholique : comme la première s'attache plus à la morale, et la seconde au dogme; comme l'une tolère le développement des facultés, et que l'autre s'efforce de l'arrêter ou de le dénaturer, je suis persuadé que ce même peuple, malgré ses inconséquences, eût commis moins d'horreurs.

6.º Parmi les causes les plus puissantes de la révolution française, il ne faut pas oublier un seul instant la jalousie des divers ordres de l'État, provoquée par des priviléges excessifs et d'immenses prérogatives. J'ose affirmer que, là où cette jalousie n'existe pas, une révolte peut avoir lieu, mais jamais une révolution. Un pareil bouleversement serait impossible dans un état où chaque individu, par des services rendus et des talens distingués, peut parvenir aux honneurs et aux dignités.

7.º Que les Gouvernemens soient *fermes* et *justes*, et qu'ils ne craignent rien.

8.º Dans le siècle où nous vivons, on se pique de tolérance religieuse : à côté d'une église, on voit une synagogue, une mosquée ; on rougirait de persécuter telle ou telle secte, quoique diamétralement contraire à l'esprit du christianisme. Cependant on ne rougit pas de persécuter des philosophes, dont les opinions ne sauraient être plus contraires à ce même christianisme que celles des Juifs et des Turcs, ou bien encore celles de tant d'individus qui se parent du nom de chrétiens. Dira-t-on que la philosophie du dix-huitième siècle est l'ennemie de toutes les religions ? J'en conviens, si l'on veut ; mais il est facile de réfuter ses erreurs, qui par là-même deviennent insignifiantes. Et puis n'existe-t-il pas une autre philosophie qui, loin de saper les fondemens du culte religieux, s'applique à les étayer de toute la puissance du sentiment et de la raison ? Pourquoi donc défendre, proscrire, persécuter ? Chrétiens intolérans, qui dans les opinions philosophiques, fondées ou non fondées, voyez la ruine certaine de votre temple, n'avez-vous pas la promesse de votre Sauveur : *La terre et les cieux passeront, mais mes paroles ne passeront pas?* Qu'avez-vous à craindre?

Ainsi la liberté de la presse, avec quelques modifications relatives aux personnes et aux mœurs, étant le moyen le plus efficace de répandre les lumières, prévient les effets pernicieux de la superstition et du philosophisme.

J'ai balancé de livrer cet ouvrage à l'impression; car j'ai vu les meilleures choses occasioner tant d'abus, que l'idée de sa publication m'a long-temps effrayé. Je l'étais aussi (pourquoi ne le dirais-je pas?) par le danger d'exposer aux tempêtes des passions le calme dont je jouis dans ma solitude. Mais une réflexion me paraît décisive : le mal ne peut retomber que sur son auteur; et des considérations personnelles ne me dispensent pas de payer mon faible tribut aux progrès de la civilisation. Le sort en est donc jeté : je publie mes Essais, remettant ma propre destinée, comme celle de mon ouvrage, au Modérateur suprême de l'univers. O divine Providence, s'il peut devenir non la cause, cela n'est pas possible, mais l'occasion de quelque mal qui n'entra jamais dans ma pensée ni dans mon cœur, qu'il périsse à sa naissance, fatal objet de blâme et d'oubli! Mais si, dans les décrets ineffables de ta sagesse, il doit devenir la source de quelque bien, pour prix de mes travaux et de mes peines, qu'on dise un jour de moi : IL FUT HOMME DE BIEN.

TABLE DES MATIÈRES.

Chapitre I.er Des facultés en général . . . . Pag. 1
Chap. II. De l'intelligence. 20
Chap. III. Des facultés sensitives ou de la sensibilité . 22
Chap. IV. Du temps et de l'espace. 83
Chap. V. De la mémoire et de l'imagination. . . . 92
Chap. VI. De l'attention 101
Chap. VII. De l'entendement 102
Chap. VIII. De la volonté 108
Chap. IX. De la raison. 109
Chap. X. Des principes et des raisonnemens 114
Chap. XI. Des facultés sentimentales 122
Chap. XII. De la perfectibilité. 127
Chap. XIII. Sources principales des erreurs 137
Chap. XIV. Du critérium 163
Chap. XV. De la causalité intuitive et conjecturale . 173
Chap. XVI. Des facultés morales. 185
Chap. XVII. De la conscience. 192
Chap. XVIII. De l'univers. 201
Chap. XIX. Continuation 269
Chap. XX. De l'identité du moi, reconnue dans l'éternité 281
Chap. XXI. Des récompenses et des peines. Du bonheur éternel. 334
Chap. XXII. De l'accord de la philosophie avec le christianisme 344
Chap. XXIII. Conclusion 370

Observations sur le beau 375

ESSAIS PHILOSOPHIQUES
SUR L'HOMME,
SES PRINCIPAUX RAPPORTS
ET
SA DESTINÉE.

CHAPITRE PREMIER.
Des facultés en général.

§. 1.ᵉʳ Je vois une rose. Examinons ce fait.

1) Je suppose la *reconnaissance* de ma propre existence : de là le MOI.

2) Je vois, c'est-à-dire, je reconnais intuitivement. Cet acte est une PERCEPTION.

3) Je suppose en même temps la reconnaissance de quelque chose hors de moi; car le MOI suppose ce qui n'est pas moi, et ce qui pourtant existe : de là l'OBJET. Donc la rose est hors de moi.

4) Qui dit rose, exprime tous les attributs qu'elle renferme. Donc tous ces attributs, comme la couleur, le parfum, la forme, etc., sont en elle, et non pas en moi.

5) La vue de la rose m'est agréable : c'est l'image parfaite de la beauté dans son éclat. Le parfum en

est délicieux ; il répand dans mes sens une volupté douce et pure. Ce sentiment de plaisir, c'est moi qui l'éprouve ; il s'est opéré en moi : c'est une MODIFICATION.

6) Je vois, et je sens du plaisir à voir : j'ai donc à la fois une perception et une modification. Elles concourent à former un seul et même résultat, une SENSATION.

7) Mais, à côté de la rose, j'aperçois une herbe, une plante. Indifférent à cette vue, je n'éprouve ni plaisir ni peine. Je ne fais donc qu'*apercevoir*, sans d'abord me sentir *modifié*. Donc une perception peut avoir lieu sans modification.

8) Cependant la modification est inséparable de la perception ; car, pour éprouver du plaisir ou de la peine, il faut nécessairement que j'aie une PERCEPTION de plaisir ou de peine.

9) Si la rose s'offre à ma vue, si elle me charme, c'est indépendamment de moi ; mais il dépend de moi de penser à la rose, ou de ne pas y penser : cette alternative est en mon pouvoir. Donc les perceptions et les modifications sont *externes*, du moment qu'elles sont produites par une cause étrangère ; *internes*, du moment qu'elles sont mon propre ouvrage ; *internes et externes à la fois*, du moment qu'elles sont causées par d'autres, mais renouvelées par moi : la nature m'offre une rose, mais c'est moi qui m'en retrace l'image. Sans une pareille distinction d'activité originelle, nulle reconnaissance n'est possible ; car, si le moi n'avait pas la conscience de son activité ou de sa

passibilité, il ne reconnaîtrait ni lui-même ni les autres.

10) Cette seule distinction d'activité originelle, suffisante pour faire reconnaître hors du moi une puissance étrangère, inconnue, ne l'est pourtant pas pour faire reconnaître *un objet avec tous ses attributs* : aussi long-temps que je me borne à une pareille distinction, je n'ai qu'une couleur et une odeur, c'est-à-dire, des modifications externes. Mais, pour avoir une rose rouge, odoriférante, etc., c'est-à-dire, un objet avec toutes ses propriétés, il faut des perceptions externes, des reconnaissances intuitives, des faits simples, évidens, indépendans de toute modification, qu'ils soient manifestés avec elle ou sans elle.

11) La rose me fait plaisir. La rose, s'offrant à mes regards, est donc la *cause;* le plaisir que je ressens, est l'*effet*. L'enchaînement de ces deux actes est simultané, et par conséquent intuitif.

12) Si la rose existe, elle est quelque part; et dès qu'elle est quelque part, elle est *étendue*. L'étendue est inséparable de l'existence.

13) L'étendue, plus ou moins grande dans ses dimensions, est plus ou moins variée : de là vient la *forme*.

14) Si quelque objet, si la rose pouvait être pénétrée, elle ne serait nulle part, elle n'existerait pas. Si donc elle existe, elle est impénétrable. L'*impénétrabilité* n'est pas moins inséparable de l'existence que la forme et l'étendue.

15) Si la rose, existant quelque part, est néces-

sairement douée d'étendue, et partant de forme, elle doit aussi *occuper* nécessairement une place ; et puisqu'elle est impénétrable, qualité inhérente à sa nature comme l'étendue et la forme, elle ne peut occuper qu'une place parfaitement vide. De là l'*espace* ou le vide parfait, dans lequel se trouvent toutes les réalités, toutes les existences.

16) La vue de la rose a produit en moi une modification, un changement. Qui dit changement, dit succession. Toute succession suppose un sujet *permanent*, où elle s'opère, et qui la reconnaisse dans l'unité et l'identité de son être : sujet sans lequel vous aurez des faits isolés et non pas successifs. La succession dans la permanence est donc le *temps*.

17) Un ou plusieurs objets peuvent me faire éprouver cette succession, sans que nous ayons changé de place ; ou, plutôt, sans que je me sois aperçu d'aucun changement : de là l'idée du *repos*, l'idée d'une situation fixe et permanente. Mais, dès que je m'aperçois que l'objet a changé de situation par rapport à moi, j'acquiers l'idée du *mouvement*. Le mouvement est une nouvelle preuve du vide parfait : car, d'un côté, nous sentons les objets impénétrables ; et, de l'autre, nous les voyons se mouvoir. Donc le mouvement exige un vide parfait.

Toutes les perceptions et modifications que je viens d'indiquer, sont intuitives et simultanées : elles ont la clarté du jour et la rapidité de l'éclair, par cela même qu'elles sont des faits, et des faits évidens et simultanés. Lorsque je vois une rose, je vois à la fois ce qu'elle est, ce qu'elle me fait éprouver, le lieu qu'elle occupe, le temps où je la vois, notre situation respective, etc. Les objets ainsi reconnus et sentis manifestent en moi deux facultés, dont l'une est l'IN-TELLIGENCE, et l'autre, la SENSIBILITÉ.

§. 2. Ce que je dis de la vue peut également s'appliquer à toutes les autres sensations fournies par le tact, l'ouie, l'odorat et le goût, organes externes, se trouvant à la surface du corps humain. Dans ces diverses sensations, isolées ou réunies, le moi se reconnaît et reconnaît quelque chose hors de lui, avec un seul ou plusieurs attributs à la fois ; il fait nécessairement le même nombre de reconnaissances intuitives, et l'on peut en tirer le même nombre de conclusions immédiates.

§. 3. Mais il est encore d'autres organes, dits internes, parce qu'ils sont formés des parties intérieures du même corps, comme le cerveau et les autres viscères, les nerfs, les muscles, l'estomac, etc. Ils font éprouver à l'homme diverses manières d'être, agréables ou désagréables ; ils sont l'origine d'un ordre de sensations et de connaissances différentes de celles que fournissent les cinq organes ou sens externes.

§. 4. Ces dernières sensations, à leur tour, diffèrent entre elles complétement et totalement : je ne vois aucun rapport entre les couleurs et les odeurs. Comment suis-je parvenu à reconnaître la réunion de ces propriétés dans un seul et même objet ? Comment sais-je, par exemple, que je vois, touche et sens une seule et même rose?

§. 5. J'ai eu toutes ces sensations à la fois ou successivement; je me les rappelle, je me les représente : voilà deux nouvelles facultés, la MÉMOIRE et l'IMAGINATION.

§. 6. Les sensations devenues fixes et distinctes dans mon esprit, *j'observe* qu'elles sont toutes parties d'un seul et même *centre; je conclus* qu'elles appartiennent à un seul et même objet.

Cette remarque suppose l'exercice de plusieurs facultés. *J'observe :* donc je suis doué d'ATTENTION. *Centre :* c'est le point du milieu d'un objet quelconque. J'ai donc comparé divers objets, qui tous offraient de pareils points nécessaires, et j'en ai tiré la notion du centre. J'appelle ENTENDEMENT cette faculté d'abstraire.

§. 7. Mais, pour *observer*, *comparer*, *abstraire*, il faut une détermination qui mette en activité les facultés productrices de ce travail intellectuel; détermination prompte et souvent insensible, mais toujours indispensable. Je l'appelle VOLONTÉ.

§. 8. *Je conclus*. Voici comment j'ai raisonné. Il ne peut exister qu'un centre dans un seul et même objet; dès que celui-ci se divise, il n'y a plus un centre unique. Tant que les sensations auront un point de départ commun, un seul centre, elles proviendront d'un seul et même objet.

§. 9. Fidèle à ce principe, toutes les fois que je voudrai produire moi-même un ouvrage, je tâcherai d'en lier tellement les parties, simples ou composées, qu'on ne puisse en détacher une seule sans détruire tout l'ouvrage ; elles tendront toutes vers un seul but, qui sera l'ouvrage même.

§. 10. J'ai donc encore une faculté, et la plus importante de toutes ; une faculté qui, partant de faits actuels et partiels, les étend sur le passé comme sur l'avenir ; qui transforme ces faits particuliers en principes généraux, nécessaires, universels ; qui combine les matériaux donnés, pour en former un nouveau tout ; qui généralise, déduit, conclut, invente : C'EST LA RAISON.

C'est elle qui met l'unité dans des sentimens différens et simultanés : et, cette unité, elle la tire de son être même, un, indivisible ; elle l'applique ensuite aux sensations produites par les objets externes, ou plutôt ces sensations se confondent dans l'unité de l'être qui les perçoit : réunion qui n'exige pas un sens fondamental, une faculté particulière, la conscience renfermant les diverses sensations dans un seul sujet, puisque c'est le sujet lui-même qui produit cette réunion ou qui l'aperçoit occasionellement, et non par l'entremise des sens. Le sujet est donc le sens fondamental, la conscience, le *sensorium*. En général les sens ne fournissent isolément que des touchers, des couleurs, des saveurs, des sons et des odeurs : tout le reste, l'esprit le découvre, soit en lui-même, soit dans la nature. Mais, de ce que l'esprit, à l'exclusion des sens, reconnaît tout le reste, il n'en faut pas conclure que ce reste est dans l'esprit et non dans la nature; que, par exemple, l'unité réside dans l'esprit et non dans les objets: elle est partout; l'esprit l'aperçoit, la sent en lui-même, la découvre, la saisit dans toute la nature. Telle est la ligne de démarcation entre l'expérience et la raison.

Observez que, dans l'origine, les sensations sont indéfinies. En effet, quelle forme a proprement le tact, le son, la couleur, le goût, l'odorat? Ne sont-ils pas sans bornes et sans formes, dans leur extrême exiguité, comme dans leur extrême étendue? L'esprit les découvre et les détermine par des raisonnemens successifs. Il est vrai que ces bornes existent dans la nature; mais, encore une fois, ce ne sont pas les sens qui les manifestent, c'est l'esprit.

§. 11. C'est par autant de faits différens que nous venons de reconnaître l'existence de facultés différentes. Il ne s'agit donc pas de la prouver; car les faits se manifestent et ne se prouvent pas.

§. 12. Il est impossible d'assigner à chaque faculté un domaine tellement isolé, que l'une n'empiète sur l'autre. Ainsi l'intelligence se confond d'abord avec la sensibilité, la mémoire avec l'imagination. Sans une intelligence capable de reconnaître les sensations, celles-ci ne pourraient point exister, ou ne seraient pas reconnues, ce qui revient au même. Sans le concours de la mémoire, comment l'imagination nous représenterait-elle les objets absens ? On ne doit donc pas prétendre tracer entre les facultés une ligne de démarcation qu'elles ne puissent franchir dans leurs opérations respectives ; cela est impossible : mais on doit en montrer simplement les divers caractères. Or, cela est très-faisable, car nous pouvons fort bien distinguer une sensation d'avec un raisonnement.

§. 13. Le raisonnement par lequel je viens de reconnaître un objet, est fondé sur l'identité : ce qui est, est ; un centre est un centre. L'identité elle-même est fondée sur l'évidence intuitive ; celle-ci n'est autre chose que l'intelligence mise en activité. L'évidence intuitive est donc la base fondamentale de toutes nos connaissances.

§. 14. Il a donc fallu un raisonnement en forme, un syllogisme, pour saisir un objet avec divers attributs ; mais il ne faut qu'un coup d'œil de l'intelligence, une simple intuition sur les effets de la sensibilité, pour le saisir avec un seul attribut, ou bien, en d'autres termes, pour reconnaître son existence extérieure.[1]

---

[1] Je crois devoir préciser le sens dans lequel j'emploie ce mot, qui joue un si grand rôle dans quelques écoles de métaphysique, comme dans celle de Kant. J'appelle *objectif* tout ce qui est hors de moi, tout ce qui se rapporte aux existences externes, aux objets, dans la signification la plus étendue. Ainsi, l'existence des choses et de Dieu lui-même est, selon moi, une vérité objective. Dans l'école kantienne, ce qualificatif n'est au contraire accordé qu'aux vérités qui commandent l'assentiment universel : toutes les vérités mathématiques, par exemple, sont de ce nombre. Mais celle de l'existence des choses et de Dieu n'est qu'une vérité subjective, particulière aux sujets qui la re-

§. 15. Ce raisonnement est commun à l'homme civilisé, à l'enfant, au sauvage et même à la brute; mais on le fait si rapidement, qu'on n'a pas le temps de s'arrêter sur les diverses propositions qu'il renferme : voilà pourquoi on le confond avec une simple intuition. C'est ainsi que toutes les fois qu'on lit, on ne manque pas d'épeler, quoique l'on ne s'en aperçoive pas.

§. 16. Au fond l'intuition ou la perception ne diffère du raisonnement que par le plus haut degré possible, je ne dis pas d'évidence, car celle-ci doit être commune à tous les deux, mais de rapidité. La reconnaissance d'un seul attribut se faisant avec la plus grande rapidité imaginable (car toute l'attention se porte sur une seule et même sensation), j'appelle perception cette espèce de reconnaissance; mais, à mesure que les attributs d'un seul et même objet deviennent plus nombreux et plus variés, les sensations le deviennent également, l'attention s'affaiblit en se divisant, et la perception, perdant son caractère distinctif de rapidité, se rapproche du raisonnement, comme celui-ci se rapproche de la perception à mesure qu'il gagne en rapidité. Donc plusieurs sensations simultanées ne comportent pas le plus haut degré de rapidité possible. C'est pourquoi j'ai dit (§§. 14 et 15) qu'un syllogisme, très-rapide, à la vérité, sans l'être ce-

---

connaissent ; et non une vérité objective, que tout le monde soit irrésistiblement forcé de reconnaître, comme, par exemple, *deux et deux font quatre.*

pendant au dernier point, était nécessaire à la reconnaissance d'un objet avec plusieurs attributs.

Pour se convaincre que la perception ne diffère du raisonnement que par la rapidité, qu'elle n'est autre chose que le plus rapide raisonnement possible, il suffit d'une seule observation. Le mot *je*, *moi*, renferme un syllogisme ; *je* signifie *je me reconnais existant*, ou bien, *je me reconnais, donc j'existe* : syllogisme où la majeure est sous-entendue, la mineure et la conséquence étant seules exprimées. *Tout ce qui se reconnaît existe, je me reconnais*, etc. Ainsi les connaissances humaines ne commencent point par telle ou telle faculté séparée, mais par toutes à la fois, par l'être pensant mis en activité dans toute sa plénitude. [1]

Je dis plus : il faut que la raison n'ait pas uniquement des principes universels, tirés de l'expérience (§. 10), mais d'autres, encore, antérieurs à l'expé-

---

[1] Cette même observation explique l'origine du langage, qui parut étonnante à quelques auteurs au point qu'ils l'attribuèrent directement à la cause première, à une inspiration divine. En effet, les langues exigent une métaphysique aussi profonde que subtile ; et l'homme, sortant des mains de la nature, semble n'en avoir pas la moindre idée. C'est que le fait et le principe, la pratique et la théorie, ne sont qu'un seul et même acte dans un être qui ne peut apercevoir sans raisonner, ni raisonner sans généraliser. La collection de ces faits, généralisés aussitôt que produits, a depuis constitué une science. Par la même raison, des poëmes sublimes parurent avant l'art poétique, c'est-à-dire, avant qu'il existât une collection systématique de tous les faits généralisés sur la poésie : c'est que le poëte et la poésie sont nés ensemble. L'instinct poétique n'est donc autre chose que le sentiment et l'imagination, rapidement généralisés.

rience, afin qu'elle puisse être reconnue. Si la perception des objets n'est que le plus rapide syllogisme; si tout syllogisme est composé de la majeure, de la mineure et de la conclusion; si la première proposition, exprimée formellement ou mentalement, doit précéder les deux autres (condition sans laquelle le syllogisme devient impossible); enfin, si l'expérience particulière, isolée, privée d'universalité, ne peut constituer que la mineure du syllogisme : il est clair que la majeure était dans la raison avant toute expérience.

§. 17. Les modifications intellectuelles et physiques que j'ai éprouvées, me plaisent ou me déplaisent: j'aime les unes, je n'aime pas les autres. C'est l'origine de l'amour de soi, et de sa division en deux branches principales. Satisfait, il produit toutes les affections douces et bienveillantes; mécontent, il fait naître toutes les affections pénibles et haineuses; excessif, il devient la source des passions correspondantes à ces deux genres de sentimens.

§. 18. A mesure que j'apprends à me connaître, ainsi que les objets qui m'environnent, je trouve en eux de nouvelles propriétés; en moi, de nouvelles sensations variées à l'infini, de nouvelles idées, de nouveaux sentimens, sans que je puisse assigner un terme à cette suite toujours croissante de découvertes. Et mon existence étant éternelle, comme j'espère le prouver, tout ce qu'elle renferme, tout ce qui la constitue, doit l'être aussi. Donc ce caractère progressif, cette progression est éternelle ; l'homme est doué d'une PERFECTIBILITÉ INFINIE.

§. 19. Cependant une triste expérience ne m'a que trop appris que la marche progressive de mes facultés, cette perfectibilité qui leur est inhérente, sans pouvoir être suspendue, peut souvent être entravée par des *erreurs* de tout genre ; il faut en bien déterminer la source, qui se trouve dans l'abus ou le dérangement des facultés sensitives, intellectuelles et morales. N'aurait-on pas un creuset pour éprouver la vérité et la dégager de l'erreur, un CRITERIUM?

§. 20. Tous mes raisonnemens doivent avoir pour base immuable l'expérience, soit interne, soit externe, c'est-à-dire, des faits évidens par eux-mêmes. En décomposant ces faits, je finis par obtenir des élémens physiques qui, peut-être, sont susceptibles de décomposition ultérieure ; ou bien des élémens métaphysiques, que je dois considérer comme incapables de décomposition ultérieure, parce qu'ils sont de véritables élémens. Le procédé est *analytique*, mon esprit ne fait que découvrir : mais, si j'étends cette expérience sur le passé et l'avenir, et que, par l'application du grand principe de l'identité, je la convertisse en d'autres principes de raison ou de conduite, le procédé est *synthétique ;* mon esprit fait plus que découvrir, il ajoute à l'expérience.

§. 21. Parvenu au développement de toutes mes facultés sensitives, intellectuelles et morales, j'ai besoin de certaines règles pour en diriger l'exercice, à l'effet de me procurer des jouissances et de m'épargner des peines. Il faut chercher ces règles.

On a vu[1] que la liaison entre la cause et l'effet est intuitive, parce qu'elle est le résultat de deux actions simultanées : je regarde la rose, et je me plais à la regarder. La vue de la rose, et le plaisir qu'elle me donne, sont deux actions simultanées, intuitives, évidentes. En reportant ma vue sur le même objet, le même plaisir doit se renouveler par la loi de l'identité. Donc l'évidence est la base fondamentale de la loi des causes et des effets, ou de la *causalité intuitive* : la liaison originaire, intuitivement aperçue, est d'abord généralisée par l'esprit.

Si je veux renouveler cette jouissance pour moi-même, ou la procurer aux autres, les mêmes causes produisant les mêmes effets, je suis persuadé que je n'ai qu'à voir ou montrer aux autres la même rose, ou bien une semblable, pour obtenir la jouissance désirée. Ici je suis guidé par l'*identité*, qui n'est que le renouvellement des mêmes cas; et par l'*analogie*, qui n'est que l'identité reproduite sous d'autres circonstances. Ces deux principes découlent de l'*évidence* intuitive[2], qui n'est à son tour que l'existence aperçue.

§. 22. Mais, au lieu de deux événemens simultanés, j'en aperçois deux *successifs* et *constans*. Cette succession constante me frappe : je présume un enchaînement secret d'actions et de réactions, qui, par-

---

[1] Voy. §. 1.ᵉʳ, subdiv. 2.
[2] Voy. §. 14.

tant du premier phénomène, aboutit au dernier. On a remarqué que les années abondantes en neige l'étaient aussi en grains. La chute des neiges et la venue des grains sont des faits successifs et bien distans l'un de l'autre. La neige, d'après quelques physiciens, contient du nitre; dans cette supposition, le nitre fertiliserait la terre, comme le font les autres sels excitant la végétation : donc cette propriété formerait l'action intermédiaire entre la chute des neiges et la venue des grains ; elle établirait la liaison présumée. Or, comme un pareil enchaînement ne se découvre pas toujours avec la clarté et la certitude requises, je l'appelle *causalité conjecturale.*

§. 23. Je donne le même nom à la répétition fréquente d'un seul et même fait; car je *présume* encore qu'elle est l'*effet* d'une loi ou d'une *cause* quelconque, inhérente ou étrangère au sujet qui produit ce fait, ou qui le manifeste.

Le soleil paraît depuis des milliers d'années : donc il paraîtra demain.

§. 24. Mais dois-je, en réglant ma conduite sur cette causalité, ne suivre que mon propre intérêt ? Ou bien, faut-il encore consulter l'intérêt d'autrui ?

Si les jouissances sont un bien, si les peines sont un mal, personne n'a le droit de m'empêcher de me procurer le premier, et de repousser le second partout où je le trouve. D'autres ont le même droit ; car chacun a celui de se conformer à sa nature.

Sera-ce à la force de décider ? Non : c'est au sentiment; car *je ne puis faire du mal aux autres sans en éprouver moi-même*. Déjà le simple souvenir du mal est un mal : l'expérience, le sentiment et la raison s'accordent à rendre cette vérité palpable.

Il faut donc que je jouisse sans empêcher les autres de jouir, sans permettre non plus qu'on trouble mes propres jouissances.

§. 25. Dès que je remplis cette loi morale au prix de quelque effort sur moi-même, j'éprouve un sentiment d'approbation qui m'en dédommage, malgré les murmures qu'il m'arrache quelquefois. Mais, si je viens à violer cette loi, je sens des reproches, des remords que je ne puis étouffer, et qui sont proportionnés à la violence, comme l'approbation l'est au sacrifice.

Cette puissance, qui approuve ou qui blâme, non d'après les actions en elles-mêmes, mais d'après leurs motifs, qui seuls en constituent la moralité, c'est la **CONSCIENCE.**

Cette conscience ne serait-elle pas la voix de Dieu lui-même?

§. 26. Le moi est indivisible. Les preuves en sont,

a) Dans l'évidence. Un moi et deux moi s'excluent mutuellement, comme un n'est pas deux, et deux ne sont pas un et ne le seront jamais.

b) Dans l'unité des perceptions. Si l'être qui perçoit était divisible, il percevrait dans plusieurs moi : la perception ne serait pas une; elle serait par conséquent impossible. Enfin

c) **Dans la composition.** Les composés sont divisibles : donc les composans ne le sont pas ; car toute composition, pouvant finir, doit avoir un commencement. Or ce commencement est impossible sans l'indivisibilité des élémens.

Ainsi l'hypothèse de l'unité des perceptions, produite par la réunion des fibres dans le cerveau, tombe d'elle-même : le cerveau est décomposable, et il faut un sujet indécomposable à la perception. Ce sujet est l'ame ou le moi.

Par la même raison, tout mon corps, tous mes organes ne sont pas moi : ceux-là se décomposent, celui-ci ne se décompose pas.

§. 27. Tout composé de parties similaires est un *agrégat*; tout agrégat, dont les parties sont dissimilaires, mais coordonnées et dirigées vers un seul but, est un *corps*.

§. 28. Tout composé étendu doit avoir des *composans* étendus ; mais tout composé divisible doit avoir des composans indivisibles : car, sans ces deux conditions, point de composé. De là vient l'*étendue élémentaire indivisible*.

§. 29. Le moi existe ; donc il est quelque part : s'il est quelque part, il est étendu ; et, comme tel, il possède toutes les propriétés de l'étendue. Mais le moi est indivisible par l'unité de ses perceptions, et par la combinaison même où il se trouve : il est un composant ; son corps est un composé : donc son étendue est élémentaire indivisible.

§. 30. Le moi n'a qu'un moyen de connaître les

objets : c'est le contact. Il faut donc qu'il touche l'objet, ou qu'il en soit touché par certains points dont le nombre et la disposition soient propres à donner une idée juste de l'étendue et de la forme de l'objet; autrement la connaissance en serait incomplète.

§. 31. Le contact s'exerce conformément à deux lois universelles : la SIMILITUDE et le CONTRASTE. L'une ne produit qu'un *choc;* une chose dure ne fait que heurter une autre chose dure. L'autre développe des propriétés opposées : la dureté fait ressortir la mollesse, etc. La première loi est *mécanique,* la seconde *chimique.*

§. 32. Le moi, revêtu d'un corps, n'est pas l'auteur de l'organisation merveilleuse qui s'y manifeste; l'analogie prouve que les autres moi n'en sont pas non plus les auteurs : elle est donc l'ouvrage d'une puissance tierce, dont l'intelligence est proportionnée à tant de merveilles. Quelle proportion! Cette puissance est DIEU.

§. 33. Le moi existe; donc il a toujours existé, il existera toujours : le néant ne saurait produire l'être, ni l'être le néant. De là l'*éternité.*

§. 34. Le moi est actif; donc il l'a toujours été, il le sera toujours : le repos ne saurait produire son contraire, l'activité; ni celle-ci le repos. Donc le moi pense toujours, même dans le sommeil le plus profond; témoin le somnambulisme, les songes, etc. Mais, au réveil, on oublie ce que l'on a fait dans cet état.

Or, l'activité du moi, étant éternelle, n'est l'effet d'aucune cause externe. Donc le moi est absolument libre.

§. 35. Ce que je dis du moi, s'applique également à ses facultés ; car elles ne sont que le moi lui-même diversement modifié. Détruire la modification, c'est détruire le sujet même qui la renferme.

§. 36. Si donc une seule des facultés du moi venait à perdre son activité, si le renouvellement du moindre de ses actes devenait impossible, le moi lui-même, non pour un moment, mais pour toujours, serait dénaturé, une contradiction s'y serait manifestée, l'être aurait engendré le néant ; ce qui serait absurde. Ainsi le moi doit tôt ou tard se reconnaître identique dans l'éternité.

§. 37. L'existence éternelle ne serait plus un bien dès qu'elle ne se dirigerait pas vers un bonheur éternel, universel. J'en trouve la certitude et le gage dans l'amour de l'homme pour son existence, dans la perfectibilité infinie de toutes ses facultés, et dans la bonté, la sagesse et la puissance sans bornes de l'Être suprême.

§. 38. L'exercice des facultés intellectuelles, morales et physiques, en tant qu'il fait éprouver un sentiment agréable, noble ou touchant, produit le BEAU. L'unité en est la condition indispensable.

§. 39. Tous ces objets, que je ne fais qu'indiquer rapidement, seront développés dans les chapitres suivans. Je reviendrai donc sans scrupule sur les mêmes exemples, les mêmes expressions : l'essentiel est d'être clair et vrai.

CHAPITRE II.
De l'intelligence.

§. 40. Je suis : la reconnaissance spontanée de ma propre existence suppose nécessairement un *moi intelligent*.

§. 41. L'intelligence doit être pleine et entière ; elle doit se suffire à elle-même, c'est-à-dire, trouver en elle-même le principe de sa rectitude et de son activité : c'est la perception, le raisonnement dans toute son évidence et sa rapidité [1]. Le jour n'est pas plus clair, la foudre n'est pas plus prompte qu'un pareil raisonnement : acte de l'intelligence, intelligence elle-même, il est si rapide que l'on n'en reconnaît ni les prémisses, ni les conséquences, ni la conclusion. L'intelligence commande l'assentiment d'une manière irrésistible, sans nulle autre preuve ni démonstration antérieure ou subséquente : car, supposé qu'elle en eût besoin pour ce qu'elle aperçoit, comme pour ce qu'elle n'aperçoit pas, elle se verrait assujettie à des preuves que d'autres preuves viendraient renverser, sans jamais offrir la certitude d'une preuve finale et complète ; elle n'aurait pas un point d'appui fixe, elle ne serait pas *intelligence*.

§. 42. Mais qu'aperçoit-elle ainsi ? Ce ne peut être qu'un fait ; et celui-ci ne peut être que l'existence in-

---

[1] Voy. ch. I.er, §. 16.

terne ou externe avec toutes ses modifications. L'intelligence, par cela seul qu'elle reconnaît un fait, rejette comme impossible un fait contradictoire, admet comme possible un fait semblable. Or, l'existence n'étant que la chose ou les choses mêmes existantes, tout ce qui les rend impossibles est absurde. L'absurde n'est pas l'inconcevable. Celui-ci doit être admis; car il existe : l'aimant attire le fer, je ne conçois pas comment. Mais celui-là ne peut absolument point être admis : un objet existant, et n'occupant aucune place, est absurde, parce qu'il est impossible. Ainsi la possibilité même a ses bornes dans l'existence.

§. 43. Suis-je doué d'une intelligence réelle? Oui; car, si j'en étais dépourvu, ou si j'en avais une simplement relative, particulière à moi, et non pas absolue, c'est-à-dire, universelle et commune à tous les êtres intelligens, je ne pourrais pas la mettre en question, la considérer dans sa nature et ses opérations; en un mot, m'élever au-dessus d'elle : je serais une machine intelligente, qui suivrait toujours la même impulsion, ne pouvant en changer que par la volonté d'autrui. Or, dès que notre intelligence est absolue, il serait absurde de supposer la possibilité d'une autre intelligence différente de celle de l'homme, et tellement constituée que, par exemple, elle vît deux et deux faire trois avec la même évidence qu'ils font quatre pour nous.

CHAPITRE III.

Des facultés sensitives ou de la sensibilité.

§. 44. Les sensations ne sont que le moi, intelligent et sentant, qui se trouve en contact avec les objets par la voie des organes internes et externes. Une sensation est-elle plus ou moins prononcée, on dit qu'elle est claire ou confuse.

Mais les faits, quelle qu'en soit la nature, sont toujours évidens par eux-mêmes ; les sensations, comme telles, offrent toujours la même clarté, mais divers degrés d'intensité.

§. 45. Aucune sensation n'est possible sans l'activité intelligente et spontanée du moi, qui précède toute expérience. Il faut, en effet, que l'esprit ait déjà des idées d'existence, d'action, de spontanéité, d'individualité, d'intelligence, de sentiment, de volonté : il faut qu'il possède déjà, non des jugemens comparatifs qui sont le fruit de l'expérience, mais des raisonnemens, des principes universels, ouvrage de la raison, dont l'expérience ne fut jamais ni la *cause* ni l'*occasion* (principes auxquels viennent se rapporter les faits, comme la mineure d'un syllogisme vient se joindre à la majeure), afin que ces faits isolés puissent être saisis par l'intelligence dans une perception qui n'est elle-même que la dernière conséquence ou la conclusion. Du moment qu'un fait ne se range sous aucun genre, l'expérience n'est pas reconnue; elle n'existe pas.

Placez-vous sur le point le plus élevé de nos connaissances : vous verrez d'un côté l'esprit humain avec ses diverses opérations, et de l'autre l'expérience dans toute sa variété; vous distinguerez les produits de l'esprit et ceux de l'expérience dans leur œuvre commune : et si l'expérience doit à l'esprit d'être reconnue, l'esprit à son tour lui devra la réalité ; car il n'est rien de réel que les faits, et tout ce qui les rend possibles.

Je suppose l'être pensant dans un isolement absolu de tous les objets : il ne reconnaît pas encore l'espace où il se trouve, et le temps n'a pas encore commencé pour lui. Une résistance le frappe : il éprouve une sensation isolée, vague, indéfinie. Il doit se dire à lui-même : *une résistance n'est pas moi;* autrement la résistance ne serait pas remarquée, car la chose résistante se confondrait dans l'identité de l'être pensant. Or, que veulent dire ces mots? Ne sont-ils pas l'expression abrégée du raisonnement suivant ? Je suis doué d'une activité spontanée ; tout ce qui vient entraver cette activité n'est pas moi : la résistance est une entrave; la résistance n'est pas moi, c'est quelque chose hors de moi : désormais tout ce qui viendra m'affecter sans ma volonté, ne sera pas moi. Mais la majeure d'un syllogisme, exprimée formellement ou mentalement, *doit toujours précéder et non pas suivre la mineure et la conclusion;* sans quoi le syllogisme même serait impossible. Et comme l'expérience ne fournit pas des propositions majeures, mais qu'elle se borne à des faits isolés, que ces jugemens, parce qu'ils viennent y converger, servent à faire reconnaître, il s'ensuit que ces propositions primordiales sont dans l'esprit, non comme des dispositions virtuelles que l'expérience développe ou réveille, mais comme des actes de la pensée, effectifs, antérieurs à toute expérience ; qu'en un mot, l'être pensant raisonnait avant la reconnaissance des choses externes : car, sans l'universalité d'un raisonnement préalable, nulle expérience contingente n'eût été possible. Ainsi, qui dit apercevoir, dit ranger une sensation sous un principe ou raisonnement antérieur. De là les idées innées, auxquelles on a fait de nos jours une si vive guerre.

Platon fut le premier philosophe qui, rompant les liens de l'expérience, s'élança vers des idées antérieures à toute expérience, lesquelles devaient la produire et la régler ; élan sublime, qui lui mériterait déjà le surnom de *divin*, que toute l'antiquité lui décerna d'une voix unanime. Cet élan fut comme une gerbe de feu qui se répand avec rapidité dans les airs, y forme des milliers de globules d'une lumière brillante, éclate avec fracas, et s'évanouit aussitôt, laissant les spectateurs dans des ténèbres que l'éblouissante clarté a rendues plus profondes encore. Platon étendit la préexistence des idées, des principes et des raisonnemens universels, aux jugemens comparatifs d'espèces et de genres, tant supérieurs qu'inférieurs, et même aux types d'individus et de choses : il crut que tout cela se trouvait dans l'esprit, indépendamment de l'expérience, et que l'homme ne pourrait reconnaître les choses dans la nature, si les images n'en existaient préalablement dans l'esprit; tout comme un sculpteur ne saurait tirer du marbre qu'une statue déjà existante dans son imagination. Erreur évidente ! Quelle image aurais-je d'un éléphant, si je ne l'avais jamais vu ?

Ici j'aperçois une différence essentielle. Les raisonnemens universels, tirés par l'être pensant, soit de lui-même, soit des objets, sont internes dans le premier cas, externes dans le second; mais, dans l'un ni l'autre cas, ils ne peuvent jamais appartenir à des propositions plus générales encore : toujours majeurs, ils ne deviennent jamais la mineure d'un syllogisme plus étendu, tandis que les jugemens comparatifs ne sont pas tirés de l'esprit, mais de l'expérience ; ils restent dans l'esprit comme de simples formules pour des expériences ultérieures, leur origine n'étant pas rationnelle, *à priori*, mais empirique, *à posteriori*. Les jugemens comparatifs deviennent alors majeurs et mineurs tour à tour, jusqu'à ce qu'ils se perdent dans les principes ou raisonnemens universels, internes comme externes. Mais les internes seuls, je viens de le prouver, servent à faire connaître les objets ; car les autres, malgré le caractère d'universalité dont ils sont revêtus, ayant cependant une origine externe, puisqu'ils ont été formés par l'esprit à l'occasion de l'expérience, supposent les objets et ne les annoncent pas. Tel est le caractère distinctif de ces deux sortes de raisonnemens universels. Si donc la nature me fournit un éléphant, le moi pensant en reconnaît d'abord la couleur hétérogène par un raisonnement dont la majeure était préalablement dans l'esprit, déjà toute formée, déjà toute prête ; et, par des raisonnemens successifs, il reconnaît la forme, le mouvement et la spontanéité de l'éléphant, comme je l'ai dit plus haut.[1] Combien l'on s'étonnerait de la foule d'opérations intellectuelles qu'exige la simple reconnaissance d'un éléphant, si l'on voulait les suivre pas à pas ! Ainsi l'*universel* est dans la raison, qui le tire de l'être pensant lui-même, et des objets ; le *général*, dans l'entendement, qui le tire de l'expérience ; et le *particulier*, dans la nature entière.

Les partisans de l'expérience nient la préexistence des principes et des raisonnemens universels, parce qu'ils en méconnaissent la différence essentielle que je viens d'établir. Tout provient, disent-ils, de l'expérience ; elle fournit les faits : l'esprit les dispose, en tire des notions, puis des idées, et ne s'arrête qu'aux absolues ; alors il les généralise ; et c'est ainsi qu'à l'aide de raisonnemens toujours successifs et supérieurs il forme les principes universels. Voilà l'échelle que suit l'esprit ; il faut toujours commencer par la monter : au pied est l'individuel ; sur les degrés, le général ; au sommet, l'universel. Toute autre marche est impossible.

C'est fort bien, répondrai-je ; mais vous partez d'un fait. Or, il faut avant tout expliquer la possibilité de le reconnaître ; et si cette reconnaissance exige néces-

---

[1] Voy. les §§. 13, 14, 15 et 16.

sairement un syllogisme antérieur au fait, il est clair qu'on doit commencer par le syllogisme. Il a donc fallu primitivement passer de l'universel à l'individuel, étant toujours maître de reprendre la marche inverse. Né sur une montagne, je descends dans la plaine; je remonte sur la montagne. De cette faculté de descendre et de monter, dois-je conclure que je ne suis pas né sur la montagne ; que je n'ai pas commencé par la descendre, parce que je ne me rappelle plus le moment de ma naissance, et que les témoins n'en existent plus ? Il en est de même de notre cognition : sans l'expérience, point d'éléphant ; sans la raison, l'éléphant aurait beau se présenter aux sens, il ne serait pas reconnu. On descend l'échelle intellectuelle pour saisir les faits, on la remonte pour les convertir en principes.

Si cet ouvrage porte le titre d'Essais philosophiques fondés sur l'*expérience et la raison*, c'est que je pars du *fait actuel*, pour déduire des raisonnemens antérieurs à ce fait ; car si je ne considérais que cette antériorité, j'aurais dû, malgré la démonstration qu'elle exige, m'énoncer ainsi : *de la raison et de l'expérience*. Au reste, ces deux sources, comme l'Alphée et l'Aréthuse, doivent s'unir ensemble, pour obtenir les gages précieux d'un heureux hymen. Poursuivons notre chemin parsemé d'épines et de fleurs.

§. 46. Les organes sont une conformation de quelques parties du corps, ou du corps entier[1], propres à

---

[1] J'appelle *corps* tout ce qui peut se détacher de moi et des autres

servir de communication ou de canal entre le moi et les objets. Ils sont au moi ce que le télescope est à l'œil, qui sans cet instrument n'apercevrait pas les astres les plus éloignés; et cependant ce n'est pas le télescope, mais l'œil, qui aperçoit. [1]

§. 47. Lorsque les organes, au lieu de servir d'instrument, exercent une action directe sur le moi, et lui font éprouver diverses affections, il faut les considérer eux-mêmes comme tous les autres objets existant au dehors.

§. 48. Ce qu'ont de commun les différentes sensations fournies par les organes c'est l'étendue. On la trouve plus ou moins dans les saveurs et les sons, dans les couleurs et le toucher : je sais toujours quelle

---

êtres, sans admettre aucune distinction substantielle entre la matière et l'esprit; et cela par des raisons qu'on ne pourra bien apprécier qu'après avoir lu tout l'ouvrage.

[1] Que dire de ceux qui veulent expliquer la vue en décrivant tous les procédés végétaux, chimiques, mécaniques, artificiels, etc., qu'a subis le télescope avant de devenir un instrument visuel? Ils ne décrivent que le télescope; ils n'expliquent pas la vue, cette faculté de l'ame, dont l'existence est un fait primitif, réel, mais inexplicable. Il est vrai qu'un instrument plus ou moins parfait facilite plus ou moins l'exercice de cette faculté ; mais entre *faciliter* et *produire* la différence est l'infini. Ainsi la physiologie peut seconder la métaphysique; mais elle ne la remplace point : ainsi les descriptions anatomiques du corps humain, les plus exactes, ne fourniront jamais une explication de la vision, du sentiment et de la pensée.

J'ai distingué (§§. 2, 3 et 44) les organes internes d'avec les externes, parce qu'ordinairement cette distinction se manifeste par la différence du siége de leurs opérations respectives. Mais les nouvelles opérations du magnétisme animal ne laissent aucun doute que le corps humain, sans

partie nommément est affectée par la saveur ou par le son, quelle autre éprouve des manières d'être internes agréables ou désagréables, etc.

Mais l'étendue elle-même a trois qualités spécifiques : elle est *matérielle, colorée, atmosphérique*.

L'étendue matérielle ou tactile ne donne qu'une sensation de résistance, avec diverses manières de dureté, de mollesse, etc., et dans trois directions différentes, largeur, longueur et profondeur. Voilà pourquoi le tact est seul en possession de faire connaître *toutes* les formes des objets.

L'étendue colorée diffère de la précédente en ce qu'elle prend toujours une direction *plane* ou horizontale. L'enfant qui voit pour la première fois une perspective peinte, croit qu'elle a véritablement de

---

distinction de parties, ne soit propre à servir d'organe ou d'instrument à tous les sens, et que les organes externes ne soient que les prolongemens des organes internes : témoin la translation de la vue, de l'ouie et de l'odorat, à l'épigastre, comme à l'extrémité des doigts et des orteils.

J'ai dit, *ne laissent aucun doute :* car je crois les phénomènes du magnétisme bien constatés, c'est-à-dire, offrant toutes les conditions du témoignage authentique. Si cependant on en démontrait la fausseté, toutes les conséquences que j'en tire, soit ici soit ailleurs, tomberaient d'elles-mêmes ; alors il n'y aurait de faux que les faits. C'est dans ce sens que j'applique ma philosophie au magnétisme animal : elle peut être vraie ou fausse, indépendamment de cette application. Sans être le partisan enthousiaste, et moins encore l'antagoniste acharné du magnétisme, je pense qu'on ne peut l'établir que sur des *faits bien constatés*, comme on ne peut le renverser qu'en montrant la fausseté de ces mêmes faits. Tous les raisonnemens *à priori* pour ou contre le magnétisme seront toujours hasardés et téméraires. Cela soit dit une fois pour toutes.

la profondeur. Par la raison inverse, s'il n'avait vu que la perspective, avant d'avoir rien touché, il croirait qu'elle n'a point de profondeur, qu'elle est plane. Sous le seul rapport de direction plane ou horizontale, je trouve l'étendue colorée parfaitement égale à l'étendue tactile; où cesse la couleur, cesse aussi l'objet, soit qu'il s'agisse de lui-même ou de ses rayons. Ces pensées se reproduiront ailleurs. (§§. 58 et 98.)

L'étendue atmosphérique, dont la dénomination indique la nature, existe par le tact seul, et ne se manifeste pas aux autres sens. La vue n'est pas exceptée de cette exclusion générale : un enfant, qui n'a pas encore acquis l'idée de la distance, veut saisir le soleil avec la main.

§. 49. Si, pour reconnaître et sentir à la fois un objet, c'est-à-dire, les propriétés qu'il manifeste; en un mot, si, pour avoir une sensation, il faut le concours de l'intelligence et de la sensibilité, ni l'action simultanée de ces deux facultés, ni leur existence dans le moi un, indivisible, n'empêchent d'observer les divers caractères que présente ce concours, caractères qui peuvent être compris sous le terme générique de *modification*. Le moi se reconnaît-il lui-même, c'est une *perception interne*. Son existence reconnue, ses pensées développées lui sont-elles agréables ou désagréables; ce sont des sentimens, des *modifications internes*, dans la signification la plus restreinte du terme : elles sont purement internes et dépendantes de la volonté. L'objet aperçu cause-t-il un sentiment de plaisir ou de peine, ou l'objet absent a-t-il laissé dans le moi sa représentation, son image fidèle ; ce sont encore des perceptions et des modifications, mais *internes et externes*, ou *homogènes et hétérogènes* à la fois. Je dis *homogènes*, car le sentiment et l'image reconnus sont en lui et formés de lui ; *hétérogènes*, car le sentiment est causé par l'objet, et l'image qui le retrace fidèlement est étrangère au moi, comme le serait l'objet présent lui-même.

J'aperçois, par exemple, mon écritoire, avec les différentes couleurs qu'elle renferme. Mon ame ou le moi reste indifférent à cette vue ; il n'éprouve aucun changement ; du moins n'en reconnaît-il aucun, *tant que dure la sensation* : donc il ne fait qu'apercevoir la nature hétérogène de l'écritoire ; c'est une simple perception. Mais la même écritoire, en s'offrant à ma vue, m'inspire-t-elle du plaisir ; ce dernier sentiment est en moi : je me sens modifié, j'éprouve un changement ; ici je reconnais une perception, et de plus une modification. Je détourne les yeux de l'écritoire ; et voilà que j'en reproduis l'image exacte. Donc elle a développé en moi des propriétés analogues aux siennes, développement sans lequel je ne saurais me la représenter dans l'absence. Donc les couleurs de l'écritoire sont en moi comme en elle : donc son image est homogène et hétérogène à la fois.

J'observe en passant que, si le moi, et tous les autres moi, simples ou composés, ames, corps, agrégats, n'étaient pas d'une nature *analogue*, le renouvellement des images en nous serait impossible ; car, comment l'image d'un objet étendu, coloré, etc., se graverait-elle sur un fond inétendu, sans la moindre couleur? Si donc l'objet est étendu, coloré, l'image doit réunir ces deux propriétés; et comme elle est dans le moi, celui-ci doit les renfermer de même.

§. 50. Ainsi la perception peut exister sans modification; je puis voir un objet avec indifférence : mais elle ne peut avoir lieu sans représentation ou sans image, quoique celle-ci ne soit pas d'abord reconnue. Toutefois la perception existe même sans image, si, trop rapide, elle n'a pas laissé à l'objet le temps de se graver dans l'ame, ou plutôt d'y développer son image. Et même, si l'indifférence la plus absolue pour les objets est impossible; si toutes les fois que nous les apercevons, nous ne manquons jamais d'éprouver un sentiment agréable ou désagréable, *presque imperceptible*, vu le très-faible degré d'attention que nous lui accordons (sentiment qui devient plus distinct à mesure que l'attention devient plus forte); si, par conséquent, nulle perception ne peut avoir lieu sans modification, il n'en est pas moins vrai que, la première offrant un caractère intuitif particulier et distinct du caractère sensible de la seconde, on les doit considérer chacune isolément; et que sans perception il est impossible de connaître un objet, qu'elle soit accompagnée ou non de plaisir ou de peine, c'est-à-dire, d'une modification quelconque.

§. 51. La distinction intuitive que le moi fait de lui et des objets étant irréfragable, celle qui place les propriétés dans tel ou tel objet, doit l'être aussi : elle en est la conséquence immédiate. Si j'ignore où se trouvent ces propriétés, j'ignore l'objet lui-même. Or, je l'aperçois intuitivement. Donc le soleil, qui n'est pas dans le moi, n'est pas non plus dans les organes ; la lumière et la chaleur qu'il manifeste, ne sont ni moi ni mes organes.

§. 52. Observez encore que les organes sont des agrégats, des corps, dont la construction reste la même, soit dans les solides, soit dans les fluides, dont ils sont composés. Mais les perceptions qu'ils facilitent, varient à l'infini. S'ils modifiaient les objets, ou s'ils en étaient modifiés, leur construction ne resterait pas la même. On a souvent, par la voie des organes, des perceptions différentes et *simultanées*. L'œil, par exemple, me fait apercevoir à la fois des objets ronds et carrés, des couleurs blanches et noires, etc. Ainsi l'œil éprouverait ou ferait éprouver en même temps une modification ronde et carrée, blanche et noire! Quelle absurdité!

§. 53. Dire que les organes, modifiant les choses, forment un intermédiaire qui n'est ni dans le sujet ni dans l'objet (intermédiaire tenant au premier et reproduisant les images à son gré, comme la main reproduit le mouvement au gré de la volonté), ce n'est rien avancer ni contre la réalité des choses, ni contre la faculté qu'a l'ame de se les représenter dans l'absence. Si un pareil intermédiaire pouvait exister, il serait lui-même un objet perçu par l'ame, mais non représenté; car, tant qu'elle éprouve l'action de l'objet même, tant qu'elle l'aperçoit, elle ne peut pas en avoir la représentation ou l'image : dès que l'image est là, l'objet est absent. Or, les organes sont toujours présens; donc ils ne produisent pas les images.

§. 54. D'ailleurs la formation même d'un semblable intermédiaire est-elle possible?

Les objets sont des agrégats composés d'élémens. Ceux-ci peuvent développer par le contact leurs propriétés respectives; ils ne peuvent rien se communiquer mutuellement : mais viennent-ils à se réunir ensemble, sont-ils dans un état de cohésion ou de composition ; leurs propriétés respectives en deviennent plus saillantes. Un élément, par exemple, s'est-il modifié bleu, et l'autre de même ; ils ne produiront jamais dans leur mélange une couleur jaune, mais une couleur bleue plus foncée, plus saillante. En ont-ils de différentes, le résultat sera un composé de toutes ces couleurs ou modifications colorées; composé qui différera de chaque élément isolé, parce qu'ils se sont différemment modifiés les uns des autres, mais qui ne manifestera que ce que les élémens renferment déjà, sans rien ôter ni rien ajouter. Or, pour obtenir un résultat commun, il faut un état de cohésion ou de composition. Sans un pareil état, point de résultat commun.

Il en est de même des agrégats: ils peuvent se développer, ils ne peuvent rien se communiquer mutuellement. Dans l'état de composition ultérieure, ils manifesteront des qualités communes, c'est-à-dire coïncidentes dans une manifestation simultanée. Ainsi l'existence d'un intermédiaire dans les organes, entre le sujet percevant et l'objet perçu, exigerait non pas un simple contact de l'organe avec l'objet, mais leur réunion, leur composition, leur fusion; et dès que celle-ci se réaliserait, le moi ne reconnaîtrait qu'un seul et même objet; il ne s'apercevrait pas de ses organes, il n'en soupçonnerait pas même l'existence : cependant il les aperçoit intuitivement. Ce que je viens de dire des organes, s'applique de même à d'autres intermédiaires, comme l'air, etc. S'ils modifiaient les objets et les organes, ils seraient fondus avec eux; je n'aurais qu'une sensation, résultat commun de leur réunion. Or je sens l'air, l'objet, l'organe séparément; et, dès qu'ils sont séparés, ils ne peuvent pas produire de résultat commun. Donc ni les organes ni les choses intermédiaires ne modifient les objets.

§. 55. Cependant, sans un certain rapport entre eux, nulle sensation n'est possible. Il faut déterminer ce rapport. Il est,

a) *Chimique*, en tant qu'il produit une nouvelle modification dans le sujet comme dans l'objet qui sont en contact mutuel;

b) *Mécanique*, en tant qu'il ne saurait se manifester que par les organes particulièrement construits à cet effet, et servant de communication au sujet comme à l'objet;

c) *Physiologique*, en tant que tous les intermédiaires qui se trouvent entre le sujet et l'objet, comme l'air, les fluides et les solides, tout ce qui vient s'unir et s'animaliser avec notre corps, entretiennent la vigueur, l'élasticité et l'action des instrumens, sans rien changer cependant ni dans le sujet, ni dans l'objet, ni dans l'organe, au moment de la perception ;

d) *Intellectuel*, en tant que cette perception est un simple acte de l'intelligence, primitif, évident par lui-même.

§. 56. Je m'explique. Les objets ne se communiquent mutuellement que par le tact ; tout autre moyen est impossible. Aussi, dans toutes les sensations, vous trouvez toujours du tact. Comment voir, si la lumière ne frappe l'oeil ; comment entendre, si le son n'ébranle le tympan de l'oreille, etc. ? Dès que ce contact existe entre deux objets également modifiés, il n'en résulte qu'un choc : chacun conserve et sa modification actuelle et la conscience de cette modification. S'opère-t-il, au contraire, entre deux choses différentes, l'opposition fait ressortir de nouvelles propriétés ; elle produit une nouvelle modification, une transformation interne. Cet effet est *chimique :* le chaud fait ressortir le froid, etc. Le contraste est donc indispensable à tout développement nouveau, à la manifestation d'une nouvelle propriété. Ainsi, dès que le contact me fait reconnaître une différence entre l'objet et moi, je suis forcé d'admettre une opposition, un contraste dans nos manières d'exister, et par là même un nouveau développement en nous ; car la raison pour laquelle un objet est *modifiant*, fait qu'il est *modifié*: l'un suppose l'autre. Si j'aperçois le soleil, ce n'est qu'au moyen d'une relation chimique opposée entre l'état actuel de cette masse et l'état actuel de mon ame. Que l'ame soit lumineuse elle-même, elle ne verra pas le soleil; elle continuera de voir sa propre lumière.

§. 57. Le développement mutuel une fois opéré, toutes les directions ultérieures qu'il prendra, seront purement *mécaniques*. Le soleil et la terre se trouvant avec tous leurs intermédiaires en relation chimique mutuellement opposée, c'est-à-dire positive et négative à la fois, produisent ces directions de lumière appelées *rayons :* ces rayons, réfléchis par les objets, viennent frapper l'œil. Je ne fais qu'indiquer ces pensées ; elles reviendront ailleurs. Mais ici se placent d'elles-mêmes les règles de l'optique; on ne peut en contester ni la justesse, ni la précision, ni la certitude. Je les crois cependant insuffisantes pour expliquer, non la vision en elle-même, phénomène primitif inexplicable ; mais son *mécanisme*, non relativement à l'action des objets par les organes, mais relativement à la perception même de l'ame. Ces règles indiquent bien comment les rayons lumineux et colorés des objets viennent se concentrer dans l'œil et tracer sur la rétine les images fidèles de ces objets; mais elles n'expliquent pas comment l'ame, supposée dans la rétine ou derrière la rétine, n'importe pour le moment, mais toujours affectée dans un ou plusieurs points presque imperceptibles, peut cependant percevoir des masses lumineuses et colorées, immenses et situées à des distances indéfinies, comme les paysages à perte de vue, le soleil, les astres, etc. [1]

---

[1] Il m'appert que les couleurs ne sont pas moi, que je ne fais que les apercevoir. Mais, qu'elles soient produites par la réflexion des rayons lumineux, comme le prétend le grand Newton; ou par le mouvement de vibration, comme le pense le célèbre Euler; ou, enfin, par une relation chimique positive et négative entre le soleil et le moi, comme l'a prouvé dans un manuscrit M. B***, un des savans les plus distingués de l'Allemagne et mon ami : toujours est-il constant que les couleurs ont une existence externe, dans les objets et non pas en moi.

On ne peut donc pas admettre l'assertion d'un auteur (M. le Cat), qui dit : « Lorsqu'on parle de rayon rouge, on ne veut pas « dire que ce rayon soit réellement coloré de rouge : on entend que « cette espèce de globule est faite de façon à exciter dans les yeux « la sensation de la couleur rouge. En un mot, la couleur n'est pas « rouge, mais rubrifique, c'est-à-dire, agent ou cause de la sensa- « tion du rouge. » Une pareille assertion contredit l'évidence, première et unique base du véritable savoir.

En mon particulier, je suis de l'opinion de M. B***, laquelle je développerai plus bas; aussi se rapproche-t-elle du sentiment d'Euler, qui me paraît plus fondé que celui de Newton. En voici les raisons, tirées de ses propres ouvrages, mais présentées sous un autre point de vue.

On ne peut voir les corps opaques, s'ils ne sont éclairés par des rayons lumineux qui, se réfléchissant de toutes les particules du corps, viennent frapper l'œil et forment ainsi l'angle visuel.

Il n'est pas possible que ces rayons réfléchis produisent les couleurs; car, de deux choses l'une : ou cette réflexion les ferait toutes paraître, ou les corps les absorberaient toutes. Or, je ne vois pas de raison évidente, je veux dire, de faits ou de conséquences nécessaires,

Vainement on voudrait lever cette difficulté par la différence totale qui se trouve entre le tact et la vue ; par

tirées des faits, qui confirment l'hypothèse selon laquelle les corps, en raison de leur constitution intérieure ou de la situation de leurs particules, absorbant quelques rayons colorés, en réfléchiraient d'autres. Bien plus, des faits cités par le même auteur contredisent cette hypothèse. C'est donc encore M. le Cat qui parle.

« Newton dit qu'un corps rouge est celui qui réfléchit les rayons
« rouges ; cependant un verre rouge paraît tel, non-seulement au
« point de réflexion, mais encore à la transparence, et même il co-
« lore de rouge les objets qui sont derrière. Il faut donc dire que le
« verre rouge éteint toutes les autres espèces de rayons, et qu'il ré-
« fléchit et laisse passer les seuls rayons rouges.

« Mais, suivant ce principe, si je joins ensemble deux verres, un
« bleu et un jaune, je ne dois trouver derrière aucune couleur : car
« le verre bleu, que je suppose devant, aura éteint tous les rayons,
« excepté le bleu ; le verre jaune, qui est derrière, éteindra le bleu
« à son tour : ainsi il n'y aura aucun rayon derrière ; tout y sera
« donc noir. Cependant l'expérience m'apprend que ces deux verres
« unis donnent derrière eux une couleur verte, composée de deux
« couleurs, bleue et jaune ; chacun de ces verres n'a donc pas éteint
« toutes les espèces de rayons qui ne sont pas de sa couleur. Vous
« voyez que ce système, quoique très-satisfaisant et presque univer-
« sellement reçu, n'est pas encore sans difficulté. » (Physiologie, *les sens*, page 348.)

Par la réfraction du rayon solaire dans le prisme, on obtient, il est vrai, sept couleurs différentes, dites primitives, parce que jusqu'à présent on n'a point d'instrument qui puisse opérer leur division ultérieure. Mais il reste encore à savoir si ces couleurs sont dans le rayon ou dans le prisme même ; si le rayon, introduit d'une certaine manière dans le prisme, n'y développe pas des couleurs que la seule illumination du prisme n'y saurait développer. En admettant même que ces couleurs sont dans le rayon, il ne s'ensuit pas que d'autres corps ne puissent avoir des couleurs comme lui.

Les objets se peignent sur le fond des yeux. Quand on prend l'œil d'un bœuf ou de quelque autre bête fraîchement tuée, et qu'on en

l'attribution des distances à l'un, et des couleurs à l'autre ; par la séparation insurmontable, établie entre ces deux espèces de sensations, qui ne permet de

---

découvre le fond, on y voit dépeints tous les objets qui se trouvent devant.

Cette peinture ne peut pas s'opérer par l'émanation des particules des corps qui viendraient se tracer sur la rétine de l'œil avec une grande vîtesse, et dans une direction déterminée par la forme de l'objet même et par la réflexion des rayons lumineux : une pareille émanation finirait par épuiser bien vîte les corps mêmes. Or, nous voyons qu'ils ne perdent rien, ou que du moins leur perte est insensible durant un certain espace de temps. D'ailleurs la multitude innombrable de ces particules, venant à se poser sur la rétine, devraient l'obstruer au point de rendre l'œil incapable de vision ultérieure, malgré l'absorption chimique de pareilles particules qui se ferait en nous.

Mais la peinture des objets étant un fait, une action, celle-ci suppose un mouvement dans l'objet, c'est-à-dire, dans ses particules ; et comme il nous paraît immobile, sans discontinuer cependant de se peindre au fond de nos yeux, nous devons en conclure que ce mouvement est d'une rapidité si grande qu'il nous devient imperceptible par les sens.

A mesure qu'une seule et même couleur est mise en mouvement, elle change de nuance ; et lorsque plusieurs couleurs sont mêlées ensemble et mises en mouvement, elles en produisent une plus ou moins différente. Par conséquent les couleurs, telles que nous les apercevons (et nous ne pouvons les apercevoir que lorsque les élémens ont déjà subi une certaine composition), dépendent du mouvement ou de l'agitation plus ou moins grande qui s'opère dans les élémens ou dans les particules des corps.

Si donc l'opinion, que les couleurs ne sont que nos propres sensations, manières d'être ou modifications, est contraire à l'évidence ; si des faits existans en contredisent la production par la lumière réfléchie, quoique cette réflexion soit une des conditions indispensables au développement des couleurs dans la lumière même, comme dans toute la nature ; si l'émanation des particules colorées est également contredite par des faits existans ; enfin, si les objets, sans perdre

juger des unes par les autres qu'en vertu d'une coïncidence, et non d'une liaison de rapports réels et respectifs ; enfin, par l'élargissement et le rétrécissement de l'angle visuel, ou par les proportions, qui

leurs formes respectives et sans contact *immédiat*, se peignent cependant sur le fond des yeux, il s'ensuit qu'ils ne peuvent se manifester à la vue que *médiatement*, par des rayons colorés, indépendans de la lumière, mais combinés avec elle. Or, comment se forment ces rayons ? C'est ce qu'on verra en son temps : il ne s'agit pour le moment que de leur action, et non de leur formation.

Ainsi, quant à la vision, il n'existe d'autre différence entre les corps lumineux et les corps opaques que celle-ci : les premiers se manifestent à la vue par eux-mêmes, sans aucun secours étranger, tandis que les seconds ne peuvent se passer du concours des corps lumineux ; les uns et les autres lancent également des rayons plus ou moins vifs, plus ou moins éclatans.

Cependant, si je préfère l'opinion d'Euler sur le séjour des couleurs dans les corps mêmes, je suis bien loin d'adopter celle qu'il émet à l'égard de l'éther, espèce d'air infiniment subtil, qui *remplit* l'espace, et dont l'existence est indispensable à la formation comme au mouvement des rayons colorés et lumineux. Je pense, au contraire, que les couleurs et la lumière ne pourraient jamais se reproduire, qu'elles resteraient toujours latentes dans les objets, si cet éther, ou toute autre matière imaginée encore plus subtile, remplissait tellement l'univers qu'il n'y eût pas de vide absolu ; car toute vibration est un mouvement, et tout mouvement suppose un vide parfait. Donc les corps colorés et lumineux ne lanceraient point de rayons, ou n'en formeraient aucun, sans un pareil vide ; donc l'hypothèse de l'éther est gratuite. Et lorsqu'on dit que l'air est nécessaire à la propagation du feu, l'on ne prétend pas que l'air doit occuper avec le feu un seul et même espace ; on avance seulement que le contact de l'un développe l'action de l'autre. Il est possible que le même contact de l'air atmosphérique soit suffisant pour développer les rayons lumineux et colorés, sans qu'on ait besoin de recourir pour cela à une matière plus subtile, telle que l'éther, dont l'existence, du moins jusqu'à présent, n'est pas démontrée par des faits actuels et par conséquent irrécusables.

restent toujours les mêmes et produisent par conséquent toujours le même effet, que l'objet soit représenté grand ou petit.

§. 58. Je réponds que, quoique les sensations colorées diffèrent entièrement des autres sensations, elles sont cependant toutes inséparablement liées au tact, de sorte qu'on pourrait à bon droit les appeler tact coloré, tact sonore, etc. Or, comment ce tact lumineux et coloré, qui n'affecte qu'un point de l'ame répandue dans tout le corps, opère-t-il une sensation tactile, lumineuse et colorée, mille millions de fois plus grande que ce point et tout le corps? D'un côté, sans contact, nulle sensation, nul développement, nulle connaissance n'est possible; et, de l'autre, une masse énorme appliquée sur un point imperceptible, laquelle doit par conséquent n'affecter que ce seul point, et ne fournir que la sensation d'un seul point lumineux et coloré, se laisse cependant percevoir tout entière! Et ne voulant pas même juger de la vue par le tact, mais uniquement de la vue par la vue, la même personne que je vois grande en nature, je la vois très-petite dans l'œil humain, sur la rétine duquel elle est peinte. Comment la sensation d'une petite image donne-t-elle la sensation d'une grande image? Par les proportions, me dira-t-on. J'avoue que les proportions décideraient péremptoirement la question, si deux portraits de la même figure, l'un grand et l'autre petit, produisaient sur moi un effet tellement semblable, que je ne pusse distinguer le por-

trait en miniature du portrait en grandeur naturelle ;
mais, tout en reconnaissant l'égalité parfaite des proportions dans l'un comme dans l'autre, je n'en observe pas moins une parfaite différence dans leur étendue respective : je vois toujours l'un grand, l'autre petit ; et dès-lors la difficulté subsiste.

§. 59. On croira, peut-être, la résoudre par l'exemple, que j'ai moi-même cité [1], des illusions de la perspective, qui, sur une étendue plane, vous représente des distances profondes, indéfinies. Une semblable perspective est peinte, dira-t-on, sur la rétine de l'œil ; l'ame qui se trouve derrière la rétine, et non dans la rétine même, regarde la perspective ; et comme les distances n'appartiennent pas à la vue, mais au tact, il est indifférent à l'estimation visuelle que la perspective soit *tout près* de l'ame sur la rétine, ou *très-loin* d'elle, hors de la rétine, dans un autre endroit ; car cet autre endroit et la rétine même sont également hors d'elle. L'enfant ou celui qui débute dans la carrière visuelle, sans nulle idée des distances, voyant une image *devant lui* sur la rétine, porte la main devant lui pour la saisir ; il ne saisit rien : l'image est pourtant toujours devant lui. Il va plus loin et plus loin encore, poursuivant l'image, qui devient plus grande et plus distincte à mesure qu'il avance, en raison de l'élargissement de l'angle visuel. Enfin il parvient à la cause de la vision, à l'objet même. Satisfait, il le touche et croit avoir touché la

---

[1] Voy. le §. 49.

couleur même, tandis qu'il n'a touché que la matière; car la main ne perçoit pas les couleurs. Du moment qu'il la retire, le rayon comprimé s'élance de nouveau vers l'œil, et dès que l'œil est immédiatement appliqué sur l'objet, il ne le voit plus ; il perd alors sa faculté visuelle, pour ne garder, à l'instar des autres parties du corps, que la faculté tactile : ce qui prouve l'existence des rayons colorés ; car si l'œil, au lieu de les voir, voyait l'objet même, il le verrait de près comme de loin, je veux dire appliqué ou non appliqué sur lui. D'ailleurs le rapprochement de l'homme vers l'objet est secondé par l'influence agréable que ce dernier exerce sur le premier : influence qui produit quelquefois l'effet contraire et désagréable, l'éloignement. Ainsi s'établit d'elle-même l'extériorité des objets colorés ou des couleurs ; le tact contemporain y joint les idées de distance et de forme.

§. 60. Vous n'échapperez pas, poursuivra-t-on, à la justesse de la remarque suivante par les trois qualités spécifiques que vous donnez à l'étendue.[1] Ou toutes les trois peuvent être perçues par l'œil, ou bien aucune ne peut l'être; car cette distinction est illusoire : elle n'est que dans l'esprit, la nature ne la reconnaît pas. Un objet, quelque petit, quelque mince, quelque divisible qu'il soit, l'air, par exemple, peut-il exister s'il n'est ni coloré, ni long, ni large, ni profond ? Oter l'une de ces dimensions, c'est

---

[1] Voy. le §. 48.

ôter les deux autres ; car elles peuvent, comme dans un cube, prendre tour à tour les mêmes dénominations : c'est anéantir l'objet même.

Si donc l'œil se trompe sur l'étendue atmosphérique, il peut se tromper, par la même raison, et il se trompe en effet, sur l'étendue colorée : l'une et l'autre sont la même chose, c'est-à-dire des distances colorées. Que cette dernière erreur existe comme la première, c'est ce que prouve l'exemple d'un édifice, vu de près ou de loin, et changeant de couleur à chaque distance. Il suit de là que l'étendue colorée n'est pas seulement plane, mais profonde ou cubique comme tous les objets ; il s'ensuit de plus que l'étendue colorée n'est pas égale à l'étendue matérielle ou tactile : celle-ci ne varie jamais dans un seul et même objet ; celle-là varie à chaque pas, en intensité comme en forme. Et si les couleurs varient toujours, tandis que la matière qui les renferme reste permanente, il s'ensuit encore que les couleurs ne sont pas dans l'objet, mais dans l'œil ; qu'elles sont des effets en nous, dont les causes matérielles existent seules hors de nous.

Par une dernière conséquence, si les couleurs, ou, ce qui revient au même, si toutes les extensions colorées sont en nous, c'est-à-dire dans notre organe visuel, il est facile d'en expliquer les illusions : elles viennent de ce que, confondant la vue avec le tact, nous attribuons à l'une les dimensions matérielles et l'objectivité de l'autre. Sans cette fausse attribution, nous ne nous plaindrions pas des illusions de la vue ; nous ne demanderions pas comment un grand objet peut être perçu par un organe aussi petit que l'œil : car les couleurs ne sont pas, plus que le son ou l'odorat, grandes ou petites ; modifications de nous-mêmes, ou plutôt résultats combinés de l'action des objets sur nos organes, elles n'existent qu'en nous, comme ces organes. Cette question serait équivalente à celle-ci : Comment une si grande odeur peut-elle être perçue par un si petit nez? On ne la fait pas, parce que le tact, renfermé dans les sensations odorantes et sonores, est ici presque insensible. Voilà donc et l'extériorité des couleurs et leurs illusions expliquées. En songe comme dans l'état de veille, ou dans l'absence des objets, c'est toujours le même tableau présentant les mêmes proportions, et peint, dans le premier cas, par la nature même sur la rétine, hors de nous, et dans le second, par l'ame elle-même et sur elle-même, en vertu de sa puissance imaginative. Direz-vous que l'église de Saint-Pierre à Rome est petite, parce qu'elle est peinte sur un petit morceau de papier? Et cependant quelle différence tactile entre le temple même et le papier! Ainsi les couleurs sont développées dans nos organes par l'action des objets, suivant les lois de l'optique. La théorie actuelle de la vision explique tout cela : nulle nécessité d'en inventer une nouvelle.

§. 61. Je vais essayer de détruire toutes ces objections, et, pour cet effet, je me place, comme mon antagoniste, au début de la carrière visuelle. Si la perception des objets, par exemple, celle du soleil, se faisait par des images peintes sur la rétine de mon œil; comme ces images affecteraient seules mon ame, comme l'influence partirait d'elles vers moi, toutes les fois que l'on me demanderait où se trouve le soleil, je devrais indiquer mon œil, et non le ciel. C'est pourtant ce que je ne fais pas : je vois, et je vois *intuitivement* [1], que le soleil n'est pas dans mon œil. Je puis me tromper sur l'étendue qui me sépare de l'objet; mais je ne me trompe jamais sur la place même qu'il occupe. Si je voyais effectivement, non l'objet hors de l'œil, mais l'image peinte en lui, je devrais, comme je viens de l'observer, pour le toucher, porter ma main à l'œil; et, la sensation tactile venant à coïncider avec la sensation visuelle, je devrais croire que tous les objets ont la forme de mon œil. Satisfait de cette coïncidence du tact avec la vue, comme je le suis quand je touche l'objet que j'ai vu d'abord à quelque distance, je devrais borner à l'œil mes recherches tactiles, et ne pas les pousser au-delà : toute la nature, sous le rapport tactile, n'aurait que la forme de mon œil. Pourquoi me porterais-je en avant ?

D'ailleurs, si je voyais l'image seule sur la rétine, et non l'objet même, je devrais en avoir la conscience; et je ne l'ai pas. Or, il suffit que je ne l'aie pas à présent, pour prouver que je ne l'ai jamais eue. Quoi, le même objet, appliqué sur le même organe,

---

[1] Ch. 1.er, §. 13.

s'y serait fait sentir une fois, la première fois, pour ne plus s'y faire jamais sentir! La même cause ne produirait plus le même effet! Contradiction manifeste. Où seraient les lois de l'identité et de l'analogie? Une sensation qui n'est pas reconnue, une sensation sans conscience, n'est-elle pas une absurdité? L'aveugle de naissance, venant à jouir de la vue, porte d'abord la main à l'œil; non qu'il voie les choses *sur* la rétine, mais parce qu'il croit les voir *tout près* de l'œil, ignorant l'étendue de la colonne d'air qui se trouve entre l'objet et lui, ainsi qu'entre les autres objets situés l'un derrière l'autre, à de certaines distances, et qu'il croit collés les uns sur les autres: la profondeur n'existant pas pour l'œil, tout doit en être nécessairement rapproché. A cette ignorance de l'étendue atmosphérique se joint la sensation douloureuse produite par la lumière offusquant l'œil pour la première fois; sensation qui se dissipe insensiblement, et de laquelle on se garantit en le couvrant avec la main. Les procédés visuels de l'aveugle né, comme de l'enfant nouvellement né, sont exactement les mêmes: tous les deux commencent à voir, tous les deux se trompent sur la distance; mais ni l'un ni l'autre ne se trompent sur la place même occupée par les objets, qui, *tout près* ou *très-loin* de l'œil, sont constamment *devant eux*, hors de l'organe visuel, et non pas en lui.

Mais si les distances ne sont pas du ressort de la vue, pourquoi les objets nous paraissent-ils *tout près* de l'œil, et non pas *loin de lui?* Pourquoi portons-nous la main *sur* notre œil même, et non pas à quelque distance plus rapprochée de l'objet même ? Pourquoi ce mouvement rétrograde et non progressif, et la dimension courte au lieu de la dimension longue ?

J'ai dit que, la profondeur n'existant pas pour l'œil, la proximité seule doit exister pour lui. Mais cette proximité peut se manifester de deux manières différentes et contraires : tout près du corps, siége principal de l'ame, par le rapprochement de l'objet vers elle ; ou très-loin du corps, par l'extension de l'ame vers l'objet. Laquelle des deux proximités a lieu ? Ne les confondrions-nous pas ensemble ?

Ces questions se placent ici d'elles-mêmes ; mais leur solution exige beaucoup de développemens préalables. J'y reviendrai bientôt.

§. 62. En attendant, soit que je me trompe sur l'étendue des couleurs ou sur celle de l'atmosphère, mon erreur ne porte que sur la grandeur, non visuelle, mais tactile, de ces étendues. Et de quoi s'étonner ? Je ne les ai pas mesurées. Mais cette erreur porte aussi peu sur le séjour externe, que sur l'égalité parfaite des deux étendues, la tactile et la colorée ; car qui dit couleur, dit objet coloré. Si donc je vois le même temple, grand de près et petit de loin ; si la sensation tactile, d'accord avec la première vision, contredit la seconde ; si cependant l'évidence de la vision et celle du toucher ne sont au fond qu'une seule et même évidence, et que je ne puisse la renier sans détruire la base même de toute cognition : il s'ensuit que de près je vois un grand temple, et de loin un petit, c'est-à-dire deux temples ; sinon, la couleur n'est pas l'objet coloré lui-même, intuitivement aperçu hors de moi. Or, il est bien certain qu'il n'existe qu'un seul temple. Comment concilier ces contradictions ? Par les rayons colorés que lancent les objets. Le rayon n'est pas l'objet : je reconnais l'existence des rayons ; je crois que l'œil ne perçoit que des rayons. On l'a déjà vu [1], et on le verra bientôt encore [2]. Cependant il reste toujours à démontrer, malgré les erreurs de jugement que je commets, comment une petite étendue dans mon œil (image, rayon, objet, n'importe) donne l'idée d'une étendue bien plus grande hors de mon œil, quoique je ne connaisse pas la vraie mesure *tactile* de cette dernière étendue *colorée :* difficulté toujours existante, si même vous distinguez l'œil du moi, mais qui devient plus forte, si vous ne faites pas cette distinction ; car alors vous transportez tout-à-fait en vous l'objet qui, dans la première supposition, n'était qu'auprès de vous. Le raisonnement suivant est-il bien juste ? J'ai cru que cet arbre était fort loin, et il est tout près de moi ; je l'ai cru vert clair, et il est vert foncé : donc il est dans mon œil ; donc c'est une image peinte sur ma rétine ; et comme l'œil, ainsi que les autres parties de mon corps, est *moi*, les couleurs de cet arbre et de tous les objets sont en moi, sont mes propres modifications.

---

[1] Voy. la note du §. 57
[2] §. 69.

§. 63. Cependant, observera-t-on, la peinture sur la rétine est un fait irrécusable. D'accord. Mais prouve-t-il autre chose, si ce n'est que l'œil a, comme une glace de miroir, la propriété de réfléchir les objets ? L'œil même n'a certainement pas plus que la glace, le sentiment de cette réflexion ; et dèslors elle est nulle pour lui. — Mais pourquoi cette peinture ? — Je pourrais répondre par une question semblable : Pourquoi l'eau réfléchit-elle les objets ? Elle les réfléchit, parce qu'elle les réfléchit ; c'est un fait primitif, et par conséquent inexplicable. Ici cependant, je l'avoue, cette réponse serait évasive : la peinture a son but, que je ne manquerai pas d'exposer. [1]

§. 64. Maintenant, à l'observation déjà faite sur les proportions, je n'ajouterai que la suivante. Elles existent pour un tiers, et non pour la personne dont l'œil les reproduit. Je ne vois pas les miniatures peintes sur ma rétine, je ne puis donc pas les comparer avec les objets de grandeur naturelle ; mais un autre peut les y voir, et faire cette comparaison. Si je vois le portrait, je ne vois pas l'original. Le premier cas reproduit les inconvéniens tirés de la petitesse de l'œil et de l'immensité de l'objet, et dans le second cas je suis hors de moi. Un autre cependant voit et le portrait et l'original ; et ce qui prouve qu'il voit l'original même, et non pas une autre image plus grande que la première, c'est que les limites colorées de l'ori-

---

[1] §. 69.

ginal sont exactement les mêmes que ses limites tactiles, les deux sensations pouvant être simultanées. D'où vient donc qu'un tiers a seul le privilége de percevoir les originaux, les objets mêmes ; et que, moi, je suis restreint aux simples images ? Pourquoi, devenu tiers à mon tour, vois-je les originaux, les objets mêmes ? Pourquoi mon œil voit-il tantôt l'image, tantôt l'objet ? N'est-ce pas une contradiction ? Donc les proportions n'expliquent pas la vue de l'objet en grandeur naturelle.

§. 65. Enfin, les proportions n'expliquent pas non plus comment je vois en songe les objets de grandeur naturelle ; car, si elles avaient ce pouvoir en songe, elles l'auraient aussi dans l'état de veille. Or, dans ce dernier état, je le répète, tout en reconnaissant l'égalité des proportions dans l'objet en petit, comme dans l'objet en grand, je n'en observe pas moins la différence dans leur étendue respective. La même chose devrait arriver en songe ; je devrais toujours reconnaître l'égalité de proportion et la différence d'étendue. D'où vient cependant que l'image en songe est parfaitement égale, en proportion comme en étendue, à l'objet même aperçu dans l'état de veille ?

Quant à ce qui concerne la distinction d'étendue plane et d'étendue profonde, j'observe, pour la soutenir, que je puis toucher un côté, la surface d'un objet, sans en toucher les autres côtés ou les autres dimensions. La sensation tactile, obtenue de cette manière, s'appelle étendue plane ; la même sensation, répétée de suite dans diverses directions, s'appelle étendue profonde : ce sont toujours les mêmes sensations, mais différemment dirigées. Or, l'œil n'a qu'une seule direction horizontale en même temps. Il en est de la sensation visuelle comme de l'eau : elles ont toutes deux la propriété de prendre toujours une surface horizontale, quoique l'eau réunisse, ainsi que les autres objets, les trois dimensions. Si donc rien ne peut exister sans elles, on n'a pas besoin de les connaître toutes pour voir un objet : une seule suffit pour la sensation visuelle, qui se distingue de celle du tact par la faculté de n'apercevoir jamais les objets que dans une seule direction horizontale en même temps, comme je viens de le dire.

§. 66. De même, il n'est pas nécessaire pour la connaissance externe d'un objet, qu'il se manifeste *en nous;* mais il suffit qu'il le fasse à côté de nous, c'est-à-dire, à l'extrémité, sur la surface de notre être. Dans ce sens, notre cognition externe est pour ainsi dire plane : la préposition *en* se confond avec celle d'*à côté de;* car l'intérieur et l'extrémité de notre être sont toujours *nous*, et ce mélange s'opère comme celui des dimensions : remarque qui, jointe à la distinction d'activité originelle dans le moi ou hors de lui [1], renverse, ce me semble, l'idéalisme de fond en comble.

§. 67. Ainsi, distinguez ou confondez les dimensions; représentez-les fidèlement sar la rétine de l'œil, ensorte que, petites ou grandes, elles produisent toujours

---

[1] Voy. ch. 1.er, sect. 9 et 10.

le même effet; ayez recours aux illusions des songes, aux prestiges de l'imagination : comme l'étendue colorée se trouve exactement égale à l'étendue tactile, ce dont vous pouvez vous convaincre par le fait à chaque instant, vous n'en serez pas moins obligé de revenir à mes éternelles questions : Comment sentez-vous cet effet des proportions, sans en avoir la conscience, et sans une comparaison préalable, faite par vous-même ? Comment une image sur la rétine vous fait-elle connaître un objet hors d'elle ? et comment la sensation d'une petite image donne-t-elle la sensation d'une grande image ?

Voilà ce qui jusqu'à présent n'a pas été résolu, et ce que j'ose résoudre. Mais, en abordant ce dernier problème de la vision, au-delà duquel aucun autre n'est résoluble, la vision étant en elle-même un phénomène aussi réel et mystérieux que tous les divers modes de l'existence, j'ai besoin de tout le courage et de tout l'amour que m'inspirent la science et la vérité, pour affronter les épithètes dont les idées neuves et hardies sont ordinairement frappées.

§. 68. Je crois avoir amené le lecteur à la nécessité de convenir que, pour sentir, voir, connaître un objet en entier, il faut, ou que cet objet s'applique par *certains points* sur l'ame, ou que l'ame elle-même s'applique à *certains points* de l'objet : tout autre moyen de communication suffisante est absurde, parce qu'il est impossible.

Or l'ame, existant quelque part, faisant partie d'un

corps, c'est-à-dire d'une composition étendue, doit être elle-même étendue, et posséder dès-lors toutes les autres propriétés de l'étendue. Parmi ces propriétés se trouvent celles de contraction et de dilatation indéfinies : donc l'ame se dilate et se contracte à l'indéfini. Vérités que je ne fais que signaler ici, et qui seront développées ailleurs. Il ne s'agit maintenant que de les appliquer à la vision.

§. 69. Au moment où toutes les directions chimiques, c'est-à-dire tous les rayons lumineux et colorés, viennent, d'après les lois de la réfraction, dessiner sur la rétine l'image de l'objet, ils excitent la réaction expansive de l'ame en sens inverse. Les rayons forment-ils un cône dont la base est l'objet, l'ame, en s'élançant du sommet de ce cône, le franchit entièrement et vient s'appliquer à la base, à l'objet lui-même. Ainsi s'opère le contact visuel, proportionné à l'étendue tactile ; en un mot, la vision. Si les rayons ne dirigeaient pas cette extension de l'ame vers l'objet, l'ame verrait une masse indéfinie de lumière et de couleurs, et ne verrait pas *un objet*. Mais, à mesure que l'ame s'étend vers l'objet, elle en repousse les rayons dans la même direction conique (car deux êtres ne sauraient occuper en même temps un seul et même espace); et ces rayons, ainsi repoussés vers l'objet, décrivent une forme lumineuse et colorée, analogue à sa forme opaque et solide. De là vient que nous croyons apercevoir les objets mêmes, tandis que nous n'en apercevons que les rayons.

§. 70. Mais, si l'ame possède la faculté de voir

des rayons, pourquoi n'a-t-elle pas celle de voir les objets mêmes? car les rayons sont aussi des objets, et tout est objet dans la nature. Pour ne pas renvoyer une seconde fois le lecteur à ma précédente note, et pour lui faciliter l'enchaînement des idées, je réponds: L'existence des rayons lumineux et colorés est suffisamment prouvée par la peinture sur la rétine, peinture qui sans eux devient impossible ; car, pour qu'une chose s'imprime sur une autre chose, il faut un contact entre elles, et nous voyons que l'œil et l'objet restent à des distances plus ou moins grandes l'un de l'autre. L'impossibilité de voir un objet immédiatement appliqué sur l'œil, est encore une preuve de fait que chacun peut vérifier. Cependant la vision est là: elle ne peut s'opérer sans contact; elle varie selon les distances, tandis que l'ame et l'œil et l'objet gardent leurs formes respectives. Ce phénomène s'explique par les rayons : seuls, ils peuvent établir une communication entre l'ame et l'objet par la voie de l'organe visuel; seuls, en se repliant sur l'objet à mesure que l'on s'approche ou s'éloigne, ils en dessinent les formes agrandies ou diminuées, mais toujours également proportionnées; seuls, enfin, ils expliquent toutes les variations et toutes les contradictions. Il faut bien les admettre. Et quoique les rayons lumineux et colorés soient aussi des objets matériels, comme leur nature est cependant différente de celle des objets proprement dits, cette différence explique pourquoi l'ame voit les uns et ne voit pas les autres ; ou plutôt cette question rentre dans celles que l'on fait inutilement, je ne cesse de le répéter, sur les faits primitifs : il suffit qu'ils existent ; ils n'ont pas besoin de preuves[1]. Pourquoi les corps gravitent-ils vers le centre de la terre ? Parce qu'ils gravitent. Pourquoi l'ame voit-elle les rayons, et ne voit-elle pas les objets ? Parce qu'elle voit les premiers et ne voit pas les seconds. On ne saurait aller au-delà des faits primitifs.

§. 71. On voudra m'objecter encore : « L'ame « n'a pas la conscience de cette extension de sa « propre substance ; je ne suis pas dans le soleil, « parce que je l'aperçois. » Je soutiens le contraire : j'ai cette conscience, et je l'exprime. Que veut dire cette phrase : *Ma vue s'étend au soleil, aux astres les plus éloignés ?* Ne revient-elle pas à celle-ci : *Le moi voyant s'étend jusqu'au soleil, jusqu'aux astres les plus éloignés ?* Mais comme cette extension n'a lieu que par un point presque imperceptible, et que tous les autres points restent pour ainsi dire englobés, resserrés dans le corps; la conscience de cette contraction, étant bien plus vive et bien plus forte que celle de la dilatation, me fait dire que je reste ici sur la terre, en apercevant le soleil, c'est-à-dire que la plus grande partie, la presque-totalité de mon être est ici, sur la terre. Représentez-vous l'ame comme un large fleuve qui se diviserait en plusieurs faibles branches. Le fleuve, s'il pouvait parler, dirait : J'occupe toujours le même lit; mais ces

---

[1] Voy. ch. II, §§. 41 et 42.

branches n'en sont pas moins formées de mes propres eaux ; c'est moi qui les parcours en serpentant, sans perdre mon lit, ma place principale.

Au reste, je touche le soleil par la vue, comme je touche un objet par le tact : je ne pénètre ni l'un ni l'autre; je ne fais que les toucher.

§. 72. On m'objectera peut-être encore que, la perception étant instantanée, cette extension de l'ame vers l'objet doit l'être aussi : en un instant, des millions de lieues seraient parcourues avec une rapidité que nulle imagination ne saurait concevoir. Cela est-il possible ? D'ailleurs on ne sent pas cet étrange mouvement. — Faut-il recourir à l'absurde pour expliquer l'inconcevable ? Pauvre philosophe !... On a bien raison de dire qu'il n'est point d'absurdité qui n'ait passé par la tête d'un philosophe.... Terrassé par la force de ces objections, humilié de cette ironie amère, je me relève, je me rassure, je tâche d'y répondre.

1.° Le mouvement n'est pas une sensation primitive, ni par conséquent un fait intuitivement aperçu. Pour reconnaître le mouvement, il ne suffit pas d'un simple acte de l'intelligence ; il faut le développement de toutes les facultés : je dois avoir vu un objet, je dois me rappeler de l'avoir vu ; je dois comparer l'image passée avec l'image présente ; je dois enfin prononcer sur leur identité : voilà du raisonnement. Or, le raisonnement est sujet à l'erreur [1] : je puis quel-

---

[1] On conçoit bien qu'il n'est pas ici question du raisonnement dans toute son évidence et sa rapidité ; c'est-à-dire, de l'intelligence, qui n'erre jamais. Ch. II, §. 41.

quefois prendre pour mobile, des corps inertes, et *vice versa*. On sait par l'expérience que tout ce qui est extrême devient insensible ; un charbon ardent, tourné avec une grande rapidité, décrit un cercle de feu immobile. Donc il m'est permis d'avancer que l'élancement de l'ame se fait avec une telle célérité qu'il devient insensible.

2.° On a calculé les mouvemens les plus rapides que nous puissions observer. Mais connaît-on assez toutes les puissances de la nature, dans leur état simple ou compliqué, pour assurer que des mouvemens encore plus rapides ne puissent avoir lieu ?

3.° Le mouvement calculé est celui des agrégats et des corps. Ici les divers degrés d'intensité dépendent de la masse multipliée par la vîtesse. Mais a-t-on jamais pu calculer l'élasticité primitive d'un élément ? Avec quelle rapidité l'hydrogène renfermé dans un aérostat s'élance dans les airs, parce que sa pesanteur spécifique est moindre que celle de l'atmosphère ! Il ne s'agit plus ici de masse pour accélérer le mouvement, mais de légèreté respective : un air encore plus décomposé que l'hydrogène, aurait encore plus de vîtesse que lui. Or, quelle ne doit pas être la vîtesse de l'élément, terme de la décomposition ! Pouvons-nous lui fixer des bornes ? pouvons-nous en assigner à une chose quelconque ? Enfin,

4.° Les représentations de l'imagination dans l'état de veille, et dans celui de songe, où l'œil ne voit rien, prouvent et la faculté de voir qu'a l'ame, et son extension indéfinie : car c'est elle-même qu'elle aperçoit dans cette extension. Or, quelle extension! quels tableaux! quelle variété! Avec quelle rapidité tout cela se produit, se développe et se reproduit! Mais comment, me demandera-t-on, l'ame renfermée dans un si *petit* corps, prend-elle une *si grande* extension? Je réponds que l'ame n'est point renfermée dans le corps; ces deux substances sont pour ainsi dire mêlées ensemble, comme deux liqueurs qui, malgré leur mélange, ne sont pas renfermées l'une dans l'autre : l'évaporation de l'une peut avoir lieu indépendamment de l'autre; de même l'extension de l'ame peut avoir lieu indépendamment du corps, dont elle est la compagne, et non la prisonnière [1]. Le corps n'empêche pas plus l'ame de s'étendre, que l'ame n'empêche le corps de s'évaporer. L'auréole des Saints est la vraie image de l'ame expansive.

Point de milieu : il faut adopter cette explication, hypothèse, ou vérité démontrée (donnez-lui tel nom qu'il vous plaira), ou convenir qu'il est possible de connaître un objet sans contact avec lui, et qu'une sensation tactile *imperceptible*, quelles qu'en soient d'ailleurs la nature et l'espèce, peut donner l'idée d'une sensation tactile immense, incalculable [2]. Il faut

---

[1] Voy. chap. XX.

[2] J'insère ici la lettre que m'a écrite M. B..., à la critique duquel j'avais soumis cette nouvelle théorie de la vue. Un juge aussi compétent en ces sortes de matières m'ayant été favorable, je puis espérer qu'on voudra bien examiner mes idées avant de les condamner.

« Monsieur,

« En présentant à V. E. les plus vifs remercîmens de la bonté

encore convenir qu'une image imperceptible sur ma rétine, *en moi*, peut donner l'idée d'une image immense *hors de moi*.

§. 73. J'ai dit [1] que, pour connaître suffisamment

« qu'elle a eue de me communiquer ses idées métaphysiques sur la
« faculté de la vue, je lui dois aussi la satisfaction de reconnaître
« qu'elle m'a décidément converti ; d'autant plus que, frappé d'abord
« par la nouveauté et l'originalité de ces idées, j'ai recherché tout
« ce qui, selon moi, pourrait les combattre, et n'ai rien trouvé
« qu'on puisse leur opposer avec raison pour en ébranler la vérité.
« La plupart des métaphysiciens se sont bornés jusqu'à présent aux
« lois de l'optique dans l'explication des opérations du sens de la
« vue ; et je crois que le système du spiritualisme, presque univer-
« sellement adopté, a été cause qu'ils ne sont pas allés plus loin.
« Dès qu'on ne prend plus l'épouvante sur un des principes fonda-
« mentaux du système de V. E., que *l'ame est un être étendu*,
« l'on se voit forcé d'admettre les conséquences sur *la nature méta-*
« *physique de la vue* ; conséquences qui d'ailleurs ne sont nulle-
« ment contraires à l'optique, dont la théorie de V. E. a besoin,
« relativement au mécanisme extérieur de la vue. Que l'action de
« l'ame, lorsqu'elle veut embrasser par la vue un objet vaste et grand,
« consiste pour ainsi dire dans une *dilatation* de son être ; c'est ce
« que prouvent même nombre d'expériences psychologiques. On s'aper-
« çoit intuitivement de cette dilatation de l'ame, lorsque, se trou-
« vant pour la première fois sur la cime d'une haute montagne, ou
« sur la dernière plate-forme d'une tour élevée, on jette en bas un
« coup d'œil sur les environs. Il y a beaucoup de personnes dont
« le sentiment intérieur, lorsqu'il s'efforce dans cette occasion à se
« dilater assez pour s'emparer de l'objet de la vue, devient si fort,
« si accablant, qu'il tourne en vertige.
« Je fais donc à V. E. mon compliment sur sa découverte aussi
« neuve qu'ingénieuse, et par laquelle la métaphysique a été avan-
« cée à un point où l'optique ne peut jamais conduire.
« C'est avec tous les sentimens de respect et d'attachement que
« j'ai l'honneur d'être, etc. Le 16 Mars 1814. »

[1] Voy. §. 68.

un objet, il faut ou qu'il s'applique par *certains* points à l'ame, ou que l'ame s'applique par certains points à l'objet. Ici s'élève une nouvelle objection. S'il est vrai, dira-t-on, que l'ame, susceptible de dilatation, vienne elle-même s'appliquer aux objets dans la direction inverse des rayons lumineux et colorés, et que de cette manière elle perçoive une étendue lumineuse et colorée exactement égale à l'étendue opaque et solide; comment des milliers d'ames, qui s'appliquent au même objet ou le voient en même temps, occupent-elles en même temps le même espace ? Comment une de ces prétendues applications n'empêche-t-elle pas des milliers d'autres ? Il ne suffit pas qu'une hypothèse s'accorde avec une seule circonstance de la vision, il faut encore qu'elle ne soit pas contredite par toutes les autres. L'extension de l'ame vers l'objet s'accorde, il est vrai, avec la nécessité de percevoir une étendue colorée *égale* à une étendue tactile; mais n'est-elle pas contredite par l'application contemporaine et simultanée de plusieurs ames au même objet ?

§. 74. On ne m'accusera pas, j'espère, de forger des objections faciles à résoudre. Celle-ci me paraît très-naturelle et très-forte; et si je parviens à la réfuter, j'aurai fondé mon système du mécanisme visuel sur une base inébranlable. Essayons.

Chaque objet contient une quantité infinie de points qui, vu leur extrême petitesse, sont inaccessibles à notre vue, comme à nos instrumens les plus parfaits. Chacun de ces points imperceptibles occupe une place différente d'un autre point, en haut, en bas, de côté, etc. Diversement placés et situés, ils se trouvent tous en relation chimique et mécanique avec les points visuels, diversement placés et situés, de toutes les personnes qui regardent le même objet à la fois. De cette différence locale résulte l'impossibilité la plus absolue, que *tous* les points d'un seul et même objet se dirigent en même temps vers *tous* les points visuels des diverses personnes ; et que l'ame, à son tour, par une extension inverse et répulsive, vienne s'appliquer à *tous* les points de l'objet. Cependant une certaine application est nécessaire ; car une petite image, peinte sur la rétine de l'œil, ne saurait donner la sensation d'une grande image existante hors de l'organe visuel. Pour faire disparaître ces contradictions, il faut de toute nécessité que les rayons ou relations chimiques, qui partent de tous les points de l'objet et viennent se concentrer dans divers yeux, excitent l'expansion réactive des ames, de manière que chacune ne s'applique qu'aux points correspondans, laissant les autres ames s'appliquer de même à d'autres points correspondans ; et que les directions primitives des rayons et celles inverses des ames s'opèrent *sans se croiser* ou se laisser jamais croiser, malgré la variété sans fin de leurs combinaisons. Ainsi les ames se forment elles-mêmes en rayons opaques et solides, dans le sens inverse des rayons lumineux et colorés. Mais l'imperceptibilité de tous les points de l'objet, leur multitude innombrable et leur dispersion sur sa surface, nous font croire que nous le saisissons dans tous ses points, tandis que nous ne le saisissons en effet que dans ceux qui correspondent à nos yeux, et dont le nombre et la situation suffisent pour nous donner l'idée *complète* de l'étendue colorée de l'objet.

§. 75. J'ai dit que les rayons des objets et des ames (la nouveauté de l'expression ne prouve rien contre sa justesse) *ne doivent jamais se croiser ou se laisser croiser*. Cette condition est indispensable dans l'ancienne comme dans la nouvelle théorie de la lumière; car les points similaires, constituant un objet ou un agrégat, sont disposés de manière à ce qu'ils croisent ou ne croisent pas leurs rayons. Dans le premier cas, deux rayons également inclinés ayant plus de force et d'intensité qu'un seul rayon incliné en sens contraire, les premiers ne manqueront pas d'arrêter et d'absorber le dernier, qui, mort en chemin, ne parviendrait à aucun œil : et, comme son contact avec l'ame par la voie de l'œil (une des conditions de la relation chimique inflammatoire) n'aurait pas lieu, il est pour le moins douteux qu'ainsi croisé, absorbé, il ait eu même un commencement d'inflammation; qu'il soit, par conséquent, lumineux et coloré, indépendamment de toute vision. Celle-ci, dans le second cas, s'opère avec facilité; car les rayons, n'étant pas croisés, gardant leur force et leur intensité, parviennent librement et sans choc aux points visuels correspondans. Mais, si l'ame, une, indivisible, dans son expansion inverse, répulsive et rayonnante, venait à subir des chocs avec d'autres rayons, son application à l'objet serait absolument impossible. Ainsi, dès que je vois un objet, il faut nécessairement que tous ses rayons lumineux et colorés aient eu une direction libre et non interrompue vers mes yeux et d'autres yeux, et que les rayons de nos ames aient eu la même direction libre et non interrompue vers l'objet en sens inverse : conditions sans lesquelles la vision ne saurait exister.

§. 76. Mais, la relation chimique entre l'objet et moi une fois opérée, les rayons lumineux et colorés une fois parvenus à moi comme à d'autres individus, rien ne les empêche de prendre des directions ultérieures, lumineuses et colorées, en observant la même chose pour produire la vision ultérieure ; et c'est ainsi que s'opère le reflet des rayons. Loin de contredire le non-croisement primitif, il ne fait que le confirmer; car, le rayon croisé n'atteignant pas un objet, mais un autre rayon, le reflet en devient impossible : au lieu de se briser, ce rayon est absorbé ; c'est comme s'il n'existait pas.

§. 77. On conçoit que des rayons qui ne se laissent jamais croiser, doivent avoir des intervalles; et comme les points dont ils partent sont imperceptibles, les intervalles doivent l'être aussi : vérités qu'il suffit d'énoncer après celles qui ont été démontrées.

§. 78. Maintenant qu'est-ce que la vision ? C'est la faculté intellectuelle de voir, excitée par une relation chimique, positive et négative, de l'objet à l'ame, au moyen de l'œil, organe visuel, et par une extension répulsive de l'ame vers les points correspondans de l'objet : relation formée d'une double espèce de rayons, qui jamais ne se croisent ou ne se laissent croiser, lumineux et colorés dans l'objet, opaques et solides dans l'ame, toujours dirigés en sens inverse les uns des autres.

§. 79. Je puis à présent donner la solution promise du problème [1] : pourquoi l'aveugle né porte la main *sur* son œil, y croyant les objets appliqués, et non pas *au loin*, vers leur vrai séjour.

Le moi voyant s'applique à l'objet même, ou plutôt à ses rayons colorés : je pense l'avoir prouvé. Il les sent donc *à côté de lui*, à sa proximité; tandis que par un point imperceptible, c'est-à-dire, par l'œil, il lance, avec une rapidité si grande qu'elle en devient insensible, ses propres rayons, lesquels, au sortir de ce point, s'élargissent, s'étendent et s'appliquent aux rayons correspondans de l'objet. La presque-totalité du moi [2] reste dans le corps, sa place et sa demeure constante, à l'instar d'une fontaine qui jette des gerbes d'eau, tandis que la masse liquide reste dans le réservoir. Ce séjour dans le corps, cette extension hors de lui, aussi rapide qu'insensible, ce contact du moi et de l'objet, effectué par les rayons respectifs à une certaine distance, à mi-chemin, pour ainsi dire, entre eux, mais toujours immédiat de l'un

---

[1] Voy. §. 61.
[2] Voy. §. 71.

à l'autre; surtout l'ignorance parfaite de la mesure tactile de cette distance colorée : tout cela, dis-je, aussitôt vu que généralisé, fait croire au moi que l'objet se trouve tout près de l'œil, sur l'œil même. Et dans un sens, il ne se trompe pas : l'objet, c'est-à-dire ses rayons, sont effectivement tout près de lui, puisqu'il est en contact avec eux. Mais il se trompe, 1.° en croyant que, la presque-totalité de lui-même étant dans le corps, sa proximité et celle des objets ne peuvent exister qu'auprès du corps; et 2.°, en confondant l'objet tactile avec l'objet coloré, la proximité opérée par le tact avec la proximité opérée par la vue, le mouvement tactile avec le mouvement visuel. Bientôt le tact, juge compétent des distances, vient, par des expériences souvent réitérées, rectifier cette double erreur : ce qu'il lui serait impossible de faire, si l'œil et la main ne se rencontraient, pour ainsi dire, dans l'objet même; car autrement le tact se porterait toujours en avant vers l'objet, et la vue en arrière vers la rétine. Je ne vois pas de raison pour que ces deux directions contraires se rencontrent jamais : mille et mille expériences de tact ne lui procureraient que des distances ou des mesures matérielles, plus ou moins grandes, sans jamais opérer sa coïncidence avec la vue. Telle est l'histoire de celle-ci et de ses prétendues illusions.

§. 80. Il est clair que, si les organes sont diversement construits, la matière qu'ils dirigeront aura diverses formes et divers degrés d'intensité; les réactions de l'ame seront aussi différentes ; le rapport chimique variera de même, et partant la perception. Que l'angle visuel vienne à se rétrécir, le cône de matière qui touchera l'ame sera plus étendu, moins intensif; le développement des rayons lumineux et colorés sera moins prononcé ; la répulsion que l'ame en fera vers l'objet où ils aboutissent, sera moins forte ; en se repliant, ces rayons décriront une forme lumineuse et colorée, toujours analogue à l'objet, mais moins grande que lui : l'objet enfin paraîtra plus petit. Donc la moindre différence dans la construction de l'organe en produira une dans les perceptions ; un œil exigera le rapprochement, un autre l'éloignement de l'objet, pour s'y mieux appliquer : de là les myopes et les presbytes. Un œil verra bleu clair, un autre bleu foncé ; mais aucun ne verra noir, si la couleur noire n'est pas, dans le cône même, développée par le contact avec le moi : cette contradiction est impossible. On aurait tort de vouloir l'expliquer par des rayons lumineux et colorés qui, se brisant de diverses manières, déploient diverses couleurs, tandis que l'objet même conserve et sa place et sa couleur. Ce fait en lui-même est irrécusable. Les relations chimiques, diversement modifiées et dirigées, produiront diverses couleurs : mais ici l'application de ce principe serait fausse ; car deux yeux diversement construits, dirigés du même point de vue vers le même point de réfraction, verraient toujours les mêmes couleurs, mais avec des nuances différentes, jamais contraires, parce qu'une ame perceptive est égale à une autre ame perceptive. L'analogie est toujours là.

§. 81. Mais, si les objets subissent une autre combinaison primitive, ou qu'ils manifestent d'autres relations chimiques, la construction mécanique de l'œil restant la même, il est naturel que les perceptions ne soient plus les mêmes. Si l'objet et l'organe viennent à changer, tout change.

§. 82. Je n'ai pas besoin de faire observer que, les organes étant plus ou moins altérés, étant privés de moyens *physiologiques* pour se maintenir en état de santé, les perceptions s'en ressentiront, et cesseront même tout-à-fait par le dérangement total des organes. Mais, à cette occasion, il est bon de relever l'erreur fort accréditée, que le siége des sensations n'est pas dans les organes, mais dans le cerveau, sous la dépendance duquel ils se trouvent au moyen d'une foule de nerfs et de fibres. L'évidence intuitive est contraire à cette hypothèse. Je sens que c'est dans mon œil que s'opère la relation chimique appelée vision, et non dans mon cerveau : et s'il suffit de déranger considérablement le nerf ophtalmique qui joint l'œil au cerveau, pour produire la cécité, lors même que l'œil ne serait pas d'ailleurs visiblement altéré, ce n'est pas que la communication visuelle soit interrompue ; elle est toujours directe entre l'ame résidant dans l'organe et les objets externes ; mais c'est que le nerf ophtalmique dérangé, ne renvoyant plus à l'œil les mêmes sucs, n'en maintient plus la vigueur et l'élasticité.

§. 83. Malgré tous ces éclaircissemens sur le mécanisme des sensations, les sensations en elles-mêmes, je l'ai déjà dit, restent inexplicables. Elles résultent des propriétés respectives des objets ; et ces propriétés sont, parce qu'elles sont : elles ne se trouvent pas en nous, mais dans les objets, quoique développées par le contact. Simples perceptions de l'intelligence, elles doivent être considérées, sous ce rapport, comme purement *intellectuelles*.

§. 84. Ce que je viens de dire de la vue s'applique aux autres sens avec bien plus de facilité encore ; car le toucher, par exemple, porte en lui-même la preuve de son objectivité, de son étendue et de sa nature. C'est toujours même besoin de contact; toujours mêmes rapports chimiques, mécaniques, physiologiques, intellectuels; toujours mêmes actions des objets, et réactions de l'ame par la voie des organes. Tantôt c'étaient des relations chimiques, positives et négatives, de lumière et de couleurs ; maintenant ce sont les mêmes relations de saveurs, de sons et de tact proprement dit : car, si mon ame avait, par exemple, la même dureté que les objets frappés les uns contre les autres et produisant une vibration d'air aboutissante au tympan de mon oreille, la sensation sonore eût été impossible.

§. 85. La réalité des objets avec tous leurs attributs et leurs rapports étant, comme je m'en flatte, bien établie, qu'il me soit permis de faire quelques observations sur les différens systèmes publiés à cet égard.

§. 86. Si vous confondez les perceptions de l'intelligence avec les affections de la sensibilité, quoique l'exercice de ces deux facultés se manifeste simultanément dans les objets ; si vous transportez en vous-même toutes les propriétés de ces objets, il vous est impossible de parvenir à les connaître : car, supposé que les sensations ne soient que nos propres manières d'être, comme nous ne pouvons pas les produire nous-mêmes, il faut qu'elles soient produites par une ou plusieurs causes. La diversité des effets n'indique pas *absolument* celle des causes ; une seule qui se modifierait elle-même de mille manières différentes, produirait mille effets différens. Une seule cause produit-elle les sensations ; cette cause est universelle : c'est l'auteur de tout phénomène, c'est Dieu ; ce n'est point un objet proprement dit. Or, il suffit de cette hypothèse pour jeter un doute insurmontable sur l'existence de plusieurs causes, c'est-à-dire, sur l'existence des objets.[1] Comment le célèbre Kant a-t-il pu les admettre dans son système, lui qui transporte en nous toutes les propriétés des objets, qui du moins n'en établit l'existence réelle que sur une base très-fragile en elle-même ? La voici :

Tout ce que l'intelligence pense ou *représente* comme *nécessaire* dans nos connaissances, appartient au *moi absolu*, au *sujet transcendental. Tout ce que l'intelligence pense ou représente* comme *contingent* et *variable* dans nos connaissances, n'appartient pas au moi absolu et vient *du dehors*.

---

[1] Voy. chap. I.er, §. 1.er, subd. 10.

Mais la plus légère observation prouve que le sujet ou le *moi absolu* varie autant que l'objet ; et si l'un a des choses constantes, invariables, l'autre en a de même : témoin l'étendue qui lui est inhérente, et que nous apercevons intuitivement hors de nous[1]. Le moi varie dans son activité ; il change de pensée et de sentiment. D'ailleurs, tous les objets deviennent à leur tour sujets, selon qu'ils observent eux-mêmes ou sont observés. Les voilà donc tous également soumis aux lois de la stabilité et de la variété.

§. 87. Cette base fondamentale renversée, tout le système de Kant l'est aussi[2]. Il en faut donc une autre ; et celle-ci me paraît plus solide.

---

[1] Voy. chap. IV, §. 113, p. 138.

[2] Ce philosophe m'objecterait que la *conscience du moi absolu* (*das reine Selbstbewusstseyn*) est *une* et *invariable* (identique). J'ai, par exemple, la conscience d'être dans ce moment le même moi que j'étais dans mon enfance ; je suis la même personne absolue, une et invariable. Au contraire, selon lui, *la conscience des changemens objectifs, relatifs à ma personne*, varie continuellement. Ce soir, j'ai la conscience d'être le même moi qui s'est levé ce matin ; mais je me souviens à la fois d'une variété d'accidens et de changemens, relatifs à ma personne, que j'ai éprouvés dans la journée. Kant appelle la *conscience du moi absolu* (de la pure personne), *conscience transcendentale*, *conscience synthétique* (unissante). Mais la *conscience des changemens relatifs à la personne* est appelée par lui *conscience analytique* (multiplivariable), *conscience empirique* (qui provient de l'expérience).

Dans le langage ordinaire, cela veut dire que l'ame est toujours la même ; mais qu'elle éprouve diverses modifications, produites, soit par elle-même, soit par les objets. Les premières sont internes, les secondes externes.

Mais, s'il est possible de séparer dans la nature l'ame des objets,

L'intelligence (je l'ai déjà remarqué) *doit distinguer intuitivement ce qui est elle de ce qui ne l'est pas; sans quoi elle ne serait pas intelligence. Dès qu'elle aperçoit les objets, ils sont; dès qu'elle éprouve des affections sans avoir la conscience de les avoir produites, elles l'ont été par une cause étrangère.*

En renversant cette dernière base, ce n'est pas un système particulier que l'on verrait s'écrouler, mais le système général de toutes les connaissances humaines.

C'est donc à l'intelligence, à l'intelligence seule, dont les perceptions sont intuitives et partant irréfragables, qu'il appartient de décider les questions sur l'objectivité et la subjectivité des choses.

§. 88. D'autres philosophes, plus modérés, ne refusent pas tout-à-fait aux sens le pouvoir de manifester des causes externes et des objets; mais ils ne l'accordent en plein qu'au tact seul. Selon eux, les autres sens n'en jouissent pas, ou plutôt ils n'en jouissent qu'autant que le tact veut bien confirmer cette jouissance. C'est une vérité que nous reconnaîtrions d'abord intuitivement, si nous avions le souvenir de nos percep-

---

c'est-à-dire, des modifications externes, on ne peut la séparer d'elle-même, de ses propres modifications internes, que dans l'abstraction philosophique. Donc le moi absolu, comme le moi empirique, ne sont toujours qu'un seul et même moi, une seule ame indivisible, constante et variable à la fois, et, sous ce double rapport, nullement distincte des objets, doués aussi de qualités constantes et variables, quoique ceux-là et celle-ci soient inséparables de leur nature.

tions primitives : elle n'est devenue douteuse que par un défaut de mémoire, lequel, à son tour, a produit les fausses transpositions des propriétés hors de nous.

§. 89. Sans doute, leur dirai-je, le tact manifeste l'existence des objets avec plus d'intensité. Mais, s'il avait seul le privilége de l'objectivité, comment pourrait-il se porter sur le même point que la vue privée de ce privilége? Comment, par exemple, ma main pourrait-elle toucher une pêche que mon œil a reconnue, si cet œil n'avait pas la faculté de reconnaître quelque chose hors de moi? Observation que j'applique ici généralement à l'extériorité des objets, et qui se trouve ailleurs appliquée particulièrement à leur existence hors de l'organe visuel.

§. 90. J'ai déjà fait voir que, sans le toucher, les autres sens n'agiraient pas sur nous. En effet, il leur sert toujours de moyen de communication nécessaire, indispensable, quoiqu'il soit souvent si faible que l'on ne peut le reconnaître d'une manière distincte, ou que même il n'est reconnu qu'à la faveur d'un raisonnement. Sur les plus hautes montagnes, par exemple, la matière subtilisée du feu pénètre les solides et les liquides de notre corps, sans que nous ayons la conscience de cette pénétration, qui n'en est cependant pas moins réelle. Or, prétendre ôter l'objectivité aux autres sens, c'est vouloir l'ôter au tact lui-même : il en est inséparable, et il la possède de l'aveu même de quelques métaphysiciens qui la refusent aux autres sens. Ceux-ci donc en jouissent, mais avec moins d'intensité que le toucher.

§. 91. Au reste, l'incertitude de l'objectivité ne peut exister qu'entre notre corps et les autres corps ; mais elle est inadmissible entre le moi et les objets, au nombre desquels on doit ranger notre propre corps : car il est absurde de supposer, je ne saurais trop le répéter, que le moi intelligent, au début de sa carrière dans le mode d'existence actuel, comme après l'avoir plus ou moins remplie; il est absurde de supposer qu'il ait pu jamais se méprendre un seul instant sur une action qui, se passant dans l'intimité de son être, n'était pas son ouvrage ; supposition contradictoire avec les faits existans du sentiment et de l'intelligence.

§. 92. Si donc un célèbre métaphysicien a dit qu'une statue qui n'aurait encore éprouvé aucune sensation, venant à sentir pour la première fois une rose, se croirait elle-même *odeur de rose*, cette hypothèse ingénieuse n'est admissible que dans ce sens, que la statue ne sait pas encore si l'odeur de rose est produite par son propre corps, par son moi objectif, si je puis me servir de cette expression, ou par un corps entièrement étranger ; mais elle ne peut ignorer un moment que le moi pur ou l'ame n'a point produit cette odeur, dont la cause est simplement externe, soit qu'elle réside dans son propre corps ou dans tout autre corps.

§. 93. Dans ce sens, il m'est aussi permis de supposer que la statue, ne connaissant encore aucune sensation produite par les organes internes ou externes, n'ayant encore fait usage ni de la volonté ni des autres facultés, est frappée par un objet qu'elle n'a jamais vu ni touché : elle croit le coup produit par elle-même ; elle est devenue elle-même résistance, dureté, etc. : c'est une modification de sa nature, c'est-à-dire, de son propre corps, et nullement celle de son moi intelligent ; opinion qu'elle n'exprimerait pas, sans doute, mais qui n'en existerait pas moins dans sa pensée.

§. 94. Ce n'est pas que la respiration, la circulation et la chaleur du sang, les battemens du cœur et des artères, l'ébranlement des nerfs, tous les états de bien-être et de mal-aise, tout le jeu des organes internes, intimement liés à l'être pensant, n'aient déjà opéré la reconnaissance du moi avant son contact avec les objets externes ; mais, pour avoir une parité de circonstances, je devais supposer que tout cela n'avait point existé pour la statue, avant qu'elle fût frappée pour la première fois par un objet externe.

§. 95. Donc, si vous isolez tous les organes les uns des autres, si vous bornez l'exercice de chacun d'eux à un acte simple et unique, si vous confondez la notion du moi avec celle de l'ame et du corps, vous ôtez à tous les sens, le tact y compris, le pouvoir de manifester les objets. Mais, si vous reconnaissez le moi intelligent, distinct de votre corps et des autres objets, et ne pouvant ignorer ni son activité ni sa passibilité, vous êtes forcé d'accorder ce même pouvoir à tous les sens.

§. 96. Il est entre les sens une séparation insurmontable, c'est-à-dire que chaque sens a une fonction particulière et tout-à-fait isolée des fonctions des autres sens : ils ne peuvent donc pas se vérifier les uns par les autres. La saveur ne saurait vérifier les sons, non plus que les couleurs, et *vice versa*. Mais l'esprit, ayant découvert d'abord leur réunion dans un seul objet, établit ensuite certains rapports par le calcul.

§. 97. Je touche un bâton, et je le vois : le tact m'en donne les dimensions; la vue m'en indique les couleurs. Je compare les premières avec les secondes, et je trouve que telle étendue tactile se rencontre avec telle extension de couleurs à telle distance. Sur cette première proportion, il me sera facile de calculer toutes les autres ; désormais je jugerai de l'étendue colorée, et je dirai de tel temple, sans l'avoir mesuré : « Ce temple est fort grand. »

Ce rapport de la vue avec le tact, quoique la vue soit aussi un tact, mais d'une espèce absolument différente, tant par sa direction [1] que par ses rayons [2] ; ce rapport, dis-je, je ne le dois qu'à une simple coïncidence des dimensions avec les couleurs, sans en avoir découvert auparavant la véritable liaison. Une autre coïncidence produira un autre rapport : le même

---

[1] Voy. §. 48.
[2] Voy. §. 46 — 75.

objet, tenu par une main qui aurait la facilité de s'étendre et de se rétrécir à volonté, de sorte qu'elle le tînt à une grande comme à une petite distance, à deux lieues, par exemple, comme tout près du corps ; ce même objet fournirait la même sensation tactile avec deux sensations de couleurs bien différentes, parce que l'angle visuel s'élargit à mesure que l'objet se rapproche de nous, et se rétrécit à mesure qu'il s'éloigne : l'extension répulsive de l'ame augmente ou diminue de force et d'énergie dans l'un ou l'autre rapport. Cependant les dernières sensations coïncideraient parfaitement avec la première. Laquelle serait la véritable ? D'après les seules couleurs, direz-vous que cet objet est grand ou petit ? Vous comparerez la sensation tactile que vous éprouverez alors, avec d'autres sensations de la même espèce que vous aurez précédemment éprouvées ; et vous prononcerez sur la grandeur du bâton. Or, dans ce jugement, les couleurs n'entreraient pour rien : vous ne donneriez pas plus de confiance à l'élargissement de l'angle visuel qu'à son rétrécissement ; vous rapporteriez chaque résultat au sens correspondant, jugeant des dimensions par le tact, et des couleurs par la vue.

§. 98. Ici je reviens encore sur la différence essentielle et caractéristique qui se trouve entre l'étendue colorée et l'étendue tactile : l'une est simplement *plane*, l'autre est *plane* et *profonde*. Isolez la sensation colorée de toute sensation tactile ; vous verrez les objets dans la nature, comme vous les voyez dans un tableau, sur une surface plane : dès que vous ajoutez à ces objets des idées d'enfoncement et de distance, vous avez mêlé à la sensation colorée des notions tirées du tact ; vous avez fait des comparaisons et des jugemens de distance. Ce mélange tactile et visuel une fois opéré, vous observez que la distance des objets coïncide avec le décroissement des figures et des lignes, ainsi qu'avec la dégradation des couleurs; et désormais, par ce décroissement et cette dégradation seuls, sans y faire même intervenir le tact, vous jugerez toutes les distances. De là provient l'enfoncement *coloré*, si ce terme m'est permis ; de là les règles de l'optique en général, et de la perspective en particulier. Si la vue ne nous montre jamais qu'une étendue plane, si l'idée de profondeur vient du tact, il est facile d'expliquer, sans recourir à la géométrie comme l'a fait le célèbre Euler, pourquoi les miroirs semblent réfléchir non-seulement les objets, mais les distances mêmes : c'est que les objets se peignent dans le miroir comme dans la nature et sur la toile. Or, la colonne d'air qui se trouve entre l'objet et le miroir se réfléchit la première, puis l'objet. Nous avons précédemment vérifié l'étendue *tactile* d'une colonne d'air quelconque; il se forme en nous, avec la plus grande rapidité, un jugement approximatif de comparaison et de distance : de là cette apparence d'enfoncement dans le miroir. Et comme la réflexion, ou plutôt la peinture, est opérée par la nature elle-même, parfaite observatrice de la situation et de la forme des objets, ainsi que du mélange et des nuances des couleurs, la peinture acquiert tant de vraisemblance, de vérité et de vie, que les copies dans le miroir ne diffèrent pas des originaux en nature. Si l'art pouvait copier avec la même vérité et la même exactitude, les tableaux seraient des miroirs.

§. 99. Le témoignage des sens n'est jamais fautif; mais les jugemens que nous en portons, peuvent le devenir. « Je vois un bâton dans l'eau, il me paraît « rompu; il ne l'est cependant pas : donc l'œil m'a « trompé. »

Ce jugement est faux : l'œil n'a montré qu'une réfraction de couleurs très-vraie, mais non une rupture de formes. Le jugement confond tout ici : couleurs, formes, réfraction, rupture. Pour se convaincre que le bâton n'est pas rompu, l'on n'a pas besoin de recourir à la vue même, ni de laisser écouler l'eau; car le redressement du bâton, à mesure que l'eau baisse, n'indiquerait encore qu'une direction perpendiculaire de couleurs. Et pourquoi serait-elle plus vraie que la réfraction? Mais il faut recourir au tact, seul en possession de manifester les formes *matérielles*, différentes des formes colorées, en ce que les unes sont l'objet même, et les autres ses rayons. On passe la main d'un bout à l'autre; aucun angle ne se fait sentir : le bâton n'est donc pas brisé.[1]

---

[1] On sait déjà ce que je veux dire par *rayon*. — Mais, repliquera-t-on, il se peut que ma main possède la faculté de redresser le bâton que mon œil voit rompu dans l'eau. Cette objection est fausse; car ma main, s'étant portée sur toutes les parties du bâton, devait en

Il en est de même de l'exemple d'une boule qu'on fait rouler entre deux doigts. De ce qu'on a *deux* sensations tactiles, on juge faussement qu'il y a *deux* boules; comme si une seule boule, portant sur deux doigts, ne pouvait pas donner deux sensations.

§. 100. Je me résume. Le moi est intelligent. Comme tel, il se *reconnaît*, il *aime* à se reconnaître; comme tel, il *distingue* intuitivement les objets de lui-même : il *sent* le plaisir ou la peine qu'ils lui causent; il en *conserve* l'image. Voilà des *perceptions* et des *modifications* internes et externes. Tous ces divers modes d'un seul et même moi intelligent et sensible sont des faits de la plus haute évidence, parce que ce sont des *faits* et non des *preuves*. Avec la conscience de ses perceptions, le moi sait où elles résident : il voit ses organes toujours les mêmes, et ses perceptions variant à l'infini; il dit qu'elles ne se trouvent pas en lui, ni dans les organes, mais dans les objets. Il voit l'objet *grand* en nature; il le voit *petit* dans la rétine de l'œil, qui seul tient immédiatement à l'ame : il dit que, l'objet ne venant pas toucher l'ame par certains points, il faut que l'ame aille dans la direction inverse le toucher par d'autres; ou bien la sensation complète de l'objet en grand n'existerait pas. Aussitôt que les organes changent, les perceptions, les modifications, les impressions, tout change; l'un voit, par

---

sentir la forte cohésion : elle en aurait de même senti le redressement, comme toute autre variation qu'elle eût produite dans leur état respectif.

exemple, bleu-clair, l'autre bleu-foncé : mais tous les deux doivent nécessairement voir bleu ; car la couleur est dans l'objet, quoique développée par une relation chimique avec le moi. D'après le *mécanisme* de l'organe, cette relation se manifeste avec plus ou moins d'intensité; en d'autres termes, elle produit des rayons lumineux et colorés plus ou moins prononcés. Toutes les couleurs sont objectives, c'est-à-dire, hors du sujet qui perçoit ; et subjectives, c'est-à-dire, particulièrement adaptées aux organes, et formant des images dans le sujet et du sujet même. Le tact n'est pas le seul sens capable de manifester les réalités externes : tous ont cette capacité; car, si le tact l'avait seul, il ne pourrait pas se porter sur le même point que la vue, qui en serait privée : mais le tact sert de communication à tous les sens. Ils ne peuvent pas se vérifier les uns par les autres; leurs fonctions respectives sont tout-à-fait différentes : mais l'esprit, ayant découvert leur réunion dans un seul objet, établit des rapports particuliers. C'est ainsi que par l'étendue colorée je parviens à juger de l'étendue tactile. Enfin, le témoignage des sens n'est jamais fautif; mais le jugement que nous en portons le devient quelquefois.

CHAPITRE IV.

Du temps et de l'espace.

§. 101. Le temps est la succession des modes dans la permanence du sujet [1] ; en d'autres termes, c'est le moi, c'est l'ame éprouvant une suite de sensations et de pensées. *Succession* et *permanence* : voilà les élémens uniques du temps. Je dis *uniques* ; car ni la *simultanéité* ni la *variété* des sensations et des pensées ne constitue le temps. Supposez une foule d'images et d'idées simultanées et variées, toujours constantes et immobiles : elles seront équivalentes à une seule sensation, à une seule pensée ; car elles n'auront pas de succession : dès-lors point de temps. D'un autre côté, supposez une foule d'images successives et variées, mais qui ne s'opèrent pas dans un seul et même sujet ; elles seront encore équivalentes à une seule sensation, à une seule pensée : car, sans concentration, sans unité, sans permanence, elles auront beau se succéder les unes aux autres continuellement ; comme personne n'en reconnaîtrait la succession, celle-ci n'existerait pour personne, et dèslors point de temps. Ainsi ma définition, *le temps est la succession dans la permanence*, me paraît juste et précise.

§. 102. Il ne faut pas confondre le temps avec le

---

[1] Voy. chap. I.er, §. 1.er, sect. 16.

mouvement; car, si le temps est la série de nos sensations et de nos pensées, il embrasse celle du mouvement : l'un est le genre, l'autre l'espèce. Le mouvement est un changement d'espace opéré par un seul et même objet, au lieu que le temps est une succession de pensées dans un seul et même individu, *sans changement d'espace;* et comme le changement d'espace est une vérité démontrée par la raison, et non par les sens, la pensée la renferme à l'égal de toutes les autres vérités. Donc le temps, qui n'est qu'une succession de pensées, contient le mouvement, sans en être le contenu. Mais le mouvement, susceptible de divisions régulières, est ce qu'il y a de plus propre à mesurer le temps. Bientôt le vulgaire n'a plus distingué la mesure d'avec l'objet mesuré.

§. 103. Cependant cette régularité de mouvement, suffisante au cours ordinaire de la vie, est sujette à beaucoup de causes qui peuvent la déranger, et qui la dérangent au point de la rendre incapable d'une précision rigoureuse et métaphysique. D'ailleurs deux individus peuvent trouver entre deux mouvemens le même intervalle plus ou moins court, plus ou moins long, selon qu'ils auront eu, durant cet intervalle, plus ou moins de sensations et de pensées. Il se peut que durant deux minutes, par exemple, l'un ait une foule d'idées, et que l'autre ne soit occupé que d'une seule idée ou de quelques-unes.

Si donc le temps n'est que la succession de nos propres sensations et de nos pensées; si le mouvement, variable en lui-même, est mesuré par cette succession non moins variable, il s'ensuit que le temps n'a rien d'absolu dans le sens le plus rigoureux; mais qu'il n'est que relatif à la personne qui sent et qui pense.

Moins on a de sensations et de pensées à la fois, plus le temps paraît rapide, et *vice versa*. Les gens oisifs ont une grande succession d'idées, quoique désordonnées et confuses. Voilà pourquoi ils sentent davantage la durée du temps ; ils s'ennuient : tandis que les gens qui travaillent et qui réfléchissent, n'étant occupés que de quelques idées, voient le temps s'écouler avec rapidité. Si dans un siècle on pouvait n'avoir qu'une seule idée, ce siècle ne serait qu'un instant imperceptible.

J'observe que cette définition du temps est loin de justifier celle qu'un auteur a donnée du beau, qui, selon lui, n'est que la plus grande quantité d'idées dans le moins de temps possible. L'ennui et le beau ne seraient alors qu'une seule et même chose.

§. 104. La vue ne donne à la rigueur aucune idée du mouvement : c'est le tact qui nous en instruit. Je tiens un objet dans la main ; je le transporte ou je me transporte moi-même d'un lieu à un autre, et j'acquiers ainsi la connaissance réelle du mouvement. La vue vient à s'associer au tact, et confirme cette connaissance : l'analogie fait le reste. Mais la vue, encore une fois, ne la fournit point ; car, si je la consultais seule sous ce rapport, toute abstraction faite du tact, je ne distinguerais pas une production successive et rapide d'objets semblables d'avec le changement effectif d'espace, successivement et rapidement opéré par un seul et même objet. Pour la vue, un feu roulant, ou la détonation et l'éclair partant d'une multitude de fusils; un cortége qui s'avance avec lenteur; un homme qui court avec vitesse, Achille aux pieds légers : tout cela, dis-je, ne lui présente que des phénomènes semblables, mais non pas un phénomène identique, manifesté dans divers endroits.

§. 105. Le mouvement est spontané ou forcé : spontané, lorsque la cause en est dans le sujet même qui se meut par une suite de sa propre volonté; forcé, lorsqu'il se meut par une impulsion étrangère à laquelle il ne peut résister, ou plutôt à laquelle il ne résiste que faiblement : car la résistance est toujours là; sans elle, les objets seraient fondus ensemble. L'activité non interrompue que nous observons dans l'univers, est un résultat combiné de ces deux espèces d'actions.

§. 106. L'existence du mouvement prouve celle du vide parfait, dans lequel les objets doivent se mouvoir : car, d'un côté, nous les sentons impénétrables; de l'autre, nous en voyons la mobilité. Il faut donc un vide parfait, un espace qui les contienne tous, dans lequel ils puissent tous se mouvoir : espace infini, opposé à cet espace fini, à cette étendue limitée en divers sens ou figurée, qui est dans les objets, qui en dessine la forme.

§. 107. Cependant le temps, l'espace et l'étendue, indispensables à la succession ainsi qu'à la place et à la forme des objets, ne le sont pas à la preuve de leur extériorité : cette preuve, on l'a déjà vu, réside dans la distinction primitive du moi intelligent, qui nous avertit de leur existence ; l'espace leur assigne la place, l'étendue bornée leur donne la forme, le temps en détermine la succession. Je me suis piqué ; je sens à la vérité où je le suis, quand je le suis, etc. : mais, indépendamment du temps et de l'espace, je sens que la chose qui me pique m'est tout-à-fait étrangère ; car, éprouvant une douleur *purement interne*, je pourrais de même en indiquer l'époque et le siége, sans qu'il fût question d'extériorité. Je puis dire : *mon* ame est *à présent* triste et mélancolique.

§. 108. Je ne sais pourquoi on a voulu refuser l'extériorité à l'espace, en le transportant dans l'esprit, dont il n'est, dit-on, qu'une intuition ; et voici l'argument dont on s'est servi pour prouver cette singulière assertion :

« Tout ce que nous apercevons par nos sens, tout ce
« qui nous vient du dehors, est *fini;* or l'espace,
« contenant tout, est infini ; il réside donc dans
« l'esprit qui en a conçu l'idée, qui en est le créa-
« teur. »

§. 109. N'oublions pas une observation déjà faite [1] et que je serai peut-être dans le cas de rappeler encore, vu son importance majeure, savoir, que la dé-

---

[1] Voy. chap. I.er, §. 10.

couverte d'une chose, non directement par les sens, mais indirectement par l'argumentation, ne prouve pas que cette chose n'existe que dans l'esprit et ne puisse exister hors de lui.

§. 110. Si les objets sont hors de nous, ce qui les contient tous doit l'être également ; donc l'espace existe hors du moi, hors de l'esprit. L'espace doit être *infini*. N'est-il pas le contenant ? S'il était borné, de contenant il deviendrait contenu, c'est-à-dire un objet qui supposerait un autre espace plus étendu, et de telle sorte à l'infini, sans que l'on pût jamais assigner de terme à ces espaces toujours successifs et toujours croissans.

§. 111. Il en est de même du vide parfait, qui doit exister, quoiqu'il me soit impossible de voir un vide parfait ; mais le mouvement que je vois, en démontre l'existence, sans parler de la nécessité d'occuper une place, et par conséquent une place vide.

§. 112. On dit encore, pour prouver l'espace et le temps dans l'esprit, que toute expérience suppose l'un et l'autre ; condition sans laquelle nul objet n'est percevable ; et qu'ayant précédé toute expérience, ils sont en nous, et non hors de nous.

Mais, pour être reconnu, un objet doit exister ; et pour exister, il doit être quelque part ; et dès qu'il est quelque part, il est étendu, il occupe un *espace*.

De même, pour être senti, un objet doit se communiquer à nous ; il ne peut le faire que par le contact. Le contact est une modification : la modification est une succession : la succession est le temps.

Donc l'espace et le temps ne *précèdent* pas, mais *accompagnent* nécessairement toute expérience ; et cette double nécessité est objective, en tant qu'elle réside dans les objets mêmes ; elle est subjective, en tant que c'est l'esprit, le sujet, qui les perçoit.

A quoi se réduisent ces argumens scientifiques en faveur de l'existence interne de l'espace et du temps, toutes ces prétendues formes de la sensibilité, qui portent les caractères d'universalité et de nécessité absolue : caractères, qui ne peuvent résider que dans l'esprit, etc. ? A cette phrase-ci : *Pour que je connaisse un objet, il faut qu'il existe et qu'il soit en contact avec moi.* Quel effort de génie ! et quelle découverte !

§. 113. Allons encore plus loin. Est-il vrai que l'expérience interne, ou bien externe, soit *absolument* impossible sans le temps et l'espace ? Je crois le contraire. Je puis imaginer un état de connaissance et de sensation dépourvu de l'un et de l'autre; et dès que je puis me l'imaginer, il est possible, s'il n'est pas réel. Il suffit de cette possibilité pour renverser de fond en comble le principe que l'expérience ne saurait avoir lieu sans les conditions indispensables du temps et de l'espace.

Représentez-vous un être réduit à la simple reconnaissance du moi, sans aucune modification particulière. Le temps et l'espace n'existeraient pas pour lui : il aurait cependant la reconnaissance de son être ; il se reconnaîtrait lui-même ; et l'on a déjà vu[1] que sans cette reconnaissance préalable nulle expérience n'est possible.

Représentez-vous encore un autre être invariablement fixé dans l'air de toute éternité, et qui n'en sentirait que la fraîcheur ou l'odeur. Pour lui, le temps n'existerait pas ; il éprouverait un sentiment éternel, unique, inaltérable, qui n'aurait ni commencement, ni succession, ni temps : pour lui, l'espace même n'existerait pas non plus ; il n'en aurait pas du moins la conscience : car, absorbé dans une sensation unique, l'idée de l'espace s'offrirait à son esprit aussi peu que toute autre idée. Il connaîtrait pourtant un objet, une réalité externe, coéternelle ; il saurait parfaitement que la fraîcheur ou l'odeur n'est pas lui, et qu'il ne fait que la sentir. Cependant cette connaissance, bornée à un seul attribut, n'aurait aucune forme.

Mais, sitôt que vous admettez *un commencement* de sensation, tout change ; l'espace et le temps paraissent. Vous avez un changement d'état, c'est-à-dire, le temps ; vous savez *par où* le changement s'opère dans votre être sans le concours de votre propre volonté. Vous avez donc la conscience d'un espace, ne fût-il qu'un point presque insensible. Par conséquent ce que je dis ici n'est pas en contradiction avec ce que j'ai dit au début de mon ouvrage, où je pars d'un commencement de sensation : *je vois une rose.*

---

[1] Voy. chap. I.ᵉʳ, §. 16.

Au reste, tournez et retournez comme vous voudrez les idées de temps et d'espace, vous les verrez toujours compagnes fidèles de l'expérience, sans en être jamais les régulatrices absolues; vous les verrez toujours résider dans l'esprit, comme dans la nature entière.

Si le temps est la succession de nos propres modes, cette succession peut être amenée par les objets, et l'est même presque toujours. Il faut donc en supposer une dans tous les objets, ou dans les déterminations d'un seul. De là résulte une succession externe, cause de la succession interne que nous éprouvons, et qui n'en est que l'effet. Voilà le temps en nous et hors de nous.

Quant à l'espace, il est ou *plein*, ou *vide*, ou *figuré*, ou simplement *abstrait*. Et quel serait le moyen d'en imaginer un cinquième ? Plein, il présente une matière comme toutes celles que fournit l'expérience : vide, on ne le reconnaît que par une conséquence immédiate, tirée d'un fait actuel, c'est-à-dire du mouvement, reconnu lui-même par l'esprit dans la nature : figuré, il a la forme d'un objet; c'est l'objet même annoncé par l'expérience : enfin, abstrait, il vient de l'expérience, comme le mot l'indique; c'est une propriété des objets isolément considérés, c'est une déduction ou plutôt une *abstraction de l'expérience externe.*

CHAPITRE V.

De la mémoire et de l'imagination.

§. 114. Les opérations de la sensibilité et de l'entendement, destinées à de nouveaux progrès, doivent être fixées et reproduites. C'est le double office de la mémoire : passive, lorsqu'elle retient ; active, lorsqu'elle se rappelle quelque chose. La mémoire est donc douée d'une *réceptivité* par laquelle on ne fait que garder les impressions ; et de la rémémoration, acte spontané par lequel on se les rappelle à volonté.

§. 115. L'imagination est la compagne inséparable de la mémoire. L'une rappelle-t-elle un objet, aussitôt l'autre le représente avec tous ses traits. Cette liaison est intime : on pourrait dire, avec un certain degré de justesse, que l'imagination n'est que la mémoire revêtue de toutes les couleurs de l'objet qu'elle rappelle, si ces deux facultés n'offraient des caractères qui diffèrent l'un de l'autre comme la peinture diffère du dessin.

§. 116. L'imagination est, comme la mémoire, douée de *réceptivité*, lorsqu'elle reçoit et garde la figure des objets ; et de *spontanéité*, lorsqu'elle les représente à volonté.

§. 117. Par le concours de la mémoire et de l'imagination, il s'établit une succession fortuite et indéfinie d'images, d'idées et de pensées ; succession bien différente de la liaison logique ou du raisonnement.

Je me souviens de tel palais. D'abord je m'en retrace l'architecture, les ornemens, les tableaux ; je me rappelle les fêtes brillantes qu'on y a données ; j'entends la musique, je vois les festons et les guirlandes, les diverses illuminations, la bigarrure et le mouvement de la foule empressée autour de la divinité du temple : je vois cette divinité elle-même, parée de toutes les grâces, noble dans ses manières, d'une démarche si légère que les fleurs naîtraient sous ses pas ; unissant l'élégance à la majesté, la richesse à la simplicité ; donnant du lustre au rang suprême et n'en recevant pas ; sur son front, ceint du diadème, règnent le calme et la sérénité ; dans ses yeux, images du ciel, se peignent la douceur, la bienveillance, cette sensibilité touchante et tranquille qui, sans doute, est le partage des anges ; et, pour tout dire en un mot, je vois E.....th. Une multitude d'autres images et d'autres pensées viennent assiéger ma mémoire et mon imagination, et faire place à d'autres encore. Enfin, par un effort de volonté, je m'arrache à cette rêverie douce ou pénible, selon la nature des sentimens qui l'accompagnent, surpris de voir une seule idée en réveiller successivement tant d'autres qui paraissent au premier coup d'œil n'avoir aucun rapport entre elles.

§. 118. L'imagination n'invente pas, quoiqu'elle

aide à l'invention, ou qu'elle puisse y donner lieu. Quand elle n'est point dirigée par la raison, qui cherche, choisit, sépare, arrange certains tableaux, tout ce que l'imagination possède n'est qu'un assemblage confus.

§. 119. Sans la mémoire qui retient, et l'imagination qui représente les objets, l'univers existerait pour nous; mais il existerait dans un état d'immobilité : nous n'aurions aucune idée du mouvement. Le moi intelligent serait comme une espèce de lanterne magique, où les objets paraissent et disparaissent tour à tour, sans jamais s'y fixer.

§. 120. De toutes les facultés, la mémoire semble être une des plus machinales; et cependant aucune n'est plus importante. Otez la mémoire, vous détruisez la conscience du moi, vous rendez les progrès intellectuels impossibles, et, qui plus est, vous renversez toute moralité.

Je dis, *aucune n'est plus importante;* mais toutes le sont au même degré : car il n'en est pas une qui, supposée suspendue, n'arrête l'exercice de toutes les autres. Il n'en faut cependant pas conclure qu'elles dérivent les unes des autres; mais, au contraire, qu'elles forment toutes ensemble l'essence de l'être *un,* indivisible, qui les renferme toutes dans son sein, et qui, vu cette même unité, cette même indivisibilité, ne peut exercer aucune faculté sans les exercer toutes à la fois.

§. 121. L'importance de la mémoire en particulier

est telle, qu'il faut réfuter l'opinion d'un auteur célèbre, qui prétend qu'elle est purement physique ; qu'elle naît par l'ébranlement des organes, et meurt dès qu'ils se détruisent. Chaque objet a, selon lui, dans notre cerveau une fibre correspondante. Ébranlée par l'objet, cette fibre en communique la sensation au cerveau, qui la transmet à l'ame. Ainsi, toutes les fois que la même fibre est ébranlée, soit par l'objet lui-même, soit par d'autres fibres qui tiennent à la première et sont fortuitement mues, l'esprit ne manque jamais de se rappeler la même sensation. C'est ce qui doit constituer la mémoire.

§. 122. J'observe, d'abord, que le moi, conservateur et rémémorateur des sensations, se divise aussi peu que le moi intelligent. Est-il telle ou telle partie du nerf ou du cerveau ? Il suffit de poser la question pour en montrer l'absurdité. Donc la mémoire est dans le moi. Il ne s'agit plus que de savoir si l'ébranlement qui produit la sensation, est une condition nécessaire à la réminiscence de la sensation, à l'activité de la mémoire.

Le fait suivant prouve le contraire. Je vois une *violette*. Toutes les fois que je vois le mot, je me rappelle la chose. Or, si la mémoire ne dépendait que du physique, comment le simple signe de la violette, si différent de la violette elle-même, et devant ébranler un nerf visuel, au lieu d'un nerf olfactif ; comment, dis-je, le signe me rappellerait-il la chose même ?

On me répondra (et c'est *tout* ce qu'on peut répondre) qu'au moment où j'attache le signe à la chose, il s'établit un certain rapport entre les diverses espèces de nerfs, rapport analogue à l'opération que l'ame vient d'exécuter; de sorte que désormais le nerf visuel affecté au signe ébranlera le nerf visuel affecté à la chose même : car telle est la liaison intime et réciproque de l'ame et du corps, que l'activité de l'une produit un changement correspondant dans l'autre.

Cette influence respective est sans doute un fait incontestable. Toutes les fois que le corps éprouve certaines modifications, l'ame ou le moi en éprouve de correspondantes; toutes les fois que l'ame médite trop, le corps est irrité; toutes les fois que l'une verra le signe d'un objet chéri, l'autre éprouvera des sensations semblables à celles que la présence de l'objet même aurait produites. Mais ce n'est pas l'effet d'une correspondance établie entre les différens systèmes des nerfs : c'est l'action directe de l'ame sur ces mêmes nerfs; de cette ame qui, à la vue du signe, reproduit par l'imagination les mêmes objets, les mêmes ébranlemens, les mêmes sensations. Donc ces dernières exigent, pour condition *nécessaire* de leur renaissance, les mêmes objets, présens ou représentés, lesquels agissent sur les mêmes nerfs; ou bien d'autres objets pris dans l'acception la plus étendue, lesquels agissent d'une manière analogue aux premiers, c'est-à-dire, opèrent les mêmes ébranlemens et les mêmes sensations. Des exemples sans nombre, pris dans l'état de veille, comme en songe, attestent la vérité de cette assertion.

§. 123. Mais il n'en est pas de même lorsqu'il s'agit d'abstractions, de généralisations, de raisonnemens ou de conclusions. Dans ces opérations intellectuelles le moi pensant ébranle aussi des nerfs ; on le sent à la fatigue du cerveau. Mais ces nerfs ne sont plus ceux qui ont été ébranlés par les sensations, quoique les sensations aient occasioné dans l'origine ce travail de l'esprit. Ainsi le philosophe déduit d'un principe unique la longue chaîne des devoirs de l'homme social, sans que ses yeux aient été frappés ou ses nerfs visuels ébranlés par la vue d'aucun homme : tous les organes des sens se trouvent dans un parfait repos, hormis ceux de la pensée, qui, mis en action par l'ame, éprouvent seuls de la fatigue. Donc ici, comme dans le premier cas, la liaison intime et réciproque de l'ame et du corps se manifeste à la vérité, mais d'une manière bien différente : ici les *objets* ne sont plus des *causes*, mais des *occasions*, et des occasions très-éloignées.

§. 124. La même chose existe par rapport aux souvenirs. Si la modification et l'ébranlement des nerfs étaient les conditions absolues du maintien ou du souvenir des objets, le moi n'éprouverait qu'une suite de sensations, et n'en reconnaîtrait jamais l'identité ou l'analogie ; car cette reconnaissance exige un raisonnement, qui suppose la mémoire que ces nerfs ébranlés doivent produire. Je revois aujourd'hui une personne que je vis hier. Aussitôt je compare d'un coup d'œil les traits alors aperçus avec ceux que j'aperçois actuellement : j'y trouve une parfaite identité ; j'en conclus que c'est la même personne. Mais aurais-je établi cette comparaison, se je n'avais eu déjà le souvenir de la première sensation ? Il ne m'est donc pas venu par les sens, par l'ébranlement des nerfs ; mais c'est un acte spontané de l'être pensant : ici les sens ne sont qu'une occasion de développement.

§. 125. Si le souvenir reste toujours indépendant de la sensation, qui ne fait que l'occasioner, sans jamais le produire, à plus forte raison la réminiscence des objets et des pensées doit en être indépendante, elle qui s'opère sans aucune sensation préalable, par un simple acte de la volonté.

§. 126. Substituez aux nerfs tel autre organe ou moyen de communication que vous voudrez, le fluide animal, par exemple ; on pourra toujours lui appliquer le même raisonnement.

§. 127. La mémoire n'est donc pas dans le mécanisme et le jeu des organes, puisqu'elle s'exerce quelquefois à l'occasion des sensations qu'ils transmettent, et quelquefois sans nulle occasion, comme dans le souvenir des idées.

§. 128. Cependant, dira-t-on, c'est un fait incontestable, que dans certaines maladies on perd la mémoire. Si l'exercice n'en est pas toujours soumis au jeu des organes, s'il peut avoir lieu malgré leur repos et sans leur concours direct, il exige pourtant qu'actifs ou passifs, coopérateurs ou simples spectateurs, ils soient toujours dans un certain état de santé purement physique.

Je réponds que, dans notre mode d'existence actuel, le dérangement physique entrave, sans aucun doute, l'activité de la mémoire, comme celle des autres facultés; mais d'entraver à détruire la différence est l'infini. D'ailleurs cette activité eut-elle toujours, aura-t-elle toujours besoin d'organes ?

Cette question sera résolue par la suite; il suffit, pour le moment, de voir, 1.° que la mémoire n'est pas dans le jeu des organes, et 2.° que, malgré sa liaison actuelle avec les organes, elle agit par elle-même, spontanément, tant que les organes, restant passifs, n'en troublent pas l'exercice.

§. 129. Quelque singuliers, quelque bizarres, quelque hardis que soient les produits de l'imagination, ils ne sont jamais *absolument* impossibles, ni par conséquent absurdes, parce que les détails en sont toujours pris dans la nature, et que l'imagination ne va point au-delà de la nature : avant d'imaginer, il faut avoir vu ; condition indispensable. Supposez une sirène, monstre fabuleux, moitié femme, moitié poisson : la nature n'a-t-elle pas fourni les diverses parties de ce bizarre assemblage ? Et quoique nous n'ayons pas vu de semblables sirènes, mais d'autres dont la nature présente et l'ensemble et les détails, charmantes chanteuses, aimables séductrices, nous ne pouvons cependant pas prouver l'*impossibilité* de l'existence des premières ; il faudrait pour cela connaître *toutes* les puissances de la nature. Dieu seul les connaît et les combine à son gré.

Milton fait combattre les démons dans les airs : l'airain gronde, etc. Mais, si les démons avaient des corps spécifiquement plus légers que l'air, pourquoi ne s'y soutiendraient-ils point, comme les aérostats ? Des pierres se forment dans l'air et de l'air, c'est-à-dire, des particules dont il est composé. Pourquoi des canons ne s'y formeraient-ils pas ? La foudre est déjà prête ; elle brille, elle éclate dans les nues.

Il est donc impossible à l'imagination de concevoir une absurdité.

CHAPITRE VI.

De l'attention.

§. 130. L'attention est de toutes les facultés celle que l'on peut le moins séparer des autres : elle se confond dans leur exercice. Cet exercice ne pourrait pas même avoir lieu sans l'attention ; car elle n'est autre chose que le retour de chaque faculté sur elle-même. Elle n'en est cependant pas moins distincte, parce que cette réflexibilité est un caractère particulier, et différent de tous les autres que déploient les facultés.

§. 131. Plus l'attention est régulière, constante, soutenue, également répartie sur toutes les facultés, aidée par de bons instrumens de physique ; mieux les faits sont observés, analysés, et transformés en principes généraux indubitables.

§. 132. Les facultés morales et physiques contribuent beaucoup à donner à celle de l'attention la suite et la persévérance qui lui sont nécessaires. Quelle force de volonté, quel courage, quelle fermeté, quelle constance, quels organes forts, souples et vigoureux ne faut-il pas pour faire des observations longues, arides et souvent infructueuses !

CHAPITRE VII.

De l'entendement.

§. 133. Maître des sensations et des objets isolés, des causes et des effets intuitifs également isolés, l'entendement les pèse, les compare, en saisit les attributs et les rapports, communs ou différens, et finit par en tirer des *notions* ou *conceptions;* comme les mots sensation, cause, effet, homme, arbre, 1, 2, 3, 4, etc.

§. 134. Fondés sur cette même faculté d'abstraire, les géomètres disent que la ligne n'a pas de largeur, et que le point n'a pas d'étendue. En effet, la *ligne*, le *point*, sont deux notions, comme celles d'*homme*, d'*arbre*, etc. Il n'est pas ici plus question de Jacques ou de Pierre, que de telle ligne ou de tel point donné.

§. 135. De ces premières abstractions, l'entendement en tire de nouvelles, qui ne sont plus à la portée des sens, et qu'on nomme *idées :* il ne s'arrête qu'à l'*abstrait absolu*, tel que la nature, la cause première, etc. [1]

---

[1] Quelques auteurs ont borné l'œuvre de l'entendement aux notions, laissant les idées à la raison. Ils établissent cette division sur la différence qui se trouve entre la notion et l'idée. Mais il me semble que la division des facultés ne doit pas se fonder sur les résultats qu'elles donnent, mais bien sur la nature et le genre de leurs opérations respectives. Des objets abstraire les notions, et de celles-ci les idées, c'est le même procédé, c'est la même abstraction continuée : il faut donc l'affecter à la même faculté, quoiqu'une notion

§. 136. Il est très-important d'observer, pour la distinction de l'origine objective ou subjective de nos connaissances, que les abstractions sont *internes*, quand l'être pensant les tire de lui-même, ainsi qu'il le fait en considérant l'*intelligence isolée*, sans le sentiment et la volonté ; qu'elles sont *externes*, quand il les tire des objets, à l'exemple de celles que je viens de citer : ligne, point, homme, arbre, univers ; qu'elles sont enfin *internes* et *externes* à la fois, quand l'être pensant peut les tirer de lui-même et des objets : existence, substance, modification, etc. Mais ces opérations sont toujours de même nature ; elles restent toujours des *abstractions*, de quelque part qu'on les prenne.

Il en est, malgré cela, qui *précèdent* l'expérience, et d'autres qui la *suivent*. Les premières entrent dans la composition des principes universels sous lesquels les sensations viennent se ranger pour être reconnues [1] ; les secondes servent à former les jugemens comparatifs, qui naissent tous de l'expérience. Ce n'est pas qu'elles ne puissent aussi des *notions* s'élever à des *idées*, c'est-à-dire, à l'*absolu*, et contribuer de même à former des raisonnemens universels ; mais, vu leur origine externe, ces raisonnemens supposent les objets, et n'en facilitent pas la reconnaissance. On voit donc que ce

---

diffère beaucoup d'une idée. Les sensations, fournies par la sensibilité, varient aussi indéfiniment. Est-il besoin de s'appuyer sur cette variété de résultats pour assigner à chaque sensation différente une faculté particulière ?

[1] Voy. chap. I.er, §. 16.

caractère de l'absolu, commun à l'esprit et à la nature, ne prouve rien contre certaines abstractions tirées de l'esprit même, ni contre certaines autres, tirées de la nature. Cependant l'universalité propre à toutes induisit le rationaliste à soutenir que tout vient de l'esprit ; et l'empiriste, que tout vient de l'expérience. Le vrai, c'est que les connaissances jaillissent de l'une ou l'autre de ces deux sources, tantôt séparées, tantôt réunies.

§. 137. La différence essentielle qui se trouve entre une sensation, une conception et une idée, c'est que la première est toujours individuelle, et que les deux autres ne peuvent le devenir qu'en perdant aussitôt leur caractère spécifique ou générique.

§. 138. Une abstraction personnifiée, c'est-à-dire, un attribut ou un rapport envisagé hors du sujet qui les renferme, n'est assurément rien. Vit-on jamais la couleur sans objet coloré, la dureté sans corps dur, l'être détaché de l'individu ?

§. 139. Mais une abstraction considérée dans l'état concret, c'est-à-dire, dans le sujet qui la renferme, est une irrécusable réalité. Ainsi l'existence, la plus haute des abstractions, est bien une réalité dans le moi et dans les objets.

§. 140. Voilà pourquoi je pense qu'on n'a pas raison de diviser les propriétés que nous reconnaissons en nous ou dans les objets, en *essentielles*, comme l'impénétrabilité, l'espace, etc., et en *accidentelles*, *contingentes*, comme les couleurs, les sons, etc. Toutes les propriétés sont essentielles : on ne les détache du sujet, qui les renferme toutes, que par abstraction ; ce qui n'est pas les détacher dans la réalité.

§. 141. Dira-t-on qu'on peut donner successivement à la même matière mille formes différentes ; et que par conséquent toutes les formes sont accidentelles, contingentes ?

Je réponds que donner des formes différentes, c'est réunir ou séparer des agrégats, ce n'est pas détacher des propriétés : opérations bien différentes.

§. 142. Par la même raison, considérer le moi ou l'ame hors du corps, ce n'est point faire une abstraction, mais une séparation d'élémens ou de principes distincts, existant par eux-mêmes. Ainsi le chimiste a droit de prendre divers métaux fondus ensemble pour des objets véritables, qu'ils soient réunis ou séparés : il ne personnifie pas des abstractions, il ne crée pas des chimères ; mais il le ferait, s'il accordait la même existence à quelques propriétés de ces mêmes métaux, par exemple, à la pesanteur, à l'impénétrabilité, etc. De même le métaphysicien, lorsqu'il considère l'être intelligent, sentant et voulant, comme une réalité détachée du corps, ne personnifie pas une abstraction ; mais il le ferait, s'il accordait à l'intelligence, au sentiment, à la volonté, une existence isolée, hors de l'ame qui renferme toutes ces facultés.

Si l'on m'objectait que le chimiste montre les métaux séparés, au lieu que le métaphysicien ne peut montrer l'ame et le corps séparés, je répondrais : lorsque mon bras vient à se détacher de mon corps, je vois d'un côté un membre détaché, et de l'autre le moi pensant. Tout ce qui se détache, tout ce qui peut se détacher du moi, n'est pas MOI.

Je crois d'ailleurs avoir assez déterminé le sens que j'attache au mot d'*abstraction*, pour ne pas m'attirer le reproche très-grave de l'avoir pris pour base de mon système de philosophie.

§. 143. D'après toutes ces observations, il est aisé de voir que les rapports ou *catégories* de quantité, de qualité, de relation et de modalité, ainsi que leurs subdivisions, ne sont pas des formes de l'entendement, n'ont point une existence interne, c'est-à-dire, dans lui, comme on l'a prétendu; mais une existence externe, c'est-à-dire, dans les objets. L'entendement, qui ne les admet pas comme des conditions de sa propre activité, les prend pour ce qu'elles sont, des attributs communs, inséparables de la nature des choses.

§. 144. Mais, le caractère distinctif de l'entendement étant l'ordre et la classification, c'est par le moyen de ces catégories qu'il parvient à les établir dans la foule innombrable des objets fournis par la sensibilité.

§. 145. Telle est cette nécessité de l'ordre et de la classification, que la même division de qualités en *essentielles*, et *accidentelles* ou *contingentes*, que je blâme avec raison, comme étant fausse dans la nature, ne l'est pas du tout en logique. *L'homme*, par exemple, *est un animal raisonnable*. Auriez-vous pu donner cette définition, ou telle autre qu'il vous plaira, si vous n'aviez mis de côté toutes les qualités accidentelles, comme celles de noir et blanc, indifférentes à celle de raisonnable, seule essentielle à la notion logique de l'homme? La couleur noire et la couleur blanche, qui n'en sont pas moins inhérentes à la nature particulière du Nègre et de l'Européen, deviendraient à leur tour *essentielles*, s'il s'agissait de définir ces deux classes d'hommes. Mais on ne doit pas oublier un seul instant que ces distinctions sont purement logiques, et non pas naturelles.

§. 146. Dans l'origine, les conclusions de l'entendement sont comparatives. *Tout animal est organisé.* L'entendement n'aurait pas tiré cette conclusion, s'il n'eût *comparé* les animaux avec d'autres objets qui nous paraissent dépourvus d'organes.

§. 147. Il ne faut pas confondre les données de l'entendement avec celles de la raison, dont il sera bientôt parlé. Je me borne à remarquer ici que les premières sont analytiques, elles affirment des rapports découverts, et que les secondes sont fondées sur la synthèse : elles étendent, elles généralisent ces mêmes rapports.

CHAPITRE VIII.

De la volonté.

§. 148. Souvent on a des sensations qu'on ne veut point avoir; souvent aussi l'on se procure celles qu'on désire : mais il est impossible de raisonner ou d'agir sans le vouloir. Ainsi la volonté, quelquefois nulle et quelquefois active dans l'exercice des facultés physiques, l'est toujours dans celui des facultés intellectuelles et morales : nul dessein, nul raisonnement, nulle action, sans la volonté.

§. 149. La recherche toujours plus ou moins pénible et compliquée du vrai, réclame une volonté ferme et soutenue. C'est surtout par elle que s'opère l'embranchement de l'intellectuel avec le moral.

§. 150. L'exercice perfectionne la volonté, comme toutes les autres facultés.

CHAPITRE IX.

De la raison.

§. 151. La raison est le moi dans toute la plénitude de son activité libre et spontanée. La *sensibilité* laisse apercevoir des objets et des faits isolés ; *l'entendement* les compare, les classe, les dénomme, en facilite l'usage ; la *mémoire* les enregistre et les range ; l'*imagination* les peint ; l'*intelligence* frappe par l'évidence de ce qui est, comme de ce qui ne saurait être ; l'*attention*, après s'être communiquée à toutes les facultés, se concentre dans celle de la raison ; la *volonté*, plus ou moins imparfaite dans les opérations précédentes, se prononce fortement pour celle-ci : on voit malgré soi, mais on ne *raisonne* pas sans en avoir la volonté. Enfin, la *raison* s'empare de tous ces produits, observe s'ils sont réguliers et légitimes ; si telle faculté ne prédomine pas sur telle autre, au préjudice du parfait équilibre qui doit exister dans leur activité commune : elle examine surtout le caractère d'évidence ou de probabilité plus ou moins grande que présentent ces données, ainsi que leur état actuel ou passé, tant subjectif qu'objectif ; puis elle transpose, conclut, généralise, et par le même pouvoir, établissant l'unité dans la variété, pour obtenir certains effets indiqués par l'expérience, elle devient la mère de l'invention ; elle forme des types, des exemplaires ; elle idéalise. S'élevant ensuite au-dessus d'elle-même, elle examine encore ses propres opérations, sa part spéciale dans l'œuvre commune de toutes les facultés ; et c'est par là qu'elle scèle son indépendance et sa liberté sans bornes : sublime, lorsqu'elle invente et généralise; plus sublime encore, lorsqu'elle juge elle-même son ouvrage.

La différence caractéristique entre *généraliser* et *idéaliser* consiste en ce que la première opération se fait sans invention, par le simple transport dans le passé et l'avenir, et que la seconde en est tout-à-fait inséparable.

Une différence non moins essentielle existe entre l'*idée* et l'*idéal* : l'une est la plus haute des abstractions ; l'autre est un *nouveau tout*.

§. 152. Après avoir obtenu des propositions ou des *vérités primitives*, la raison les combine, et tire de nouvelles conclusions, ou des *vérités déduites* : elle fait, en un mot, des *syllogismes*.

Prenons pour exemple, *Le tout est plus grand que la partie.*

La sensibilité présente à la vue une foule d'objets isolés.

L'entendement les compare, et leur trouve un caractère commun d'étendue plus ou moins grande : il en abstrait la notion du *tout* et de la *partie*.

La mémoire conserve le souvenir des objets isolés qu'on a vus, et de l'abstraction que l'entendement vient d'en faire : elle les range sous des époques fixes et déterminées.

L'imagination représente d'abord un *tout* et une *partie*.

L'intelligence rejette absolument la possibilité de voir une partie aussi grande que son tout.

L'attention prête son ministère à toutes les facultés, en les faisant replier sur elles-mêmes.

La volonté détermine l'usage ultérieur de toutes ces données.

La raison, enfin, les combine, les transpose dans le passé, le présent et l'avenir; et, guidée par l'évidence qui s'y trouve, elle en tire une conclusion certaine : *le tout est plus grand que la partie.*

AUTRE EXEMPLE. *Le soleil se lèvera demain.*

La sensibilité est frappée par les apparitions du soleil.

La mémoire les note.

L'entendement leur trouve, par la comparaison, un caractère commun de régularité et de mesure ; il en abstrait l'idée d'un retour déterminé.

L'imagination représente le soleil et ses mouvemens.

L'intelligence admet la possibilité de son retour.

La volonté réclame le complément de ces diverses opérations.

L'attention, qui vient de présider à toutes, se recueille encore davantage pour la dernière.

La raison achève l'œuvre commune ; elle observe que le soleil paraît chaque jour, et que ses apparitions si régulières sont le résultat d'une certaine loi, dont l'action se prolongera vraisemblablement encore ;

elle fait une conclusion probable : *le soleil se lèvera demain.*

§. 153. Ainsi la sensibilité fournit les impressions, les faits ; l'entendement les range ; la mémoire les conserve ; l'imagination les représente ; l'intelligence en montre l'évidence ou la possibilité ; la volonté en détermine l'usage ultérieur ; l'attention s'y fixe et les observe sous leurs divers aspects ; la raison les généralise, fondée sur l'évidence ou la probabilité.

§. 154. La liaison de toutes les facultés est intime au point que le vice ou le défaut d'une seule rendrait impossible ou très-imparfaite la conclusion, but principal et commun de leurs œuvres respectives. L'équilibre, dans leur exercice, aide seul à remplir ce but de la manière la plus convenable.

§. 155. Cette même liaison intime, résultat nécessaire de l'unité indivisible de l'être pensant, fait qu'il est impossible d'émettre une opinion sans exciter une image et un sentiment qui s'y rapportent. La loi d'attraction est une grande pensée ; elle présente en même temps une belle image, tous les corps célestes qui roulent dans l'immensité de l'espace et suivent l'ordre invariable que cette loi leur a tracé : aussitôt un sentiment sublime de surprise et d'admiration s'élève dans notre ame. Or, s'il existe un pareil accord dans les sciences exactes, à plus forte raison doit-il se trouver dans la philosophie, la morale et la poésie.

Vauvenargues a dit que les *grandes pensées vien-*

nent du cœur. Je ne vois pas trop de justesse ni dans l'idée ni dans l'expression; car les pensées, les sentimens et les images *ne viennent pas* les uns des autres : ils naissent ensemble dans l'ame, une, indivisible, dont toutes les facultés sont simultanément et spontanément mises en activité. Le style qui rend le mieux cette union indissoluble de pensées, de sentimens et d'images, se rapproche le plus de la perfection. [1]

§. 156. Le caractère universel et fondamental de toutes les facultés, dont je viens de désigner les fonctions séparées c'est de tendre vers *l'unité*. Cette dernière est *individuelle, abstraite, systématique;* toujours opposée, je ne dis pas au nombre, mais à la confusion. La première est la personne ou l'objet même fourni par la sensibilité ; la seconde est une abstraction de l'entendement, et sert à mettre de l'ordre dans la foule des objets divers; la troisième, enfin, est l'ouvrage de la raison, qui dirige toutes les parties d'une démonstration vers *une seule vérité.* Aussi ce caractère ne manque-t-il pas de se manifester dans toutes les opérations des facultés. Que ces dernières composent ou décomposent les objets, les notions, les idées, les propositions, les raisonnemens; c'est toujours par la voie de ces trois espèces d'unité.

---

[1] Voulez-vous un bel exemple de ce style ? Lisez l'histoire de Russie par M. de Karamsin : mais lisez l'original; car cet ouvrage, comme tous les autres chefs-d'œuvres de la littérature, est intraduisible.

CHAPITRE X.

Des principes et des raisonnemens.

§. 157. On vient de voir de quelle manière l'exercice des facultés sert à former les principes et les raisonnemens. Il s'agit encore de les caractériser.

§. 158. Le raisonnement est *comparatif*, lorsqu'il ne renferme qu'une comparaison. *L'homme est raisonnable ; Pierre est un homme : donc Pierre est raisonnable.*

Il est *abstractif*, lorsqu'il généralise une abstraction : *Tout cercle contient* 360 *degrés.* Des cercles aperçus dans la nature j'ai tiré la notion abstraite d'un *cercle parfait*, que j'ai divisé en autant de degrés ; ensuite, généralisant la propriété admise dans la division du cercle, j'ai conclu : *tout cercle contient* 360 *degrés.* Mais le cercle parfait existe-t-il dans la nature ?

Enfin, le raisonnement est *effectif* ou *réel*, lorsqu'au lieu d'une abstraction il part d'un fait, et le généralise par la transposition d'un fait semblable, dans le passé comme dans l'avenir. Toutes les vérités physiques et métaphysiques sont de ce nombre. *Si le même est le même dans tel moment, il l'est aussi dans tel autre ; il l'est dans tous les temps.* C'est le *principe d'identité.*

L'identité reproduite fournit le *principe de causa-*

lité; car le même acte doit nécessairement se renouveler dans les mêmes circonstances.

L'identité niée fait naître la *contradiction*.

§. 159. Qui dit, le même est le même, dit un fait existant, dit une chose existante, dit une existence. Donc tous les principes viennent se fondre dans le grand principe de l'existence : *Ce qui est, est.* Toute supposition contraire à l'existence actuelle, ou qui rend impossible une existence quelconque, est donc absurde. De cette contradiction découle le *principe d'impossibilité.* Et comme tous ces principes servent de pivot aux transpositions intellectuelles ou généralisations, il s'ensuit que, pour se légitimer, toutes les vérités, quelque compliquées qu'elles soient d'ailleurs, doivent être réductibles en celle-ci : le même est le même, l'existence est l'existence.

§. 160. Si l'occupation d'une place, je ne dis pas sa perception, est indispensable à toute existence; si ce qui n'est pas étendu n'occupe aucune place, il s'ensuit qu'une chose inétendue n'existe pas et ne saurait exister.

§. 161. L'étendue devenant indispensable à l'existence, tout ce qui la compose le devient aussi. Donc les couleurs, les sons, les saveurs, la gravité, l'impénétrabilité, etc., sont des propriétés essentielles à l'étendue, et partant à l'existence. Ce n'est pas qu'elles se développent toujours dans la substance qui les renferme toutes ; ce n'est pas que les autres substances les perçoivent toujours dans leurs relations mutuelles : mais elles existent toujours, soit *actuellement*, soit *virtuellement*, indestructibles comme les essences, ou plutôt essences elles-mêmes. Si tout ce qui devient indispensable à l'existence, doit être commun à toutes les existences, et par conséquent ne peut dans aucun cas être détaché d'aucune sans en produire l'anéantissement, c'est-à-dire la réduction de l'être au néant (franche absurdité) ; il en provient ce grand principe cosmologique, qui n'est que le résultat combiné de ceux que je viens d'exposer, savoir que, *du moment qu'une existence a manifesté une propriété quelconque, toutes les existences, sans en excepter une seule, doivent la renfermer en elles-mêmes, actuellement ou virtuellement, qu'elles soient d'ailleurs aperçues ou non aperçues, développées ou non développées.* De même qu'une feuille doit avoir telle forme, telle couleur, telles propriétés, telle organisation, au risque de n'être plus feuille : de même aussi chaque être doit avoir les propriétés reconnues indispensables à toute existence, au risque de ne pas exister.

Les principes bien posés, comme je m'en flatte, caractérisons davantage les différentes espèces de raisonnemens fondées sur ces principes.

§. 162. Par le raisonnement comparatif vous n'obtenez que l'analyse et la classification des choses, mais rien de plus ; vous ne parvenez pas du connu à l'inconnu.

Par le raisonnement abstractif vous obtenez une

foule de *nouveaux rapports;* mais ils n'ont de valeur que dans l'esprit qui les conçoit : ils sont nuls hors de lui.[1]

Par le raisonnement effectif vous obtenez de nouveaux rapports ou résultats aussi vrais dans l'esprit que hors de lui. *L'eau-forte est un dissolvant très-actif :* c'est un fait généralisé, vrai dans l'esprit qui le perçoit, comme dans la nature qui le présente.

§. 163. Maintenant, si vous adoptez la méthode du raisonnement abstractif, vous aurez tel résultat ; mais si vous adoptez celle du raisonnement effectif, vous aurez le résultat contraire. Ce n'est pas que

---

[1] De là provient la certitude mathématique, qui ne repose que sur des abstractions, c'est-à-dire, sur des suppositions : au lieu que la certitude métaphysique repose sur des faits et leurs conséquences immédiates. On peut *définir* des figures supposées; il faut *décrire* des faits donnés. Voilà pourquoi les méthodes du géomètre et du philosophe diffèrent au point que, si ce dernier procédait comme l'autre, il ne manquerait pas de prendre des chimères pour des réalités. Cette différence de procédés ne prouve cependant rien contre les vérités philosophiques.

Il ne faut pas croire, avec Kant et d'autres philosophes, que la géométrie possède exclusivement l'avantage de rendre, si toutefois elle le peut, ses abstractions intuitives par des opérations graphiques : cet avantage appartient de même à la métaphysique. Veut-elle réaliser une notion de couleur et l'idée de l'étendue, elle montre, par exemple, une chose rouge de six pieds de longueur, comme le géomètre trace un triangle quelconque pour réaliser l'idée d'un triangle. Je ne vois aucune différence entre ces deux opérations : telle figure dessinée n'est pas plus une figure abstraite, que le rouge n'est la couleur en général, ou la longueur de six pieds l'étendue spéculative. Ainsi les deux sciences réunissent le même avantage, ou bien elles en sont également privées.

l'esprit se contredise lui-même, comme s'il était sujet à *l'antinomie*, ce prétendu vice intellectuel, où les thèses contraires sont également bien prouvées : c'est que l'abstraction et la déduction sont deux procédés différens. L'esprit peut errer dans la déduction ; mais il ne se contredit jamais évidemment : l'intelligence en ce cas ne serait pas intelligence.

§. 164. Des diverses choses étendues et divisibles qu'offre la nature, on abstrait d'abord les notions *d'étendue* et de *divisibilité;* on généralise ensuite ces abstractions, et l'on obtient le résultat suivant : *Toute étendue est divisible.* C'est ainsi que procèdent les géomètres. Qui ne voit ici de simples abstractions combinées, et l'imagination prédominant sur les autres facultés ?

§. 165. Si la composition existe; si, pouvant finir, elle doit avoir commencé ; si le commencement d'une composition étendue et divisible ne peut s'opérer sans composans étendus mais indivisibles, la conséquence immédiate sera que *l'étendue est indivisible :* nous n'en voyons que des séparations et des réunions ; nous ne voyons point de division proprement dite. C'est ainsi que raisonne un métaphysicien, qui déduit des conséquences inséparables du fait même de la composition.

§. 166. Dans la méthode abstractive, tout est possible, tout est impossible : le mot *être* est une abstraction des choses qui existent; le mot *néant* est une abstraction des choses qui disparaissent. Je combine ensemble ces deux abstractions, et je dis: *l'être se convertit dans le néant.*

§. 167. Il n'en est pas ainsi de la méthode du raisonnement effectif : on n'admet de réel que ce qui s'accorde avec l'existence actuelle ou possible.

La simple comparaison des choses engendre l'empirisme.

La simple abstraction produit le spiritualisme et le matérialisme, selon que l'on bâtit des systèmes sur l'abstraction des qualités spirituelles ou matérielles.

La déduction bien faite enfante la vraie philosophie; mal faite, elle produit une foule de systèmes erronés.

Les esprits les plus sensés et les plus profonds peuvent s'égarer, s'ils négligent la distinction de ces trois espèces de raisonnemens.

§. 168. Je prévois l'objection qui va m'être faite avec quelque apparence de justesse. L'abstraction, me dira-t-on, est commune à tout raisonnement, de quelque nature qu'il soit; il est impossible d'en établir un seul sans l'entremise des notions et des idées abstraites : on peut aisément s'en convaincre par votre propre analyse des facultés intellectuelles, et par les exemples que vous avez cités.

L'homme est un animal raisonnable; Pierre est un homme : donc Pierre est raisonnable. Raisonnement comparatif, analytique.

Une figure dont tous les points sont également

éloignés du centre, forme un cercle parfait. Raisonnement abstrait, synthétiqne. Ici l'on fait plus que *reconnaître* : on ajoute.

Tout ce qui existe, doit avoir existé, doit exister toujours ; car dans aucun instant l'être ne saurait se réduire au néant : ce serait une contradiction dans l'existence même. Raisonnement effectif, synthétique : l'existence éternelle est *découverte*.

Or, comme tous les mots de ces raisonnemens, homme, Pierre (car plusieurs individus portent ce nom), figure, point, centre, cercle parfait, être, néant, sont des termes abstraits, il résulte que les raisonnemens eux-mêmes doivent l'être, ainsi que les notions et les idées qui servent à les composer. Et puisqu'une abstraction hors de l'esprit n'a point de réalité, il en résulte encore que tous ces raisonnemens n'ont point de valeur externe, objective ; ils n'en ont qu'une interne, subjective, bonne pour l'esprit, nulle hors de lui. Dans la nature vous ne voyez pas d'homme purement raisonnable, ni de cercle parfait, ni d'être sans aucune autre propriété que celle de l'existence, ni de néant. Donc toutes vos prétendues vérités métaphysiques s'en vont en fumée.

§. 169. Pour combattre ces argumens, et soutenir la justesse et la réalité de la distinction que j'ai faite de ces trois espèces de raisonnemens, j'observe à la vérité qu'ils exigent tous une *supposition intermédiaire*, sans laquelle ils seraient impossibles ; mais les raisonnemens de comparaison et de réalité supposent des choses et des individus, tandis que les raisonnemens abstractifs supposent de simples qualités. Et comme les choses existent, et que les qualités n'existent pas hors des sujets ou des substances qui les renferment, tout ce que vous bâtirez avec les premières aura de la réalité, comme tout ce que vous bâtirez avec les secondes n'en aura point : le feu consumera *toujours* le bois, et le cercle parfait ne se trouvera *jamais* dans la nature.

§. 170. A présent, au fait de la combustion substituez tel autre fait que vous voudrez, interne, externe, physique, moral, intellectuel ; en le généralisant, vous aurez toujours un principe, un résultat réel dans votre esprit et dans la nature. Mais au cercle parfait substituez telle autre figure parfaite que vous voudrez ; déduisez-en telles ou telles propriétés ; formez-en mille combinaisons nouvelles : vous n'aurez jamais que des abstractions, réalités dans l'esprit, chimères hors de lui.

§. 171. Ce que je viens de dire des mathématiques s'applique également à la philosophie rationnelle, qui suppose toujours des abstractions dans le raisonnement. Elle ne peut donc pas s'accorder avec la philosophie de l'expérience et de la raison, qui suppose des faits dont elle tire des conséquences.

CHAPITRE XI.

Des facultés sentimentales.

§. 172. L'amour de soi, dans ses développemens internes et externes, c'est-à-dire dans son action sur lui-même et sur les autres, manifeste le double caractère de plaisir et de peine : de là toutes nos affections, doublement distinguées par la nature des facultés dont elles dérivent, et par le caractère agréable ou désagréable qu'elles portent. Poussées à l'excès, elles deviennent passions.

§. 173. Ainsi les affections agréables sont :
a) *Intellectuelles*, comme l'amitié, l'amour de la vérité, etc.
b) *Physiques* ou *sensitives*, quand elles se développent par le moyen des sens internes et externes, comme les jouissances de la vue, du goût, de l'ouïe, de l'odorat, du tact ; toutes les impressions de bien-être que font éprouver les organes intérieurs, etc.
c) *Mixtes*, quand elles découlent de l'une et l'autre de ces sources réunies, comme l'amour conjugal, la tendresse paternelle, le goût de la poésie et des beaux-arts, etc.

§. 174. Les affections désagréables sont le contraire de celles que je viens d'indiquer : *intellectuelles*, c'est l'aversion pour la science, l'injustice, l'attachement aux erreurs et aux préjugés; *physiques* ou *sensitives*, c'est tout ce qui répugne aux sens, et les mal-aises intérieurs; *mixtes*, c'est l'indifférence ou l'aversion pour les nœuds du sang, l'antipathie, le mécontentement occasioné par les personnes ou par les choses, la jalousie, l'envie, etc.

§. 175. Exagérez les unes et les autres : vous aurez l'enthousiasme de la justice, le fanatisme de la religion, la faim, la soif, l'idolâtrie pour une femme et des enfans, la manie de la poésie et des arts; tous les excès de la haine et de la vengeance, la fureur des plaisirs, la volupté, la débauche, la cupidité, l'avarice, etc.

§. 176. La nature elle-même nous montre ainsi les deux routes contraires, du bonheur et du malheur, par le plaisir et par la peine. Jouissez donc, et faites partager aux autres vos jouissances : ce sera les augmenter pour vous-même. Évitez la peine, en l'épargnant aux autres : ce sera la diminuer pour vous-même. En un mot, étendez le moi humain sur toute l'humanité, au-delà de l'humanité; vous parviendrez au bonheur suprême.

§. 177. L'égoïste objectera que, si l'intérêt que nous prenons au bonheur des autres nous procure des jouissances, ce même intérêt pris à leur malheur nous prépare des peines. Pères, époux, amis, je vous le demande, voudriez-vous, par cette considération, renoncer à ces précieux titres ?

§. 178. Mais cette loi de sentiment est-elle bien vraie ? ne puis-je effectivement faire de la peine aux autres, sans m'en faire à moi-même? La basse vengeance et l'amour illicite, sans parler d'autres passions honteuses, ne procurent-ils pas des jouissances assez vives, assez fortes, pour étouffer la pitié, la compassion, le remords ?

Etouffer n'est pas le mot ; *suspendre* serait plus juste. Montrez-moi une seule action mauvaise qui, dans le cours d'une longue vie, n'ait jamais produit un sentiment d'humiliation, de regret, de repentir ou de remords, proportionné à l'étendue comme à l'intensité du mal. Toute action est suivie d'une réaction analogue: le bien attire le bien; le mal attire le mal. C'est ainsi que la crainte, le trouble ou la terreur s'attachent aux pas du coupable. Quels élémens de bonheur !

§. 179. Toutefois l'expérience nous prouve qu'il est pour le moment des peines qu'il faut s'imposer, des plaisirs qu'il faut éviter, pour diminuer, dans l'avenir, la masse des peines et augmenter celle des plaisirs.

Cette règle est évidente, chacun peut en fournir la preuve et l'exemple ; mais il faut un grand empire sur soi-même pour la suivre dans toutes les conjonctures. C'est donc moins par ignorance que par faiblesse qu'elle est enfreinte tous les jours. Rien de plus inconséquent que la faiblesse : de là tous les désordres du monde moral; de là ces hommes cruels, ces conquérans absurdes, ces esprits pervers : ils sont faibles, et partant inconséquens, barbares et misérables.[1]

§. 180. L'amour de soi, dans ses épanchemens au dehors, produit la bienfaisance, et s'impose volontairement les plus grands sacrifices. Qui ne voudrait pas sauver ses enfans, son épouse, ses amis, sa patrie, au prix de ses jours? Souvent le devoir, le strict devoir n'exige pas ces sacrifices; mais le sentiment parle : ils deviennent des consolations, des jouissances.

§. 181. Voilà pourquoi le sublime et divin Jésus a pris pour base de ses préceptes, non le devoir

---

[1] Les philosophes, les historiens, les artistes, en éternisant des actions éclatantes mais odieuses, admirateurs vains et stupides de talens dénués de vertus, ont beaucoup contribué à propager cet esprit de conquêtes injustes, véritable fléau de l'humanité; comme si les talens, lors même qu'on en fait un bon usage, devaient être un sujet de vanité et d'orgueil! Ils tiennent sans doute à notre organisation, mais aussi à une foule de circonstances dont nous ne sommes pas maîtres : les vertus, au contraire, sont notre propre ouvrage; c'est par elles que nous manifestons toute la liberté de nos actions. Voilà pourquoi le modeste soldat et le fier général, de retour dans leurs foyers après de glorieux exploits, doivent avoir une part égale à notre admiration. Que dis-je? le soldat est plus grand; il n'a que sa conscience pour témoin de tant de peines que le général n'a point supportées, tandis que celui-ci voit tous les regards attachés sur sa personne : toutes les bouches répètent son nom; la beauté lui sourit, et la vieillesse même s'incline en sa présence; le burin et le ciseau transmettent sa gloire à la postérité la plus reculée : récompenses bien suffisantes pour des talens souvent plus heureux qu'extraordinaires; récompenses refusées aux fatigues et aux peines les plus cruelles!

borné à la justice, mais le sentiment qui n'a point de bornes. « Vous avez appris qu'il a été dit : Vous « aimerez votre prochain, et vous haïrez votre en- « nemi.

« Et moi je vous dis : Aimez vos ennemis, bénis- « sez ceux qui vous maudissent; faites du bien à « ceux qui vous haïssent, et priez pour ceux qui « vous calomnient et qui vous persécutent. » (Matth. ch. V, v. 43 et 44.)

Une religion fondée sur une pareille maxime n'est-elle pas la plus belle de toutes les religions?

CHAPITRE XII.
De la perfectibilité.

§. 182. Elle consiste dans le développement infini de nos facultés, par lequel nous acquérons sans cesse de nouvelles sensations, notions, idées, raisonnemens et principes, découvertes et connaissances, dont l'imagination la plus hardie ne saurait assigner les divers progrès, et moins encore le terme.

§. 183. On voit que la perfectibilité, inhérente aux facultés, participe de leur nature : elle est physique, intellectuelle, morale ou sentimentale, comme ces dernières; elle est indivisible, indestructible, plus ou moins active, mais toujours virtuellement renfermée dans le sujet; elle exige, comme les facultés, l'équilibre parfait et le concours simultané de ses divers genres, à l'effet de se rapprocher toujours plus du grand objet de tout développement, qui est le bonheur infini du *moi*, doué de sensibilité, d'intelligence et de volonté.

§. 184. Si vous perfectionnez les facultés intellectuelles et physiques sans les facultés morales et sentimentales, vous ne faites que fournir de nouvelles armes au vice, à la méchanceté. Voilà la source d'une partie des horreurs dont notre siècle a fourni le déplorable exemple.

§. 185. Si vous cultivez la morale sans la raison,

cette première ne manquera pas de s'égarer, et d'assimiler le vice à la vertu dans des actions dictées plutôt par l'erreur que par la cruauté. Quelques nations s'étaient imaginé qu'il fallait aux dieux des victimes humaines : elles firent aussitôt couler le sang humain sur les autels.

§. 186. Si vous négligez de cultiver le sentiment, l'homme, restreint au devoir, observateur rigide de la justice, n'écoutera plus la douce voix de la bienfaisance. Malheureux, de combien de plaisirs ne sera-t-il pas privé !

§. 187. Enfin, si vous ne perfectionnez pas les facultés physiques en elles-mêmes, et les moyens artificiels, je veux dire les instrumens, pour en étendre l'exercice, il arrivera des cas où tous les efforts réunis de la raison, du sentiment et de la vertu seront infructueux. Combien de gens, d'ailleurs estimables, se livrent à des excès qu'ils blâment eux-mêmes, faute d'avoir étudié leur tempérament et le régime qu'ils devraient observer ! Des remèdes administrés à propos peuvent prévenir des actions immorales et des crimes.

§. 188. Sans instrumens, à quoi se réduirait la somme de nos découvertes, et par conséquent la somme de nos connaissances, qui ne sont et ne doivent être que des faits généralisés ou déduits ? Quels progrès étonnans l'esprit humain ne pourrait-il pas faire par l'invention d'un seul instrument encore inconnu !

§. 189. Il faut donc que tous les genres de perfectibilité marchent de compagnie pour produire l'effet désiré. C'est pour avoir oublié ou méconnu cette vérité si simple, que l'on a soutenu le paradoxe révoltant, que la civilisation ne contribue pas au bonheur de l'homme. Si J. J. Rousseau a dit que les sciences et les arts nuisent aux mœurs, c'est qu'ayant vu la perfectibilité intellectuelle et physique marcher d'un pas égal avec la corruption morale, il a cru ce monstrueux accord *nécessaire*, tandis qu'il n'était qu'*accidentel :* emporté par la fougue de son génie, il s'est trop hâté de généraliser. Combien de peuples sauvages ne voyons-nous pas très-méchans ? combien de peuples civilisés très-bons ? Quelle nation, par exemple, traite le mieux ses prisonniers de guerre ?

§. 190. Mais on aura beau faire des discours éloquens contre la perfectibilité, elle poursuivra toujours sa marche triomphante ; elle s'avancera de plus en plus dans l'éternité, dissipant les prestiges de l'ignorance et de l'erreur, comme le soleil, à mesure qu'il s'avance dans sa noble carrière, dissipe les vapeurs et les ténèbres ; car, je l'ai déjà dit, la perfectibilité, inhérente aux facultés, est indestructible comme elles. Rousseau, cet ennemi redoutable de la perfectibilité, n'en a-t-il pas éprouvé lui-même l'irrésistible empire ? Qui poussa plus loin que lui le sentiment et l'éloquence ? qui sut mieux développer les forces morales, et fit plus de prosélytes à la vertu ?

Que ne lui doivent pas les citoyens, les mères et les enfans? O Jean-Jacques! du haut du ciel, ta première et dernière patrie, reçois cet hommage que t'adresse une voix faible, mais un cœur comme le tien, brûlant d'amour pour la vérité et pour la vertu. Et moi aussi je suis citoyen, je suis père : que ne te dois-je pas!

§. 191. La perfectibilité, infinie dans l'espèce, est-elle bornée dans l'individu? Il meurt : ne meurt-elle pas avec lui? Je réponds que le mot *espèce* est une abstraction; la nature ne fournit que des *individus* : tant qu'ils existent, leurs facultés, et les divers caractères qu'elles manifestent, comme l'activité, le plaisir, la peine, et cette perfectibilité dont il est question, tout cela, dis-je, doit exister avec eux; car tout cela forme leur essence.

§. 192. Si les individus existent de toute éternité, s'il est de leur nature de se perfectionner de plus en plus, comment une perfectibilité passée, dont je ne conserve pas le souvenir, peut-elle contribuer à ma perfectibilité actuelle?

§. 193. Je réponds à cette objection par une simple demande : De quelle manière les développemens physiques, soit dans le sein maternel, soit dans les premières années de la vie, développemens dont je ne conserve pas la moindre réminiscence, ont-ils cependant contribué à l'état de perfectibilité où se trouve mon organisation physique? Il en est de même des développemens intellectuels : le souvenir des actes particuliers s'évanouit pour le moment; une plus grande aptitude à les exécuter reste toujours.

§. 194. Tel qui m'accorde la possibilité de cette assertion, m'en refusera peut-être la certitude ; mais qu'il me soit permis de faire observer que, si l'existence, la perfectibilité, le changement continuel d'actions que manifestent les facultés, sont des faits irrécusables, leurs contraires le sont de même[1]. Si vous êtes forcé d'admettre ces faits, vous l'êtes aussi de rejeter tout ce qui les contredit.

§. 195. Objecterez-vous encore que la perfectibilité, étant essentielle à notre organisation, doit en suivre les vicissitudes et le sort ? C'est comme si l'on me disait que les talens du peintre dépendent de ses instrumens, et qu'il suffit de détruire ceux-ci pour anéantir les premiers. Rendez au peintre les instrumens, il fera des chefs-d'œuvres; rendez au moi des organes, il continuera ses progrès.

Les nations rétrogradent aussi peu que les individus, malgré l'exemple prétendu des Grecs, exemple qui ne prouve rien ; car il est mal expliqué. Des Barbares inondent un pays; ils massacrent tout sans distinction; ils détruisent les monumens des sciences et des arts: la population échappée à tant de ravages est condamnée au travail, à la servitude; elle n'a plus ni le temps ni les moyens de s'instruire; le peu de gens

---

[1] Voy. chap. II, §. 42.

éclairés qu'elle offre encore par intervalles, meurent de vieillesse, de misère et de chagrin. Bientôt les ténèbres de l'ignorance la plus profonde couvrent toute la surface du pays; il ne présente plus que des masures et des ruines à la fois tristes et pittoresques, éternel séjour de la solitude, du silence et de la mort. Je ne sais quel bruissement ajoute à la rêverie du voyageur qui visite ces lieux agrestes : il les contemple avec douleur, et ne peut se lasser de les contempler. Ses yeux se couvrent de larmes, il s'écrie: Nation jadis florissante ! et maintenant.... comment a-t-elle pu rétrograder à ce point?... Généreux inconnu, lui dirais-je, votre imagination vous égare autant que votre sensibilité. Non, ce peuple, plus digne de compassion que de blâme, n'a point rétrogradé; il ne fut pas même arrêté dans sa marche progressive : car les individus qui survécurent à tant de malheurs, restèrent dans le même état d'instruction ou d'ignorance dans lequel ils étaient avant cette funeste époque, et les individus qui les ont remplacés, n'ayant rien appris, n'ont pu rien oublier. La destruction et la rétrogradation ne sont pas synonymes. Pour me prouver la dernière, il faudrait me citer un fait, un seul fait qui montrât que, sans organes dérangés, sans guerre civile, sans invasion de Barbares, par le simple effet de la nature de notre ame, telle personne ou telle nation a visiblement rétrogradé. Montrez-moi, par exemple, dans toute la vigueur de l'âge et de la santé, un Raphaël devenu mauvais peintre, un Platon imbécille, et des Grecs dégénérés à la suite de plusieurs siècles tels que celui de Périclès ! Vous observerez qu'un pareil fait est difficile, impossible à constater ; il faudrait voir l'action de l'ame dépouillée d'organes : le moyen de voir une ame ! Je n'ai pas besoin de ce phénomène pour décider l'impossibilité du fait réclamé ; car il contredit le fait *actuel* de la perfectibilité, qui réside dans l'ame même, indépendamment de sa liaison avec le corps, et qui rejette toute hypothèse contraire à son existence : principe que je répète à chaque occasion, parce qu'il me sert de guide dans le vaste champ de la métaphysique.

§. 196. La perfectibilité est commune à toutes les facultés ; car, si l'être pensant est indivisible[1], si nos connaissances commencent par toutes nos facultés à la fois[2], tous les caractères qu'elles manifestent doivent leur être communs, ou l'être pensant n'est pas indivisible. C'est donc à tort qu'une dame célèbre[3], après avoir si bien prouvé la progression dans les sciences, prétend fixer un terme à la poésie et aux beaux-arts. Quoique Homère soit resté jusqu'à nos jours le prince des poètes, il n'est pas impossible que l'avenir en présente un plus parfait encore à l'admiration des races futures. J'en puis dire autant des chefs-d'œuvres de l'antiquité en fait de sculpture ; car, pour la musique, la peinture et l'architecture, les modernes

---

[1] Voy. chap. I.er, §. 26.
[2] Voy. chap. I.er, §. 16.
[3] Mad. de Stael-Holstein, dans son ouvrage sur la littérature considérée dans ses rapports avec les institutions sociales.

y sont déjà de beaucoup supérieurs aux anciens. Le raisonnement suivant, « *jusqu'à présent* on n'a rien « fait de mieux, donc on ne fera *jamais* rien de « mieux, » est-il bien fondé ?

§. 197. La perfectibilité étant nécessairement une chaîne de progrès dont on ne peut rompre le moindre anneau sans arrêter et rendre impossible toute perfectibilité future, il s'ensuit qu'elle ne pourra continuer dans l'autre monde sa marche progressive que du point où elle sera restée dans celui-ci ; comme elle a dû, dans celui-ci, partir du point où elle était restée dans le monde antécédent. Quelle noble émulation cette pensée sublime ne doit-elle pas inspirer ! Ainsi les travaux actuels sont liés aux travaux passés et futurs : ils ne périssent point avec notre dépouille mortelle.

§. 198. La perfectibilité des individus est aussi variée que leur nombre est infini ; car il suffit qu'ils occupent chacun dans l'espace un point différent, pour qu'on ait droit d'établir une différence plus ou moins sensible dans les objets avec lesquels ils sont en contact immédiat. De là cette variété plus ou moins sensible dans les expériences qu'ils ont faites, dans les lumières qu'ils ont acquises, dans les développemens qu'ils ont obtenus. Or, comme l'existence de la personne, et par conséquent sa perfectibilité, sont éternelles, il s'ensuit que l'esprit et le génie dépendent non-seulement des organisations physiques actuelles, plus ou moins heureuses, mais encore des divers états de développement intellectuel antérieurs à la vie présente. Voilà pourquoi deux individus dont l'organisation respective n'offre aucune différence marquée, montrent cependant un esprit plus ou moins étendu, plus ou moins borné; différence qui, sans cette explication, serait inconcevable et même absurde.

Enfin, de la diversité des espaces occupés par les êtres, résulte encore l'impossibilité la plus absolue d'une ressemblance parfaite.

§. 199. La perfectibilité *une*, *éternelle*, *infinie*, étant admise, le but particulier de l'union du moi ou de l'ame avec le corps devient évident ; c'est le développement *accéléré* [1] des facultés, et ce développement a pour but le bonheur infini de l'homme : je l'ai dit plus haut. [2]

---

[1] On verra au chap. XVIII pourquoi j'emploie ici ce qualificatif.

[2] Mais d'où vient, dira-t-on, que, dans le somnambulisme magnétique ou d'autres crises de la nature, les facultés intellectuelles acquièrent un prodigieux développement qu'elles perdent aussitôt que le somnambulisme cesse? D'où vient cette contradiction de la perfectibilité, qui s'accroît par l'état morbifique, et s'affaiblit par l'état de parfaite santé ?

Voici ma réponse. Il est certain qu'un somnambule, devenu tel par le magnétisme animal, gagne en intensité ce qu'il perd en variété, de même qu'en nouveauté. Tout ce qu'il a jamais su se retrace à sa mémoire avec tant de force et d'énergie, qu'il répète, par exemple, ses lectures les plus anciennes, comme s'il les faisait actuellement, sans en omettre un seul mot. Mais il ne pourra faire aucune nouvelle découverte dans les sciences ; car l'indication de son mal n'est qu'une vision, et nullement une découverte. Quant aux remèdes qu'il désigne, j'en hasarderai plus loin l'explication : elle se fondera toujours sur une réminiscence, et non sur la connaissance même de

§. 200. Ainsi le dogme de la métempsycose non-seulement n'a rien d'absurde, mais présente même de grandes vérités, si on le prend dans le sens que je viens d'indiquer, et dans lequel les premiers philosophes indiens, les Bramines, l'auront sûrement pris. Mais le passage de l'ame, d'un corps bien organisé dans un autre qui l'est moins, c'est-à-dire la subversion de toute perfectibilité, est une doctrine absurde, que ces mêmes Bramines auront sans doute imaginée pour réprimer le vice et la violence parmi des nations ignorantes et barbares.

---

l'avenir. Voir ce qui *n'est pas encore*, c'est une absurdité. Observez de plus que le magnétisme animal, avec tous ses phénomènes, a été découvert, analysé, constaté, non par des somnambules, mais par des gens qui jouissaient de leurs organes externes. Donc ces organes favorisent toujours la perfectibilité, sans jamais l'arrêter ni la pervertir.

CHAPITRE XIII.

Sources principales des erreurs.

§. 201. Les erreurs proviennent de ce que l'équilibre est rompu dans l'exercice de nos facultés, soit par le mauvais usage que nous en faisons, soit par la trop grande tension des unes et l'affaiblissement proportionnel des autres ; soit par le dérangement, l'irritation ou la faiblesse des organes internes ou externes de la sensibilité ; soit, enfin, par toutes ces causes réunies.

Dans le premier cas, on peut errer malgré l'état de santé le plus parfait; dans le second, on éprouve un mal moral qui dérange les facultés; dans le troisième, les organes sont seuls affectés, le mal est purement physique; dans le quatrième, ces différentes espèces d'erreurs, venant à se combiner plus ou moins ensemble, sont portées à leur plus haut point.

a) Mauvais usage des facultés.

§. 202. Lorsqu'on est mal organisé, ou plutôt autrement organisé que la plupart des hommes, la *sensibilité* doit fournir des données différentes ou, vulgairement parlant, fausses. Alors l'erreur est invincible : elle tient à la nature objective de la personne ainsi constituée ; mais elle n'est que relative à la multitude, et non à l'individu qui sent d'une autre manière. Je vois une fleur rouge tendre ; mille autres la voient rouge-foncé : je ne suis pas moins en droit d'affirmer la première de ces qualités, que les autres le sont d'affirmer la seconde ; et, sans parler de différences aussi fortes, la plus légère suffit pour démontrer ce que je viens d'avancer.[1]

§. 203. Mais, à parité d'organisation, l'erreur ne dépend que du mauvais usage de nos facultés : alors elle n'est point invincible ; un examen plus réfléchi peut la rectifier.

§. 204. Si *l'attention* ne s'attache pas d'abord aux données de la *sensibilité*, elles deviennent nulles ou fautives. Il en est de même des autres facultés, lorsqu'elles sont mal secondées par celle de l'attention.

§. 205. Dès que *l'entendement* a mal comparé les objets intellectuels, moraux ou physiques, les définitions en doivent être défectueuses. Ici l'erreur provient d'une analyse insuffisante ou fautive ; elle tend vers la confusion. Pour n'avoir pas bien distingué toutes les propriétés de *l'orang-outang*, quelques

---

[1] Une chose venant à se modifier, à se combiner de mille manières différentes avec d'autres choses, développera successivement ou simultanément mille nuances différentes et même contraires. Par exemple, un des points de la chose d'ailleurs une, indivisible, quoiqu'étendue, peut être blanc, chaud, mou, etc., et tel autre noir, froid, dur, etc. ; mais ici les perceptions varient, changent avec les rapports, et ne se contredisent pas. La contradiction existerait, si le même objet, dans les mêmes circonstances, produisait deux effets ou développait deux propriétés différentes. Or, c'est de toute impossibilité.

naturalistes l'ont pris pour un homme sauvage. Le peuple, confondant la licence avec la liberté, se livre à toutes sortes d'excès.

§. 206. Une mémoire faible, occasionant une fausse succession ou bien une omission totale de faits, produit aussi des erreurs, en donnant lieu à de fausses conclusions. Louis XI a pris la couronne en 1461, et Louis XII n'est monté sur le trône qu'en 1498 : donc le premier a régné trente-sept ans. C'est ainsi que conclurait faussement un homme qui ne se rappellerait pas que Louis XII n'a point immédiatement succédé à Louis XI. Dans cette occasion, comme dans bien d'autres, ce n'est qu'un manque de mémoire, qui fait tirer une fausse conclusion.

§. 207. Mais une des sources les plus fécondes de nos erreurs, ce sont les fausses attributions que l'on donne aux facultés. Il n'appartient, par exemple, qu'à la *sensibilité* de nous faire connaître les objets et les êtres; mais, en attribuant ce pouvoir à *l'entendement* auteur de toutes les abstractions, *l'imagination* peuple l'univers d'esprits, d'anges, de puissances purement intellectuelles ; et la *raison*, s'égarant sur la même route, conclut de ces abstractions l'existence réelle et objective de pareils êtres : elle construit divers systèmes, fondés sur la diversité des substances abstraites. De là le spiritualisme, le matérialisme, le dualisme, etc. : systèmes vains et bizarres, qui s'évanouissent, comme des songes au moment du réveil, lorsqu'on en reconnaît l'origine trompeuse.

§. 208. Le passage de l'imagination à la raison est tellement imperceptible, qu'il faut une attention soutenue et continuelle pour ne pas attribuer à la première ce qui n'appartient proprement qu'à la seconde. Il est certain que, sans les reproductions de l'imagination, la raison ne pourrait pas conclure, généraliser ; mais elle oublie aussi qu'elle ne doit le faire qu'après avoir été frappée par l'évidence, ou bien après un certain nombre d'événemens analogues qui, fournissant la certitude parfaite ou divers degrés de probabilité, permettent à la raison de généraliser plus ou moins les faits reproduits par l'imagination. Les anciens, qui ne connaissaient que très-imparfaitement la grande péninsule d'Afrique, ont cru longtemps que la zone torride ne pouvait être habitée par des hommes, et ils la peuplaient, au gré de leur imagination, de monstres et d'êtres fantastiques.

§. 209. Si la raison, au lieu de fonder originairement ses démonstrations sur un fait particulier, actuel et irrécusable, les établit sur de simples abstractions, elle tombe dans une espèce de maladie rationnelle que l'on nomme *antinomie ;* maladie où les thèses les plus contraires se soutiennent et se prouvent également bien. Cette erreur étant très-ordinaire et très-grave, en spéculation comme en morale, dans la vie publique comme dans la vie privée, on me permettra de la signaler et de la bien développer.

Prenons des exemples : *la vie est un mal ; la vie*

est un bien. De la foule des individus vivans j'abstrais la *notion de vie ;* pareillement, de la foule des maux individuels dont je suis le triste spectateur, j'abstrais la *notion de mal ;* ensuite, unissant et généralisant ces deux notions, je conclus : *la vie est un mal.* J'observe le même procédé par rapport à la proposition contraire. Laquelle des deux est la véritable ? Il m'est impossible d'énumérer les maux et les biens de la vie, pour en tirer un résultat arithmétique en faveur des uns ou des autres : il se peut que les premiers l'emportent sur les seconds, en intensité comme en nombre, et *vice versa.* Donc les deux propositions présentent également des points de vue vrais ; et comme ces points sont les seuls que l'on ait abstraits et généralisés, toutes les deux peuvent être justes, ou bien aucune ne l'est, parce qu'elles se contredisent mutuellement : mon esprit reste en suspens, dans une incertitude invincible.

On m'objectera que, pour tirer de ces abstractions contradictoires une conclusion juste, il faudrait dire : *la vie présente des biens et des maux.* Mais ce n'est plus la même proposition ; ce n'est point une réponse à la question, si la vie renferme *autant* ou *plus* ou *moins* de biens que de maux : *est-elle un mal ? est-elle un bien ?* Et lors même que le calcul arithmétique se ferait avec toute l'exactitude possible, et qu'il fût bien décidé que la vie est un bien ou qu'elle est un mal, l'une ou l'autre de ces propositions, étant abstraite, générale, serait vraie *subjectivement*, pour l'esprit qui l'aurait conçue ; elle ne le serait pas *objectivement*, hors de cet esprit, dans l'application individuelle. En effet, malgré cette maxime, Pierre ou Jacques peut être heureux ou malheureux. D'où vient tout ce jeu d'esprit, ces thèses qui se détruisent les unes les autres, ces doutes insurmontables? De ce que le raisonnement se fonde sur des abstractions généralisées.

Il n'en est pas de même lorsque, au lieu d'abstractions partant de faits actuels, individuels, réels, la raison les généralise à l'aide d'une supposition identique. Pierre fait un mauvais usage de ses facultés intellectuelles, morales et physiques; il est souffrant d'esprit et de corps; sa vie est malheureuse : *elle est un mal pour lui.* Cette proposition est rigoureusement vraie. Si maintenant, à la place de Pierre, je supposais un autre homme qui se conduisît de la même manière, la même proposition lui serait également applicable : *la vie serait un mal pour lui.* De là cette maxime générale : *Quiconque fait un mauvais usage de ses facultés intellectuelles, morales et physiques, est malheureux ; la vie est un mal pour lui:* proposition aussi certaine que les vérités mathématiques. Tout individu dont les actions convergeront dans ce principe, ne manquera pas de le justifier dans la pratique, comme il est déjà justifié dans la théorie. Ici plus d'ambiguité, plus de doute, plus d'incertitude. Et pourquoi cela? Parce que la maxime est originairement fondée sur un fait présent, individuel, généralisé par l'application de l'identité. Si, malgré ce procédé, je me trompais encore, l'erreur ne tiendrait plus au principe même, à la maxime générale ; mais à l'application particulière que j'en ferais à tel ou tel individu.

§. 210. Lorsqu'une fois on a mal généralisé, c'est à dire, établi de faux principes, on cherche à les développer et à les démontrer par des exemples. Alors on s'égare ordinairement, en prêtant au principe même la clarté et l'évidence qui ne se trouvent que dans l'exemple, et cela sur une fausse parité de circonstances supposée entre l'un et l'autre.

§. 211. On commet encore des erreurs de raisonnement, lorsque, croyant connaître un individu pour en avoir considéré séparément toutes les facultés, on néglige d'en considérer l'ensemble, c'est-à-dire, l'influence respective.

De là vient qu'un homme, considéré dans ses qualités isolées, paraît propre à telle place, et ne l'est pas du tout lorsqu'on le voit agir, lorsque ses diverses qualités sont mises en jeu.

De là vient qu'une assemblée, un conseil, composé d'individus que distinguent le mérite et les talens, produit cependant par ses ordonnances les effets les plus pernicieux à la chose publique, au grand étonnement de tout le monde.

Ces erreurs dérivent au fond de celle que j'ai déjà signalée[1] ; ce sont toujours des considérations particulières que l'on prend pour collectives. Mais j'ai

---

[1] Voy. le §. 209.

voulu montrer par ces exemples, que l'abstraction tirée d'une personne ou d'un assemblage d'hommes peut, aussi bien que l'abstraction tirée des simples facultés, occasioner des illusions de la même espèce.

§. 212. Pour les éviter, il faut donc, 1) examiner la personne ou la chose dans ses facultés et propriétés isolées ; 2) l'examiner dans l'ensemble, c'est-à-dire, dans l'influence que ces dernières peuvent avoir les unes sur les autres ; enfin 3), l'examiner dans ses rapports avec les autres personnes et les autres choses.

§. 213. J'ai parlé des *erreurs de l'imagination*, vu son concours avec les résultats de la raison. Mais, à la lettre, l'imagination seule ne saurait commettre d'erreur ; car elle ne fait que reproduire : ses ouvrages peuvent être bizarres, mais jamais erronés.

§. 214. Souvent les gens d'une imagination forte, possesseurs riches et prodigues de matériaux qu'elle reproduit sans s'épuiser, au lieu de se donner le temps de les bien combiner, de raisonner, se hâtent d'en former de nouveaux édifices bien ou mal disposés : ils inventent. Mais les gens d'une imagination froide, avares ou économes de ces mêmes matériaux, dont l'acquisition est plus rare et plus difficile pour eux, prennent le temps de les bien examiner et de les bien combiner : ils raisonnent plus juste, parce qu'ils se hâtent moins de conclure. Ils inventent fort peu. Les productions du génie, les ressources nouvelles, les réformes hardies et salutaires, sont rarement leur ouvrage.

§. 215. Je ne parle pas ici des égaremens de la volonté. Elle peut errer dans la conduite qu'il faut observer; mais elle n'errera jamais dans les connaissances qu'il faut acquérir : là, elle devient quelquefois immorale ; ici, elle est toujours droite, elle ne demande que la vérité.

§. 216. Il est vrai que ce désir s'émousse ; que la volonté se lasse d'en poursuivre l'accomplissement: on abandonne quelquefois des recherches importantes, parce qu'on n'a pas la force, le courage de leur donner le temps, l'attention, la suite nécessaires; on observe mal, parce qu'on observe avec trop de précipitation ; et c'est ainsi que l'emploi défectueux des facultés morales contribue aux erreurs purement intellectuelles.

§. 217. Mais, si les facultés morales mal employées occasionnent des erreurs intellectuelles, le mauvais usage des facultés intellectuelles produit à son tour des erreurs ou des faiblesses morales. Combien de gens, intrépides dans les combats, périssent lâchement sur un échafaud! Ce n'est pas que leur conscience, calme dans le premier cas, soit troublée dans le second : ils sont innocens ; mais leur imagination épouvantée leur représente la mort douloureuse, infâme, horrible, sur un échafaud; et leur courage cède. Mais que, d'un côté, ils se persuadent bien que c'est le crime, et non l'échafaud, qui fait la honte ; que, de l'autre, ils s'affranchissent de toutes les illusions, de tous les prestiges de l'imagination : alors, victimes nobles et généreuses, ames fermes et grandes, leur mort sera calme, tranquille, exempte de crainte et d'ostentation, comme celle de Louis XVI.[1]

b) Trop grande tension de quelques facultés, et faiblesse correspondante des autres.

§. 218. Quand les facultés intellectuelles et morales sont fortement exaltées, les facultés sensitives, privées du concours de celle de l'attention, absorbée par les premières, cessent d'agir; ou du moins leur action, n'étant plus reconnue, devient nulle. Alors l'imagination reproduit les objets avec tant de force et d'activité, que la raison, captive, ne distingue plus l'objectivité actuelle de l'objectivité passée, la réalité de la représentation : elle conclut de la vivacité de l'image à l'existence de l'objet même. On croit voir, entendre tout ce que la mémoire rappelle et l'imagination retrace; c'est un état de folie ou d'erreur, plus ou moins durable, produit par des causes intellectuelles et morales. Oreste, après avoir immolé Pyrrhus, agité par les remords ou les furies, l'œil fixe, les cheveux hérissés, portant l'empreinte de l'horreur dans tous les traits du visage, dit, avec un calme apparent, plus terrible que les plus violentes agitations :

« Pour qui sont ces serpens qui sifflent sur vos têtes ? »

---

[1] Quelqu'un a dit que, mourir par la guillotine, c'est recevoir une chiquenaude sur le cou. C'était un scélérat, dont le nom ne doit pas souiller cet ouvrage. Il avait assez de vigueur d'esprit pour réduire cette mort à sa juste valeur; mais il n'avait pas assez de raison et de vertu pour suivre le parti de la justice et de l'humanité.

Il voit, il entend les serpens.[1]

§. 219. Observez encore que, dans l'état de veille, en pleine jouissance de la raison, il existe sans cesse en nous une succession fortuite et spontanée d'images et de pensées : succession tellement désordonnée et contraire à la liaison logique des idées ou bien au raisonnement, que, si la parole l'exprimait avec la même rapidité que l'esprit la conçoit, on passerait pour fou ; on le serait à coup sûr sans cette *attention* continuelle sur soi-même, qui fait distinguer la succession d'avec les réalités passées, mais reproduites par l'imagination.

c) DÉRANGEMENT DES ORGANES INTERNES OU EXTERNES DE LA SENSIBILITÉ.

§. 220. Lorsque les organes internes ou externes sont dérangés, la sensibilité s'irrite dans certaines parties et s'affaiblit à proportion dans d'autres ; car c'est toujours la même masse de sensibilité, si j'ose m'exprimer ainsi, mais diversement répartie. Il en est ici comme de ces eaux qui, resserrées dans leur lit principal, s'échappent par d'autres issues avec plus ou moins d'impétuosité.

§. 221. Au milieu de ce désordre de la sensibilité, les solides et les fluides, mis en jeu, produisent souvent

---

[1] J'avoue que je n'ai jamais été content de la manière dont ce rôle est ordinairement rendu sur la scène. L'acteur fait des contorsions, pousse des cris horribles. C'est bien là, si l'on veut, le moyen d'exprimer des douleurs physiques ; mais celles de l'ame exigent une autre expression.

un ébranlement de nerfs et de fibres analogue à celui que produiraient la présence et l'action même des objets externes. De cet ébranlement naissent des sensations et des images également analogues, et dont la vivacité et l'énergie ne laissent pas apercevoir le prestige et l'illusion.

§. 222. Quelquefois aussi l'action sourde et désagréable des organes internes produit des mal-aises contrarians, qui produisent à leur tour la mauvaise humeur : celle-ci devient colère, fureur, délire. On s'en prend aux autres des maux dont on ne reconnaît pas l'existence interne.

§. 223. D'autre part, si les organes externes acquièrent trop d'énergie et de mobilité, ils ne laissent pas aux facultés intellectuelles et morales le temps de faire un usage convenable des expériences qu'ils fournissent : ces facultés s'émoussent, pour ainsi dire, par le manque d'exercice; et cette altération donne lieu à des erreurs qu'on appelle bêtise, ineptie, brutalité, selon qu'elles regardent l'intellectuel ou le moral.

§. 224. L'ame ou le moi, vu sa liaison intime avec le corps, ne pouvant pas opérer sans mouvoir à la fois quelques fibres, organes directs ou indirects de la pensée, il s'ensuit que ces organes, indociles à la volonté par le défaut de souplesse, doivent entraver et rendre fautives les diverses opérations de l'ame; et quoique ce résultat soit du nombre de ceux que vous apercevez, non par les sens, mais par l'argumentation, il n'en est pas moins indubitable. De là vient la difficulté de former dans la vieillesse des raisonnemens bien déduits et bien exprimés.

§. 225. Dans tous les cas d'exaltation et de faiblesse correspondante de la *sensibilité*, qui se porte sur quelques organes et se retire des autres; dans tous ces cas, dis-je, l'*attention* éprouve les mêmes variations, au même degré : elle se porte tout entière sur une impression, et s'affaiblit sur toutes les autres, au point que celles-ci ne sont plus reconnues ; l'*entendement* ne peut plus comparer, la *mémoire* retenir, l'*imagination* représenter, ni la *raison* conclure légitimement sur des données bien distinctes. Alors l'exercice de toutes les facultés devient confus et par là-même erroné : c'est encore un état de folie, mais produit par des causes purement physiques.

§. 226. Cette folie ne diffère des songes que par la durée. On peut dire que ceux-ci ne sont qu'une folie de courte durée ; car la folie et les songes ne sont que le résultat combiné de la faiblesse ou de l'assoupissement des organes externes avec l'activité et l'énergie, proportionnellement augmentées, des organes internes. Dans l'un et l'autre cas on est hors d'état de distinguer l'objectivité passée, ce qui est la principale source des erreurs prolongées ou de la folie.

§. 227. Il est des maladies où, sans être atteint de folie, on ne voit pas les choses comme les autres les voient ; c'est qu'alors les organes, affectés de certaines humeurs, ne sont pas dérangés en eux-

mêmes : l'exercice des facultés ne l'est également pas.
Ces affections momentanées font cependant naître des
erreurs passagères. Un homme attaqué pour la première fois de la jaunisse, dont il n'aurait jamais entendu parler, croirait que tous les objets qu'il voit
sont devenus jaunes : il leur prêterait la couleur de
l'humeur bilieuse qui affecte son œil, comme celui
qui les verrait à travers un crêpe, leur prêterait la
couleur du crêpe. C'est une fausse transposition de
propriétés, une fausse conclusion, en un mot une
erreur de la *raison*, et non de la sensibilité, laquelle
a manifesté une couleur jaune, objective et réelle,
et qui n'a manifesté que cela, sans y mêler de jugement quelconque.

d) Combinaison de différentes espèces d'erreurs.

§. 228. J'observerai que cette combinaison ne
tarde pas à s'opérer, dès qu'il y a quelque dérangement dans les facultés ou dans les organes ; car les
unes agissent sur les autres, et réciproquement :
l'équilibre est-il rompu dans leur exercice, tout doit
s'en ressentir. Quelquefois les causes intellectuelles,
morales et physiques, agissent en même temps, et
produisent une foule d'erreurs de différentes espèces.
Quelquefois aussi les unes ont cessé d'agir, tandis
que les autres n'en sont pas moins actives ; parce
que la forte impulsion que les premières ont communiquée aux secondes, ne discontinue que par la
restauration parfaite des organes. Mais, plus souvent

encore, dans ce dérangement universel des facultés, il est bien difficile de discerner les différentes causes qui l'ont produit et prolongé.

§. 229. Cependant, au sein de cette foule innombrable d'erreurs, de folies, de songes et d'illusions de tout genre, produites par le défaut d'équilibre dans les facultés, l'*intelligence* reste intacte : ce rayon divin n'est jamais indignement terni. Elle continue de reconnaître, 1) sa propre existence ; 2) l'identité ou la diversité des autres êtres, des choses et des images relativement à elle ; 3) le principe de la contradiction : vous ne persuaderez jamais à un fou, qu'il voit et ne voit pas en même temps.

Je dis qu'elle continue de reconnaître l'identité et la diversité ; car c'est tout ce qu'elle peut faire par ses perceptions intuitives. L'existence actuelle ou passée, la distinction entre l'image présenté et l'original qui n'est plus, exige le concours de toutes les autres facultés, qui ne s'égarent que trop souvent. Mais l'intelligence ou le moi intelligent ne s'égare pas, envisageant l'image comme aussi étrangère à lui que le serait l'original même. [1]

---

[1] Cette pensée mérite un développement.

Les songes ne sont qu'une succession fortuite d'images originairement hétérogènes : succession qui s'opère en nous dans l'état de veille comme dans le sommeil ; mais qui, dans ce dernier cas, par le repos absolu des organes externes, acquiert toute la vivacité, toute l'énergie dont elle est susceptible. Soit que je veille, soit que je dorme, ces images sont différentes de moi, toujours *des hors de moi*, si je puis me servir de cette expression ; parce qu'elles n'ont pas été dans

§. 230. Intelligence, erreur : ces deux idées s'excluent, comme la lumière exclut l'obscurité. Si l'in-

---

l'origine mon propre ouvrage, et qu'elles se renouvellent les unes par les autres, indépendamment de ma volonté.

Mais j'entends les idéalistes et les sceptiques me demander : Comment le moi, cette intelligence infaillible, selon vous, dans ses perceptions intuitives, ne sait-il pas que les images qu'il voit dans le sommeil, vaines chimères de son imagination exaltée, ne sont pas des objets hors de lui, mais qu'elles sont au contraire en lui, c'est-à-dire, ses propres modifications? Qu'est-ce qu'une intelligence qui ne distingue pas ce qui se passe en elle-même de ce qui se passe hors d'elle-même. Quelle confiance peut-on lui donner? Pour la justifier, vous allez nous alléguer qu'elle ne se trompe ainsi que dans le sommeil et dans quelques maladies, mais qu'elle n'erre jamais dans l'état de veille et de santé. Nous observons à notre tour que, pour être une base solide, inébranlable de nos cognitions, l'intelligence ne doit se tromper en aucun cas. Si vous admettez la possibilité d'une pareille erreur dans une seule occasion, pourquoi ne l'adopteriez-vous pas dans toutes les occasions? Pourquoi cette intelligence, une fois convaincue d'erreur ou de mensonge, ne vous tromperait-elle pas mille fois dans l'état de veille ou de maladie? Pourquoi les visions en songe seraient-elles plus vaines que les sensations que vous éprouvez étant éveillé? Soyez conséquent : ou regardez les images comme des objets effectifs, puisque l'intelligence les donne pour telles ; ou considérez les objets mêmes comme de vaines images, puisque l'intelligence, capable de vous abuser une fois, vous abuse peut-être toujours. Me voilà bien autorisé, continuera le sceptique, à révoquer en doute toutes vos connaissances : la base en est si fragile ! Et moi, dira l'idéaliste, comme je ne puis *sentir hors de moi*, je me décide à regarder et les images et les objets comme mes propres modifications : réalités en nous ; chimères, fantômes, hors de nous.

Avant de résoudre ces objections, j'avouerai franchement qu'elles m'ont embarrassé fort long-temps. Je nageais, pour ainsi dire, dans une mer d'incertitudes, entre les deux écueils terribles de la contradiction et de l'absurdité. Je sentais bien que de la solution de ce pro-

telligence pouvait errer une fois, une seule fois, dans quelque circonstance que ce fût, nos connaissances

blême dépendaient nos vérités les plus importantes ; car, dans la supposition que l'intelligence puisse errer une seule fois, j'exposais mes preuves les plus fortes au doute insurmontable, à cette réponse éternelle et désespérante : Vos preuves sont manifestes, mais l'évidence même en est trompeuse ; vous voyez ainsi les choses : qui sait ce qu'elles sont en effet ? Enfin j'examinai l'acte même de la perception dans toutes les situations indiquées, et je vis l'intelligence toujours fidèle à elle-même.

Quoi d'étonnant que je prenne en songe mes images pour les objets mêmes, quand éveillé, jouissant d'une parfaite santé, je ne puis les considérer comme mes propres modifications ; quand, par exemple, je ne puis considérer le portrait de telle personne, portrait gravé dans mon imagination et dans mon cœur, comme faisant partie de moi-même, comme moi-même ? Si donc l'intelligence se trompe, elle ne se contredit pas. Allons plus loin.

En songe, ainsi que dans l'état de veille, il n'est pas question du séjour interne ou externe des images, mais de la place qu'elles occupent dans l'espace coloré, reproduit en nous comme les images, et, comme elles, étranger à nous-mêmes. Ici l'intelligence ne se prononce pas plus sur leur *séjour effectif*, c'est-à-dire, sur l'ame où elles se représentent, que l'homme qui considère des figures dans un tableau et qui remarque fort bien leurs places respectives, ne se prononce sur la toile ou le bois où elles sont peintes. Des modifications peuvent s'opérer en nous, sans que l'intelligence les observe, étant préoccupée d'autres modifications qui se passent également et simultanément en nous : c'est une vérité de fait. L'intelligence peut, il est vrai, ne pas apercevoir quelque chose ; mais ce qu'elle aperçoit, image, objet, en elle ou hors d'elle, est toujours certain. Elle dit : telle image est là dans le tableau ; mais elle ne dit pas où se trouve le tableau. Elle voit que les images sont vivantes ; que leur forme, leur reproduction et leur suite ne sont pas les produits de notre volonté ; qu'elles nous sont *hétérogènes*, sous le double rapport d'existence et de succession : et c'est exactement vrai. Les jugemens que nous faisons sur les songes, lorsque nous sommes éveillés, nous trompent ; mais nos

n'auraient point de base; il faudrait y renoncer entièrement.

---

perceptions dans les songes ne nous trompent jamais : c'est éveillés que nous appelons *image* ce que nous avons vu dans le sommeil; *objet*, ce que nous voyons ne dormant plus : c'est éveillés que, distinguant l'une de l'autre, nous reprochons à l'intelligence ses prétendus mensonges.

Mais l'intelligence le repousse, ce reproche injuste; elle dit : Mettez les termes de côté, et ne considerez que mes perceptions. Celles que j'avais en songe étaient vives, animées, occupaient une place dans l'espace coloré, se reproduisaient et se succedaient mutuellement malgré moi, comme toutes les perceptions que j'ai dans l'état de veille et dont celles-là sont les copies exactes. Je n'ai fait qu'en noter la vivacité, la ressemblance, la place, la succession et l'hétérogeneité, comme je l'ai fait dans l'absence du sommeil. Où donc est l'erreur, l'illusion, le mensonge? O raison! c'est toi qui, sur des distinctions vraies ou fausses, distribuant les noms aux choses, me prêtes tes propres assertions. N'oublie pas, n'oublie jamais que je ne fais qu'*apercevoir ;* tout le reste ne me regarde pas : mes perceptions sont infaillibles.

Telle est la réfutation de l'intelligence. Lecteur, en êtes-vous satisfait?

Mais le sommeil s'empare de moi : je me crois dans un jardin délicieux; une personne que je révère autant que je l'adore, me parle, me témoigne de l'intérêt. Que ne puis-je couvrir ses mains et ses pieds de mille baisers ardens! Je respire le parfum des fleurs; une douce mélodie charme mes oreilles; je goûte des fruits exquis; la boisson la plus agréable répand la fraîcheur dans mes sens : une satisfaction pure remplit mon ame. Dieux, soyez jaloux : mon bonheur surpasse le vôtre. Je la vois, je l'entends..... Soudain je m'éveille : toutes ces choses disparaissent.... malheureux visionnaire!

Toutes ces choses disparaissent; donc elles n'existaient pas. Quelle logique! la conclusion contraire serait bien plus juste : toutes ces choses disparaissent; donc elles ont existé.

Mais *où?* Elles ne peuvent avoir existé que dans le *monde*, dans mes *organes*, ou dans mon *ame ;* une quatrième supposition est impossible.

Aussi l'erreur, à la bien considérer, n'est-elle proprement que l'omission d'une vérité intermédiaire,

---

Ces choses ne sont pas dans le monde : je ne pouvais être en même temps au jardin et au logis, où je me suis retrouvé à mon réveil ; une personne qui n'était pas avec moi, ne pouvait pas me parler. Hélas ! elle ne songeait pas même à moi ! Au cœur de l'hiver les champs sont-ils émaillés de fleurs ? Nulle musique ne s'est fait entendre chez moi, d'après des témoignages irrécusables. Qui peut avoir apporté de nuit dans ma chambre fermée à clef des fruits et des boissons ?

Malgré ces illusions, l'hypothèse des images hors de nous était fort accréditée dans les temps les plus antiques. Énée, pour justifier son dessein de partir et d'abandonner Didon, dit :

« Me patris Anchisæ, quotiens humentibus umbris
« Nox operit terras, quotiens astra ignea surgunt,
« Admonet in somnis, et turbida terret imago. »

Les choses en question ne sont pas non plus dans mes organes, qui n'ont cessé de remplir leurs fonctions respectives, et qui, du moment qu'ils auraient pris une foule de formes différentes, ne seraient plus des organes : je n'existerais plus comme homme ; je serais mort. D'ailleurs, les mêmes organes peuvent-ils en même temps devenir mille images diverses, analogues à mille objets différens ?

Cependant l'hypothèse des fibres affectées à chacun de ces objets et reproduisant les mêmes sensations toutes les fois qu'elles sont mises en activité par une cause quelconque ; cette hypothèse, non moins gratuite, non moins absurde que la précédente, a été de nos jours, comme je me souviens de l'avoir dit, adoptée par de célèbres métaphysiciens.

Donc ces choses sont en moi, dans mon ame. Mais comment cette ame, douée d'intelligence, ne s'est-elle pas aperçue de ce qui se passait dans l'intimité de son être ? Je l'ai dit plus haut et plusieurs fois : fortement préoccupée du tableau, elle n'a pas recherché s'il était peint sur la toile ou sur le bois.

Et comme l'intelligence n'est ni responsable de ce qu'elle n'a pas aperçu, ni tenue de voir ce qui n'est plus, c'est à la raison à

ou, ce qui revient au même, un faux rapprochement de deux vérités : dénuée de tout ce qui constitue le vrai, elle est impossible, elle n'existe nulle part.

En d'autres termes, l'erreur est un raisonnement juste, mais *unilatéral :* c'est la chose envisagée sous un seul point de vue.

On peut comparer l'absurdité à des ténèbres que rien ne peut dissiper; l'ignorance, à une nuit plus ou moins sombre ; l'erreur, au crépuscule du matin, et la vérité au jour dans tout son éclat.

§. 231. De toutes les combinaisons fautives, la plus funeste est celle qui confond les effets de la vérité avec ceux de l'erreur : la vérité qui, de quelque nature qu'elle soit, ne saurait produire aucun mal, avec l'erreur qui nécessairement en produit toujours un plus ou moins grand. La douceur n'est pas l'amertume, et *vice versa.* Quelle absurdité de vouloir se garantir de l'amer, en proscrivant le doux! Tout ce que les opinions et les sentimens ont de bon, est toujours *vrai;* tout ce qu'ils ont de mauvais, est toujours *faux.* Le zèle pour le maintien de l'ordre

---

prononcer sur l'existence subjective des images en songe; et c'est ce qu'elle vient de faire.

Je dis à la *raison*, et non au tact, ce prétendu vérificateur ; car ce tact ayant lieu dans le sommeil comme dans l'état de veille, ce tact, à lui seul, n'a pas le droit de nous inspirer de la confiance ou de la méfiance dans l'une de ces occasions plus que dans l'autre. Si l'on s'en rapportait au témoignage des sens externes sur la réalité des choses, on ne distinguerait jamais les images des objets; car les sens ou les sensations sont les mêmes dans les deux états de veille et de songe.

Je crois le problème résolu.

social est un sentiment droit, honnête, louable : mais vouloir le soutenir par la persécution, c'est donner dans l'erreur tout-à-fait contraire à ce sentiment juste en lui-même ; car la persécution est un désordre. Je conviens que, dans le mélange de l'erreur avec la vérité, il est quelquefois très-difficile de distinguer l'une d'avec l'autre ; mais cette difficulté ne saurait prouver ni contre l'existence ni contre l'utilité de celle-ci.

§. 232. Je n'ai pas compris dans l'énumération des *erreurs* les mots ou les termes employés improprement, qui ne donnent lieu qu'à des *mal-entendus :* mais il n'en est pas moins important de définir avec précision les termes dont on se sert pour exprimer les pensées.

§. 233. Cependant je ne puis m'empêcher d'observer ici, que les mots ou les signes supposent les idées et ne les produisent pas. En augmentant les idées, vous pouvez augmenter les signes ; mais l'inverse est impossible. A mesure que vous connaissez plus de choses, et que vous les connaissez mieux, vous avez plus d'idées et de signes mieux définis. La langue [1] se perfectionnera ; mais elle aura suivi les progrès de l'esprit, sans les avoir produits.

---

[1] A propos de langues, j'ai conçu l'idée d'une nouvelle Grammaire générale et raisonnée. Je vais l'exposer.

Toutes les réalités offrent substance, modification, rapport. En effet, une chose existe, elle existe d'une certaine façon ; elle existe quelque part, dans une relation quelconque avec d'autres choses.

Donc tous les mots, quels qu'en soient le nombre et la nature, doivent en dernière analyse se rapporter à ces trois termes : substance,

Il est vrai qu'on peut envisager chaque langue comme un dépôt de signes intellectuels, soigneuse-

---

modification, rapport ; sinon, ils sont vides de sens, ou le sens en est mal saisi.

Il est donc complétement ridicule de soutenir que tel mot est tantôt adjectif, tantôt adverbe, tantôt pronom possessif, etc., selon qu'il est suivi ou non suivi d'un régime, etc. Un mot ne peut exprimer qu'une seule idée, claire et distincte de toutes les autres; ou, s'il en exprime deux, c'est le même son, le même signe représentant deux choses différentes, au fond deux mots : vice que toute langue polie devrait éviter.

Nous n'avons par conséquent, ni ne pouvons avoir que trois termes radicaux : substantif, adjectif, relation. Les divers modes de ces trois termes exprimeront tous les mots d'une langue quelconque, fût-elle celle des anges ; car les anges aussi sont des substances modifiées, existant quelque part.

Dans l'état actuel des langues, les substantifs sont ou masculins, ou féminins, ou neutres.

Les adjectifs sont *permanens* ou *transitifs* : les premiers expriment des qualités contenues dans les choses, quelque temps, sans changement sensible ; les seconds marquent des actions successives. J'appelle les uns adjectifs proprement dits, et les autres verbes.

Tous les adjectifs permanens et transitifs doivent exprimer les diverses modifications des sujets qui les renferment. De là le nombre, le genre, le temps, etc.; toutes les formes dont ces adjectifs sont revêtus, et dont la spécification particulière n'est pas de mon sujet.

Les rapports ou relations sont de lieu, de possession, de liaison ou de séparation : *dans*, *sur*, *mon*, *ton*, *avec*, *sans*, etc.

Mon, *ton*, expriment plus qu'un rapport de possession, comme je le démontrerai tout à l'heure.

Il arrive que, pour plus de facilité, de clarté, de précision et d'énergie dans le discours, on emploie à la place d'un nom propre un autre mot plus court, dont l'unique office est de remplacer ce nom, et qui par lui-même n'est qu'un son. De là les pronoms *il*, *elle*, *lui*, etc.

J'affirme ou je nie l'existence, les modifications et les rapports. De

ment gardés. On les en tire au besoin, pour faire de nouvelles acquisitions d'idées, qui viendront à leur

---

là viennent l'affirmation et la négation. Elles sont particulièrement affectées au verbe *être*; elles sont des verbes mêmes, positifs ou négatifs.

Oui et *non* ne sont pas de simples particules : ces mots expriment davantage.

Mais la substance, la modification et les rapports sont quelquefois envisagés abstractivement, hors des choses qui les contiennent, et quelquefois sous leur aspect véritable et naturel, dans l'état concret, comme inhérens à ces choses. Dans ce dernier cas, les mots, de *simples*, deviennent *composés*.

Ainsi *plume* est un mot simple : il n'exprime qu'une idée.

Ma est un mot composé : il exprime la possession d'une chose de genre féminin. C'est donc un pronom possessif-conjoint. Quelques grammairiens, d'ailleurs remplis de mérite, ont confondu le sens des mots jusqu'à soutenir que *ma*, *ton*, *son*, etc., étaient des adjectifs possessifs.

Les mots composés doivent prendre la dénomination composée de tout ce qu'ils expriment.

Si donc *ma* est un pronom possessif, *oui* et *non* sont des mots qui représentent des phrases entières. Ils sont par conséquent des pronoms phrasuels, si ce néologisme m'est permis. — Aurez-vous le bonheur de voir aujourd'hui la céleste E......th ? — Oui. — Ce *oui* ne dit-il pas : J'aurai le bonheur de voir aujourd'hui la céleste E......th ? C'est donc un pronom de phrase. Donnez-lui telle autre dénomination qu'il vous plaira, elle n'exprimera jamais que la même pensée.

Je me trompe peut-être. La proposition émise reste dans l'esprit de l'interrogeant, comme dans l'esprit du répondant; le dernier n'y fait qu'ajouter une affirmation ou bien une négation. Donc *oui* et *non* ne sont pas des pronoms; mais ils restent ce qu'ils ont toujours été, c'est-à-dire, une affirmation et une négation. Nous verrons cela bientôt.

A la vue des personnes et des choses nous éprouvons divers sentimens de surprise, d'admiration, etc. *Ah ! est-ce bien elle que*

tour augmenter la masse des signes déposés. Mais, dans ce sens même, il n'est pas exact de dire que les

---

je revois ? Quelle noblesse , quelle grâce et quelle élégance ! Quelle autre est plus digne de porter le diadème ? Ce mot *ah* , et ces signes d'interrogation et d'exclamation, s'ils n'exprimaient pas mes sentimens, seraient-ils autre chose que des mots et des signes vides de sens ? Ils prennent donc la place de mes sentimens ; ils sont donc des pronoms interrogatifs, exclamatifs , etc.

On ne peut pas dire que ces mots ou ces signes soient des substantifs , parce que chaque substantif exprime une chose particulière ; et que ces mots et ces signes sont, comme les pronoms, applicables à toutes sortes de sentimens, c'est-à-dire, à toutes sortes de substantifs. Cette observation ne plaiderait-elle pas en faveur de *oui* et de *non* envisagés comme pronoms ?

D'ailleurs l'affirmation et la négation ne sont rien hors du sujet qui les renferme, et dans lequel ils sont pour ainsi dire englobés, que ce sujet soit substantif ou verbe. Ceux-ci existent seuls affirmativement ou négativement. Si donc l'affirmation et la négation se trouvent isolées , elles doivent nécessairement, au risque d'être frappées de nullité, représenter quelque chose, des substantifs, des verbes, des phrases affirmatives ou négatives : ce sont donc des pronoms.

L'objection faite plus haut, est réfutée. On peut dire, dans ce sens, que la nature ne présente que des substantifs diversement modifiés, placés, envisagés.

Sottise ! me dira dans son courroux un saint homme de grammairien ; c'est confondre toutes les dénominations. Pourvu que je ne confonde pas le sens des mots, lui repliquerai-je, peu m'importent les dénominations.

Mais si je veux désigner une chose d'une façon plus ou moins particulière, j'ajoute au substantif une particule désignative, un article : *le , la , un , une.*

Donnez-moi la table. Mon domestique sait que je demande la table sur laquelle j'écris ordinairement : il me l'apporte. Mais si je lui dis : *Donnez-moi une table*, il m'apporte la première qui se présente. Ici les particules *la , une,* sont deux articles, dont l'un déterminé, l'autre indéterminé.

signes augmentent les idées; car il ne faut pas con-

Mais si je dis, *Un homme suffit à cette besogne*, la particule *un* exprime un pronom de quantité : car je ne veux pas dire qu'un homme, c'est-à-dire, tout homme peut suffire à cette besogne, auquel cas *un* serait article indéfini ; je devrais d'ailleurs, en ce sens, me servir de l'article *le*, *l'homme suffit*, etc., pour le distinguer des autres êtres : mais je veux dire qu'*un seul* homme suffit. Or, il est évident que les mots *un*, *seul*, applicables aux hommes comme aux animaux, pouvant remplacer les uns et les autres, se trouvant d'ailleurs isolés, sont des pronoms de quantités.

Enfin les participes, c'est-à-dire, des mots participant de la nature du verbe et de celle de l'adjectif, comme *lisant* (*legens*), ne sont à la rigueur que des pronoms de verbes, des pronoms verbaux.

Voici le tableau de la nouvelle Grammaire générale que je propose.

Les mots sont simples ou composés.

Les mots simples sont : substantifs, adjectifs, rapports ou relations, affirmation et négation, pronoms, articles. Viennent ensuite les subdivisions.

Les substantifs sont masculins, féminins, neutres, etc., comme vous jugerez à propos de les distinguer, selon le génie particulier de chaque langue.

Les adjectifs sont adjectifs proprement dits et verbes, avec leurs subdivisions, leurs temps, leurs modes, etc.

Les relations sont de lieu, de possession, d'union et de désunion, etc.

Les pronoms sont masculins, féminins, neutres, etc., comme il vous plaira de les diviser, toujours d'après le génie des langues.

L'article est défini, *le*, *la* ; ou indéfini, *un*, *une*.

Les mots composés, exprimant à la fois plusieurs idées, prennent une dénomination combinée qui les embrasse toutes, et qui peut être volontairement choisie, pourvu qu'elle les embrasse toutes : tels sont les pronoms possessifs, pronoms de phrase, pronoms de quantité, pronoms de verbes ou participes.

Observez que je n'ai pas rangé, *mon*, *ton*, au nombre des adjectifs

fondre les moyens d'acquisition avec les acquisitions mêmes.

---

possessifs, parce qu'un objet reste le même, nonobstant l'idée de possession qui s'y trouve attachée : ma table est toujours la même table, soit qu'elle m'appartienne ou qu'elle appartienne à tout autre.

Maintenant qu'est-ce qu'un substantif? C'est la chose désignée elle-même. Un adjectif? C'est un substantif constamment modifié. Un verbe? C'est un substantif transitoirement modifié. Un adverbe? C'est un substantif transitoirement modifié avec un certain degré d'intensité. Un pronom? C'est un substantif remplacé. Une préposition? C'est un substantif placé quelque part. Une conjonction? C'est un substantif joint à un autre substantif. Une affirmation, une négation? Ce sont des substantifs affirmés ou niés. Un article enfin? C'est un substantif déterminé ou indéterminé. Toutes ces définitions sont comme la nature elle-même, qui présente des choses et non des abstractions.

Que l'extrême simplicité de mon plan ne lui soit pas défavorable. Il se trouve des gens à qui la complication seule, et souvent la plus fastidieuse, semble profonde et sublime. J'ose affirmer qu'en suivant tous les développemens de ma pensée radicale, *substance*, *modification*, *rapport*, on s'épargnerait beaucoup de raisonnemens obscurs et même absurdes sur la métaphysique des langues.

CHAPITRE XIV.

Du Critérium.

§. 234. Si chaque fait présente l'évidence intuitive, s'il porte avec lui la preuve la plus complète de son existence, s'il dispense de remonter au-delà, pour aller se perdre dans une série de preuves fondées sur d'autres preuves à l'infini ; il en résulte qu'un fait doit être le point de départ dans tout raisonnement, un point fixe, inébranlable.[1]

§. 235. Or, il faut bien connaître ce fait, c'est-à-dire le distinguer de tous les autres, de quelque nature qu'ils soient. C'est l'objet de toute bonne définition ; on sent combien elle exige de perspicacité, de précision et d'exactitude.

§. 236. Mais, tant que l'on se borne à la découverte d'un fait, on n'a qu'une expérience de moment, isolée, infructueuse ; parce qu'une opération intellectuelle n'en fait pas un principe immuable, une règle constante de raison ou de conduite.

§. 237. On ne peut remplir cet objet que par des conséquences tirées du fait, et venant aboutir à la conclusion désirée, qui n'est elle-même qu'une dernière conséquence.

§. 238. Pour assurer la légitimité de ces déduc-

---

[1] Voy. chap. II, §. 41.

tions, il faut qu'elles soient liées entre elles, ainsi qu'au fait primitif, de manière à ne pouvoir être rejetées sans que l'on rejette le fait même. Alors, garant des conclusions, il leur communique sa force et son évidence ; il les élève au rang des vérités devenues intuitives par une juste déduction.

§. 239. Si donc le fait est externe, tout ce qui le rend possible, toutes les conséquences et la conclusion qu'on en tire immédiatement, auront une valeur et une réalité externes, comme le fait lui-même. S'il est intuitivement perçu, les conséquences et la conclusion seront aussi des perceptions intuitives ; je veux dire qu'elles deviendront telles par leur rapprochement mutuel. C'est ainsi que s'opère l'alliance de la raison et de l'expérience ; c'est ainsi que, de nécessité absolue, l'une communique à l'autre ses lois et son caractère. Que dis-je ? La raison n'a point de lois ; elle les juge toutes ; et la nécessité n'est pas moins dans la raison que dans l'expérience : la raison l'aperçoit et la découvre, soit dans sa propre existence, qui est un fait, soit dans l'existence des objets, qui sont aussi des faits. Nier la nécessité renfermée dans les choses mêmes, c'est en nier la perception.

§. 240. Mais le fait est *simple* ou *composé*. Le fait simple offre une action existant par elle-même ou produite par le contact avec un objet, comme le sentiment de notre existence, toutes nos sensations, et tous les procédés physiques et chimiques, etc. Le fait composé présente un résultat commun de plusieurs actions combinées et pour ainsi dire fondues ensemble : tels sont tous les phénomènes de la morale, de la politique, de la civilisation, de la médecine, etc. J'ai surmonté telle passion : c'est l'effet combiné d'une volonté forte et d'un obstacle faible.

Le résultat des faits simples est infaillible ; toutes les fois que vous les renouvelez, la même cause produisant le même effet, le même résultat se renouvelle toujours. De là cette parfaite certitude de la métaphysique et de la physique. L'une se fonde sur un fait simple ; c'est l'existence se réalisant d'abord dans chaque chose et dans chaque individu. L'autre repose sur une propriété simple de la nature ; propriété, loi, que vous pouvez réaliser et vérifier avec la même facilité. Mais les mathématiques sont basées, non sur un fait, mais sur une abstraction généralisée par la supposition de l'identité : c'est pourquoi leur certitude, quoique incontestable, n'est pourtant que subjective, bonne pour l'esprit, nulle hors de lui. Ces différences caractéristiques ont déjà été développées.[1]

Le résultat des faits composés ne dépend pas seulement de leur nature et de leur nombre, mais encore de leurs diverses combinaisons, du degré d'intensité que chacune apporte dans l'opération commune. Ici la certitude fait *toujours* place à la conjecture plus ou moins vraisemblable, en raison du renouvellement plus ou moins fréquent du même fait composé. Il se peut que je triomphe de ma passion ; peut-être aussi ma passion triomphera-t-elle de moi. Pour pré-

---

[1] Voy. le chap. X.

sumer l'un ou l'autre résultat, il faut savoir si mes victoires ont été plus ou moins fréquentes que mes défaites, si je suis vertueux ou faible.

Ainsi toute science qui repose sur l'expérience simple, est infaillible; toute science qui repose sur l'expérience composée, loin d'être infaillible, est toujours conjecturale.

C'est pour avoir méconnu cette distinction, que de nos jours on a mis en activité tant de théories de gouvernement dont les suites sont si funestes.

Rien de plus parfait qu'une constitution; il faut donc en donner une à la France : elle sera sûrement heureuse; et la France est bouleversée.

Quoi? dira-t-on, faut-il ne plus regarder le gouvernement constitutionnel comme un modèle parfait de législation politique, par la seule raison qu'il n'a pas eu de succès en France ? Je réponds : Non. Fallait-il l'introduire en France ? Je reponds encore : Non. Que faut-il donc faire?

Pour élever les sciences politiques, basées sur des faits composés, à la certitude des sciences basées sur des faits simples, il faut que les premières soient, non des abstractions, mais des collections de phénomènes politiques. L'homme d'état n'en rejette aucun, parce que l'esprit les généralise aussitôt qu'ils naissent, et leur imprime à tous un caractère d'universalité [1]; mais il tâchera de préciser chaque phénomène, pour garantir d'avance la parité des circons-

---

[1] Voy. chap. I.er, §. 17.

tances et l'exactitude de l'application. Les phénomènes approchant le plus de la perfection lui serviront de *but;* tous les autres, de *moyens* ou de *guides :* et c'est pourquoi l'histoire est l'école unique de l'homme d'état ; par elle il apprend *où* et *comment* il doit diriger ses efforts. Il faudrait qu'à l'instar de la médecine la politique eût aussi sa pathologie, sa thérapeutique et sa physiologie.

Voici la différence que je trouve entre la constitution anglaise et le Contrat social de J. J Rousseau. L'une est un modèle de gouvernement justifié par l'exemple de l'Angleterre et convenable à d'autres pays qui seront à peu près dans les mêmes circonstances, quoique la France jusqu'à présent ne soit pas de ce nombre : l'autre est une belle théorie, que l'expérience n'a pas encore sanctionnée, qui n'est pas un *fait* simple ou composé; mais une *abstraction*, une vue de l'esprit, bonne pour lui seul, et sujette par conséquent à beaucoup de dangers dans la pratique, je dirai même inexécutable, comme la République de Platon. Jean-Jacques (avec quel plaisir je leur rends ce profond hommage!) Jean-Jacques et Platon n'en sont pas moins les génies les plus brillans et les plus sublimes des temps anciens et modernes. C'est qu'une seule faute radicale détruit l'effet des plus belles conceptions. Ce n'est pas la volonté générale, comme dit Rousseau, mais c'est la raison fondée sur l'expérience, qui doit être la législatrice universelle. Le grand Leibnitz eût fixé la philosophie, sans la fausse distinction d'esprit et de matière.

§. 241. Les faits sont positifs : *je vois la terre;* ou négatifs : *je ne la vois pas se mouvoir.* Les premiers peuvent se généraliser, et servir de base à des raisonnemens ; car ce sont des réalités aperçues et soumises à toutes les lois de l'existence, comme celles de l'espace et de l'étendue, de la possibilité et de l'impossibilité. Je puis dire : Si la terre existe, elle a une forme, elle occupe un point dans l'infinité de l'espace : il est possible qu'une autre terre existe comme elle ; mais il est impossible, il est absurde qu'elles occupent toutes les deux le même espace en même temps, etc., etc. Les seconds, je veux dire les faits négatifs, ne peuvent ni se généraliser ni devenir la base d'aucun raisonnement ; car ils sont des négations, ils sont le néant lui-même, et le néant admet le possible comme l'impossible ou l'absurde : pour lui, point de lois physiques ni logiques. N'étant *rien*, comment servirait-il de fondement *à quelque chose ?* Ainsi je puis dire : Je ne vois pas la terre se mouvoir ; donc j'ignore pour le moment si elle se meut. C'est irrécusable ; mais de ce fait négatif je n'ai pas le droit d'en tirer la moindre déduction ni conclusion positive : *Je ne vois pas la terre se mouvoir; donc elle ne se meut pas, donc elle ne se mouvra jamais.* Ce raisonnement et d'autres semblables seraient-ils justes ?

Si donc la conséquence d'un fait positif détruit la conséquence d'un fait négatif, c'est naturellement la première ou plutôt la seule qui puisse valoir ; car elle est un corollaire de l'existence même, au lieu que l'autre n'est que celui du néant.

Les éclipses lunaires, par exemple, sont un fait positif irrécusable; elles seraient impossibles sans l'interposition de la terre entre la lune et le soleil. L'interposition particulière de la terre est à son tour prouvée par l'attraction mutuelle de tous les corps célestes, à raison de leurs masses respectives : l'attraction suppose le mouvement : donc la terre *se meut effectivement, quoique je ne la voie pas se mouvoir.*

§. 242. Mais lorsqu'un fait s'explique par deux analogies différentes, alors l'incertitude est invincible à l'égard de celle qui doit obtenir la préférence. J'ai vu des arbres croître spontanément dans la plaine; j'en ai vu d'autres plantés par la main de l'homme. Est-ce la nature ou l'homme qui a planté l'arbre que j'aperçois en ce moment? Je l'ignore. Cette ignorance peut être invincible. On me dira sans doute de m'en informer. Et si je ne puis absolument pas le faire? C'est aussi de la possibilité d'expliquer le même fait de deux manières différentes ou contradictoires, que naissent les thèses, les antithèses et la prétendue antinomie de la raison. Mais cette antinomie disparaît, quand elle est réduite à sa juste valeur. Quoique l'une ou l'autre thèse soit vraie, il est et sera néanmoins toujours *incertain* laquelle des deux est la véritable, tant que la cause du fait n'aura pas évidemment été reconnue : l'incertitude n'est pas la contradiction; et la raison reste fidèle à elle-même, incapable par son essence d'adopter une absurdité.

§. 243. Maintenant le critérium se pose de lui-même : *Il faut, partant d'un fait, en déduire des conséquences telles qu'on ne puisse les détruire sans détruire le fait même.* L'ensemble de ces conséquences forme une théorie qui tient à la réalité du fait existant, comme à l'universalité du même fait généralisé. La théorie varie selon la nature du fait : elle est physique, intellectuelle, morale, etc.

§. 244. Les méthodes pour l'application de ce *critérium* aux vérités déduites, et pour la vérification de ces dernières ; ces méthodes, dis-je, se présentent également d'elles-mêmes.

§. 245. Pour bien connaître un fait, il faut que je le décompose, que j'en trouve les élémens physiques ou rationnels. C'est l'œuvre de *l'analyse*, qui se sert toujours de deux voies, la définition et la description. Ici l'esprit *découvre*.

§. 246. Mais, si je veux généraliser les expériences partielles que j'ai constatées, si je veux former moi-même un nouveau tout avec des élémens fournis ou découverts, je dois composer : c'est l'œuvre de la *synthèse*. Ici l'esprit *étend*.

§. 247. Je dis *un nouveau tout;* car, recomposer ce qu'on a décomposé, c'est toujours la même opération, mais dans un sens inverse : l'esprit n'ajoute rien de son propre fonds. Donc toute composition n'est pas synthétique.

§. 248. Découvrir, étendre : voilà les caractères distinctifs de l'analyse et de la synthèse. Au moyen de cette distinction il est impossible de les confondre.

§. 249. Ces deux méthodes doivent nécessairement se donner la main. Il faut cependant que l'analyse précède la synthèse ; car la première conduit à des données qui n'ont plus besoin d'être décomposées ou qui ne peuvent plus l'être, et la seconde transforme et généralise ces mêmes données.

§. 250. Le critérium et les méthodes que je viens d'esquisser, servent de règle et d'épreuve dans les sciences comme dans les beaux-arts. Ils ont donc le caractère *d'universalité*, sans lequel ils ne seraient d'aucune valeur ; ou bien ils n'en auraient qu'une particulière à certains cas, c'est-à-dire, très-imparfaite.

§. 251. En effet, le philosophe et le mathématicien, trouvant des faits isolés dans la nature, les observent, les distinguent, en tirent par abstraction, l'un des propriétés, l'autre des nombres, et finissent par les généraliser ; et lorsqu'ils veulent faire usage de ces généralisations, ils reviennent aux faits isolés. Ainsi de la pratique naît la théorie, et la théorie dirige la pratique.

§. 252. Les poëtes et les artistes observent aussi les pensées, les sentimens, les traits, les images, les tableaux les plus capables d'élever l'ame, d'exalter l'imagination, de plaire, de toucher et d'intéresser. De ces faits particuliers, de ces élémens fournis ou découverts, ils forment un *nouveau tout* par l'invention, qui n'est autre chose que la généralisation appliquée aux beaux-arts, ou plutôt *l'idéalisation* [1]. C'est l'Iliade, c'est Télémaque, c'est un Dieu en courroux, c'est Apollon qui décoche une flèche sur le serpent Python; c'est Vénus qui, sortant du bain, montre encore plus de modestie et de pudeur que d'attraits et de charmes.

L'idéalisation n'est proprement qu'un degré supérieur de généralisation : le physicien généralise, le poëte idéalise.

---

[1] Il n'importe guère que ce mot soit consacré par l'usage, ou non : s'il présente à l'esprit le sens que je lui prête, on n'a pas de reproche à me faire.

CHAPITRE XV.

De la causalité intuitive et conjecturale.

§. 253. Le feu me brûle. A l'instant j'ai une perception et une modification : *j'aperçois* la couleur et l'ardeur du feu, je *sens* la douleur qu'il me fait éprouver. L'action du feu, la perception et la modification qu'il occasionne, tout cela est *simultané*, tout cela est inséparable. Donc le feu actif, brûlant, est la *cause;* la douleur que je ressens, est *l'effet :* le rapport, la liaison, la causalité sont *perçus intuitivement par mon intelligence.* Or une perception, étant un fait évident par lui-même, n'exige aucune preuve et ne laisse aucun doute. Voilà donc la causalité intuitive établie d'elle-même ; et voilà aussi pourquoi le vulgaire, dont le sens commun est toujours droit, n'en douta jamais un seul instant : que dis-je ? elle est tellement *évidente*, qu'un enfant même la perçoit. S'est-il une fois brûlé le doigt au feu, il ne l'y remettra plus : donc il a vu la cause et l'effet, et les a d'abord généralisés par la loi de *l'identité*.

§. 254. Quoique la simultanéité soit indispensable à l'existence d'une cause et d'un effet (car, sans simultanéité, point d'action ni de réaction), elle ne suffit pas cependant pour constater l'enchaînement, le rapport de la causalité, si le sujet qui la perçoit n'y intervient lui-même, s'il n'est un des termes du rapport. En effet, simple spectateur de cette simultanéité, ne puis-je pas l'attribuer, non à la liaison intime, mais à la rencontre fortuite de deux lois séparées qui produisent le contact de deux objets, dans lequel un seul ou tous les deux sont transformés, sans que cette transformation soit opérée par l'action de l'un sur l'autre ?

Mais, acteur moi-même dans la causalité, j'en ai la perception intuitive; je la transporte ensuite, par *analogie*, sur d'autres objets, et l'expérience ne manque jamais de confirmer et de sanctionner ce transport légitime : car l'analogie n'est que l'identité reproduite sous d'autres circonstances.

Exemple. Le feu m'a brûlé : je vois qu'il brûle de même le bois; et je dis par analogie que la cause est dans le feu, l'effet dans le bois.

§. 255. Cependant un événement est toujours suivi d'un autre événement, ou renouvelé sans cesse par lui-même. Cette succession constante me frappe; mais je n'y vois pas de simultanéité d'actions : je n'entre moi-même pour rien dans aucun de ces deux cas; il m'est impossible de percevoir intuitivement la cause et l'effet. Sur quoi donc se fonde ici la loi de causalité ?

Sur une simple conjecture. Je présume que la *fréquence de ces répétitions* provient d'un enchaînement secret d'actions et de réactions simultanées, lequel, partant du premier fait, se termine au dernier. Je présume encore que la *répétition* d'un seul et même événement est l'effet d'une loi, d'une cause, soit inhérente, soit étrangère au sujet qui la produit ou qui l'exécute. Mais, comme dans l'une et l'autre occasion l'enchaînement n'est que probable, présumé, et qu'il n'est pas évident, je l'appelle *causalité conjecturale*.

Exemples. A chaque nouvelle et pleine lune les marées sont plus fortes. Le grand Neuton explique ce phénomène par l'attraction combinée du soleil et de la lune. Donc l'attraction est la cause; les marées sont l'effet.

Le soleil paraît tous les jours depuis des siècles; donc il existe une loi qui nécessite cette apparition journalière : la loi est la cause; l'apparition est l'effet. Je suis persuadé que le soleil luira demain sur nos têtes.

§. 256. Dira-t-on que, pour prononcer sur l'existence certaine de la loi des causes et des effets, il faudrait connaître la nature intime des êtres? Or, nous ne la connaissons pas; nous ne pouvons donc pas affirmer positivement que la liaison, la causalité réelle existe en effet : nous n'en voyons que la probabilité, la vraisemblance, fondée, non sur une liaison véritable, mais sur une simple succession de faits plus ou moins constante, plus ou moins répétée.

§. 257. On ne saurait disconvenir que cette objection ne présente une apparence de vérité à l'égard de la causalité conjecturale; mais elle n'en présente aucune à l'égard de la causalité intuitive : car, 1) on vient de voir que celle-ci n'est point une succession de faits, mais le contact même du sujet avec l'objet;

contact qui prend les noms de cause et d'effet, selon l'activité ou la passibilité de l'un ou de l'autre, c'est-à-dire selon la durée de l'un et la transformation de l'autre, quoique l'objet passif, vu le changement total de mode, exige autant et plus d'action que le sujet actif, qui reste toujours le même. Si cependant ce contact, rapport de la cause à l'effet, doit nécessairement être simultané (car, sans la simultanéité, point d'action, point de cause ni d'effet, comme je le prouverai tout à l'heure), le résultat du contact, c'est-à-dire les divers changemens qu'il opère dans la substance, en un mot, les modifications mêmes, sont, au contraire, toujours *successives*. Il ne faut donc pas confondre l'activité simultanée de la cause et de l'effet avec les résultats successifs de cette activité. Le feu, pour me servir du même exemple, consume le bois et le réduit en cendres. L'ardeur du feu et les diverses transformations du bois en charbons ardens, noirs, etc., sont toujours simultanées; mais la cendre, résultat, a succédé au bois, état primitif: la succession est dans les modes, la simultanéité dans la cause et l'effet.

Quant à la causalité conjecturale, elle suppose aussi nécessairement une suite de contacts entre le sujet et l'objet: suite qui n'est pas évidente, mais présumée; suite qui n'en doit pas moins exister: car, sans ces divers contacts, sans ces diverses actions intermédiaires et simultanées, nulle causalité n'est possible. Donc la succession n'est ici qu'apparente: si vous ne voyez que les deux termes, les extrémités de l'enchaînement, elle semble exister; mais si vous examinez les actions intermédiaires, elle disparaît tout-à-fait. J'ai pensé que je devais faire une visite; je me suis décidé à la faire : je l'ai faite effectivement quelques heures après. Ici la pensée et la visite sont les deux termes extrêmes; ils sont unis par l'action intermédiaire de la volonté. 2) Ce contact, cette coopération, évidente ou probable, mais toujours simultanée, ne saurait avoir lieu, dès qu'elle n'est pas le résultat des propriétés correspondantes du sujet et de l'objet; propriétés qui proviennent de leur nature intime. 3) Si je ne connais pas complétement cette nature, c'est-à-dire, *la somme totale des propriétés qu'elle peut manifester dans toutes les circonstances*, je n'en connais pas moins une *partie* attestée par des faits qui fournissent la preuve irrécusable et la raison suffisante de leur existence et de leur réalité; car ils sont ce qu'ils sont. 4) Enfin, lors même que l'on méconnaîtrait la raison d'une chose en elle-même, on n'en pourrait méconnaître la nature : on la sent. Si, pour prouver la raison, il faut une démonstration, il ne faut qu'un sentiment pour prouver la nature, c'est-à-dire un fait au-dessus de toute preuve.

§. 258. La causalité intuitive et conjecturale étant admise et généralisée, il me suffira de voir l'effet pour découvrir la cause qui l'a produit. Je vois une maison réduite en cendres; je dis que la cause en est le feu. De même, la présence de la cause me fera juger de l'effet. On applique des torches allumées à tel édifice; je dis qu'il sera consumé. Un gouvernement se permet des opérations qui ont causé la ruine de plusieurs pays : j'en conclus la subversion probable de ce gouvernement. Je dis *probable ;* car, n'étant pas sûr d'avoir bien déterminé l'analogie des circonstances, je ne puis asseoir mon opinion sur une certitude complète, mais seulement sur une probabilité plus ou moins grande.

§. 259. Toute cause elle-même est-elle l'effet d'une cause antécédente, et de telle sorte à l'infini? Je réponds que les choses, existant, apercevant, agissant par elles-mêmes, peuvent être elles-mêmes des causes et des effets primitifs, qui dispensent de remonter à de plus élevés. Ces perceptions, ces actes sont des modifications d'une seule et même substance, et par conséquent des effets dont la raison suffisante est dans la substance même. Et comme celle-ci doit toujours se trouver dans un état quelconque, il s'ensuit que la substance et la modification, la cause et l'effet, se supposent mutuellement et nécessairement, comme le moi et le hors de moi : il s'ensuit que toute action est à elle-même *cause et effet ;* nulle action n'est même *possible* sans ce double rapport[1],

---

[1] Cette liaison intime de la cause avec l'effet explique déjà en partie la prévision des somnambules. Ils voient l'effet dans la cause avec la plus grande clarté, et le généralisent avec la plus grande rapidité ; la perception n'est que le plus rapide raisonnement possible. (Voy. chap. I.er, §. 16.)

Cependant la clarté, comme la rapidité, suffisantes l'une et l'autre pour expliquer un événement futur, c'est-à-dire, l'effet dans la cause,

comme nulle substance ne l'est sans modification. Par exemple, *je m'aperçois moi-même :* je ne puis remonter que jusqu'à cette perception primitive. La puissance de percevoir est la substance, la cause; l'acte particulier de perception est la modification, l'effet : car la même puissance pourrait percevoir autre chose que moi-même. Je désire rester dans un état quelconque. Je désire est la cause, le repos est l'effet : tous les deux sont simultanés, tous les deux

---

ne suffisent pas pour expliquer le prodigieux développement des facultés intellectuelles, et les connaissances de tout genre manifestées par des somnambules qui, dans l'état de veille, n'en ont aucune idée ; connaissances, qui supposent nécessairement les expériences faites en soi et hors de soi : car, sans expérience préalable, nulle connaissance n'est possible ; et comme ces expériences n'ont pas été faites dans la vie actuelle, elles doivent l'avoir été dans la vie précédente. De là résulte la préexistence, qui vient se rattacher aux phénomènes du somnambulisme magnétique. S'ils sont réels, la préexistence, qui peut seule les expliquer, non en partie, mais en totalité, est aussi réelle qu'eux : elle tire d'eux sa force, sa certitude et son irrévocabilité.

Je conçois qu'un somnambule voit le siège de sa maladie, qu'il ne pouvait apercevoir dans l'état de veille, distrait par l'action des objets au moyen des organes externes, devenus à présent tout-à-fait inactifs. Je conçois encore qu'en observant les progrès de cette maladie, il en calcule rapidement la durée comme la fin, et déclare ensuite que cette maladie l'emportera dans tel jour. Je conçois enfin que tous ces calculs s'opèrent avec la rapidité de l'éclair. Je ne vois en tout cela que l'*effet* subitement aperçu dans la *cause.* Mais que le somnambule indique une suite de procédés et de remèdes propres à sa guérison, sans que ni l'expérience ni l'enseignement ni la réflexion lui en aient jamais fourni la connaissance, c'est ce qui serait non-seulement inconcevable, mais impossible, mais absurde, sans la supposition de la préexistence. Donc, pour la nier, il faut adopter l'absurdité même.

sont confondus dans l'acte de la volition. Ainsi le moi, supposé libre de toute combinaison, de toute organisation, se reconnaissait, avait du plaisir à se reconnaître, désirait de se reconnaître, comme il le fait à présent; et, dans tous ces cas, il était à lui-même, il l'est encore, cause et effet.

Si donc l'expérience fournit un fait particulier de causalité intuitive que la raison généralise aussitôt, ce fait, pour être reconnu, doit converger dans une loi de causalité primitive, universelle, à l'imitation de tous les objets qui, pour être reconnus, viennent se ranger sous des principes ou raisonnemens universels, antérieurs à toute expérience [1]. Or, cette loi de causalité primitive réside entièrement dans l'esprit : elle n'est, on le voit, que l'action, le repli de l'intelligence sur elle-même ; c'est la modification intime de l'intelligence même. Désormais tous les faits, internes comme externes, se rangeront d'eux-mêmes sous cette loi primitive, au risque de n'être pas reconnus dans la relation de la cause à l'effet, ni dans aucune autre, ni comme simples faits. Bien plus, l'existence même de ces faits eût été impossible indépendamment de toute reconnaissance; car, je le répète, point d'action sans la loi fondamentale de la causalité. De là son triomphe le plus complet.

Ceux qui l'ont révoquée en doute, cette loi, n'ont considéré que des actions externes, sans nul rapport à nous-mêmes, sans l'influence que les faits exercent

---

[1] Voy. chap. I.er §. 16.

sur notre propre personne; et dès-lors il est impossible d'y voir un enchaînement. Mais, si l'on fait attention que ce rapport particulier est intuitif; si l'on se persuade que, pour se faire remarquer, il doit se ranger sous un rapport de causalité universel, qui réside purement dans l'esprit; si l'on remonte à la possibilité d'un acte quelconque, en nous ou hors de nous, avec ou sans rapport à nous, on trouvera cette loi garantie par l'intuition, la reconnaissance et l'acte même.

A chaque instant l'expérience, si le raisonnement paraît ne pas suffire, peut convaincre du siége d'une cause première en nous. Je veux, et mon bras se meut : ma volonté est l'acte primitif, générateur, la cause première; car il dépend absolument de moi de mouvoir mon bras ou de le laisser en repos, quoique l'harmonie subsistante entre ma volonté et mon bras ne soit pas mon ouvrage. Pourquoi s'élancer au-delà de ce phénomène ? J'observe, en passant, que, si l'on rejette ce siége interne des causes premières, on détruit toute moralité : sans cause première, point de liberté; sans liberté, point d'action morale ni immorale.

§. 260. Mais l'effet se prolonge-t-il à l'infini ? Je réponds *oui;* car l'action ne saurait produire le repos, et *vice versa* : mais elle peut éprouver divers degrés d'intensité, provenant des obstacles qu'elle rencontre; elle peut devenir insensible, sans jamais cesser tout-à-fait. Lorsqu'on dit que tout commencement doit avoir une fin, on ne dit autre chose, si ce n'est que toute modification doit être suivie d'une autre modification, sans que l'activité qui les produit toutes, puisse cesser un seul instant. Un objet en repos est par conséquent celui dont nous ne pouvons pas observer l'activité avec nos organes actuels ; ou celui qui, se trouvant entre deux forces égales et contraires, oppose de la résistance à toutes les deux. Or cette résistance est aussi une action.

§. 261. Dans ce sens, la *cause* est la modification remplaçant une autre modification simultanée, c'est-à-dire, un effet ; et comme cette reproduction est infinie, l'effet devient à son tour cause, et de cette manière à l'infini. C'est le mouvement d'impulsion et de répulsion résultant de l'activité primitive. Tous les principes sentans, intelligens et voulans, en un mot actifs par eux-mêmes, se combinent de mille manières différentes ; ils sont tour à tour des causes et des effets : d'où résulte le mouvement général et continuel de l'univers.[1]

§. 262. Une question non moins importante que celles qui précèdent, est la suivante. « La cause « se manifeste-t-elle dans l'effet ? » Je dis *oui*, si la cause et l'effet sont renfermés dans un seul et même sujet spontanément actif. Le moi pensant manifeste cette faculté dans chaque acte particulier de son intelligence. Si je pense à mon existence, ou bien à celle d'autrui, je manifeste dans ces deux pensées

---

[1] Voy. chap. IV, §. 105.

particulières ma faculté pensante. Il en est de la pensée à l'être pensant, comme du bras plié d'une certaine manière au bras étendu : le bras est toujours *là*, dans l'un et l'autre cas. Mais je dis *non*, si la cause et l'effet résident dans deux objets différens qui se trouvent en contact mutuel. Je pousse une boule ; elle se meut : je ne suis pas manifesté dans la boule mouvante, qui, considérée comme effet, ne donne aucune idée de moi, envisagé comme cause.... Je me trompe, ou du moins je ne précise pas assez mon opinion : je ne suis pas manifesté dans la boule, il est vrai ; mais seulement aux *yeux d'un tiers*, et non pas pour la boule même. Si elle pouvait s'exprimer, elle ferait connaître en moi la faculté de mouvoir, avec l'acte particulier de mouvement, c'est-à-dire, la substance et la modification, la cause et l'effet ; car, comme je l'ai déjà remarqué, nulle action n'est possible sans ce double rapport.

§. 263. D'après ce que je viens de dire, on voit que l'évidence, l'identité, l'analogie et la répétition, forment les bases fondamentales de la liaison que nous reconnaissons entre les causes et les effets. L'*évidence* en montre l'enchaînement primitif, la simultanéité hors de nous comme en nous-mêmes : *l'identité* renouvelle absolument les mêmes cas : *l'analogie* offre le même renouvellement avec plus ou moins de vraisemblance : enfin, la *répétition* donne lieu à la même conjecture.

Que l'on juge après cela si Hume était autorisé

à considérer la causalité comme une simple succession, et non comme un enchaînement réel de faits internes ou externes; et si Kant l'était à faire de cette même causalité une forme de notre propre entendement, c'est-à-dire, une disposition virtuelle, inhérente à sa nature et développée par l'expérience; et non une loi causale, universelle, effectivement et primitivement existante dans l'esprit avant toute causalité particulière, fournie par l'expérience.

CHAPITRE XVI.

Des facultés morales.

§. 264. Je suis un être intelligent et voulant; personne ne peut m'empêcher de penser et de vouloir; je puis suspendre l'usage de l'une et de l'autre de ces facultés : je suis donc un être essentiellement libre.

§. 265. Si cette liberté intellectuelle est un fait, je suis dispensé de la prouver. La cause en est dans le moi existant par lui-même, dans son activité spontanée. Les occasions d'exercice viennent du dehors ; mais l'occasion n'est pas la cause. L'occasion acceptée ou rejetée, faisant naître le choix, prouve la liberté, loin de la détruire : le *déterminisme* et sa fatalité tombent d'eux-mêmes.

§. 266. Intelligent, je dois reconnaître les modifications agréables ou désagréables que j'éprouve; voulant, je dois désirer les unes, et sentir de la répugnance pour les autres ; libre, je dois diriger mes facultés de manière à me procurer les premières et à me soustraire aux secondes : je dois, en un mot, rechercher le *bonheur*.

§. 267. Les organes, par le développement de mes facultés intellectuelles, morales et physiques, me procurent des jouissances correspondantes. Plus ces organes seront sains, c'est-à-dire propres à ce développement, plus ils me transmettront de jouissances. La santé est donc le principal objet que je dois me proposer à l'égard de mes organes.

§. 268. Du moment que je reconnais mon existence, je l'aime; tout ce qui me la rend agréable, me devient cher. J'éprouve du plaisir à rendre le bien pour le bien ; je transporte ainsi le moi humain sur toute l'humanité : doué de sentiment, j'éprouve à quel point la bienfaisance m'est indispensable.

§. 269. Liberté, santé, plaisir, bienfaisance : voilà les principaux besoins de l'homme. Porter atteinte à l'un ou à l'autre de ces points, c'est contrarier la nature humaine; c'est commettre *un mal*. Or j'ai le droit imprescriptible d'empêcher et de prévenir ce mal partout où il pourrait se trouver, et dans tous les temps, parce que j'en prévois toujours les funestes effets. Si j'ai ce droit, il appartient à tous les autres et dans tous les temps. Il est donc universel.

§. 270. Toutes les fois que je fais ce mal, soit à moi-même, soit aux autres, j'éprouve une peine physique ou morale : *physique*, parce que mes organes, ces instrumens de bonheur, s'affaiblissent; *morale*, parce qu'après avoir fait du mal j'éprouve des regrets et des remords fondés sur la condamnation de ma propre raison. [1]

§. 271. En surmontant les penchans qui me por-

---

[1] Cela sera développé au chap. XVII, §. 286 et suivans.

tent au mal, je fais un effort ; et cet effort est la vertu.

§. 272. La vertu n'est donc qu'un moyen de bonheur : autrement elle serait folie.

§. 273. Ce n'est pas que la vertu mette à l'abri de l'infortune; mais il est impossible d'être heureux sans la vertu. Elle est donc, encore une fois, un moyen de bonheur. Cependant, régulatrice de toutes nos jouissances, elle ne les fournit pas : on ne devient, à force de vertu, ni amant, ni époux, ni père ; mais, sans les préceptes qu'elle donne et les devoirs qu'elle prescrit, les jouissances attachées à ces divers états s'évanouiraient bien vite, et deviendraient même une source intarissable de peines, de misères et de calamités. Si donc le bonheur n'est pas dans la vertu seule, il n'est pas non plus dans la jouissance seule ; l'une dirige l'autre : le bonheur est la vertu, plus la jouissance.

§. 274. La règle de mes facultés morales se pose maintenant d'elle-même.

Sois libre, conserve ta santé, jouis, fais le bien, sans permettre aux autres de te troubler, sans les troubler toi-même dans aucun de ces points.

Ou bien, agis selon ta nature, sans nuire à celle d'autrui, si ce n'est pour préserver ta propre nature, ou celle d'autrui, de toute atteinte et violence.

Ou bien encore, *sois heureux.*

Ce principe universel, fondamental, commun à

tous les êtres raisonnables, de quelque nature qu'ils soient, dès qu'ils ont quelque prise les uns sur les autres, est la règle éternelle de leur volonté.

De là, comme d'une source féconde, jaillissent toutes les idées de justice et de devoir, de morale et de législation, de dignité, de vertu, de courage, etc.

§. 275. Observez que le sentiment s'accorde avec la raison pour poser cette règle de conduite; car, sans le sentiment, la raison trouvera toujours des prétextes pour justifier le mal, et sans la raison le sentiment ne manquera pas de s'égarer. L'égoïste trouvera toujours des motifs pour préférer son avantage à toute autre chose; et le zélé patriote croira toutes les injustices permises, dès qu'elles sembleront favoriser sa patrie ou sa province. Ce principe mérite un développement : il faut faire disparaître entièrement la contradiction apparente qui se trouve entre l'intérêt et le devoir ou la vertu.

§. 276. Vouloir fonder la morale sur une règle tirée de la raison et dégagée de tout intérêt personnel, c'est au fond vouloir sans raison quelque chose de raisonnable; car pourquoi suivrais-je une règle toujours indifférente et souvent contraire à mon bonheur ? On me répondra : en vue du plus grand bien, celui de se rendre agréable à Dieu. C'est là sans doute un motif, un intérêt; le plus grand de tous, à la vérité, mais toujours un intérêt. Kant n'en admet aucun dans une action morale, pas même celui qui résulte du contentement que procure une bonne œuvre. Mais n'est-il pas en contradiction manifeste avec lui-même ?

Si l'on pouvait suivre sa maxime dans le sens le plus rigoureux, comme d'un côté on ne doit rien faire en morale par intérêt, et que de l'autre une action sans intérêt est impossible, il faudrait, pour se conduire moralement, rester dans l'inaction : quelle absurdité !

D'ailleurs, si je dois agir *raisonnablement*, parce que je suis un être raisonnable, je dois de même agir *sensuellement*, parce que je suis un être sensuel. Pourquoi une faculté prédominerait-elle sur une autre ? pourquoi la sensualité serait-elle subordonnée à la raison, dès que l'intérêt bien entendu, la satisfaction, le bonheur, le témoignage même de la conscience, ne constituent pas une action morale ? Donc, à force de vouloir épurer le principe fondamental de toute moralité par l'abnégation personnelle la plus absolue, on en renverse la base même ; car une base également convenable à la moralité comme à la sensualité, c'est-à-dire à deux facultés souvent contraires, n'offre pas dans le fond un appui plus solide à l'une qu'à l'autre : l'exagération, au moral comme au physique, produit toujours l'affaiblissement.

§. 277. C'est une erreur de croire qu'une règle de raison cesse de l'être dès qu'elle découle de l'expérience, ou qu'elle la dirige. Si la règle ne découlait pas de l'expérience, elle ne serait occasionée, provoquée par aucune circonstance : elle n'existerait pas. Si son objet n'était pas la direction de notre conduite, elle serait nulle. La raison, sans l'expérience, est bornée à la spéculation : dans cet état, il ne s'agit pas pour elle de la morale, qui suppose non la spéculation, mais la pratique et la pratique externe ; car je ne dois compte à personne de ce qui se passe dans l'intérieur de mon être. Donc une règle de conduite qui dérive immédiatement de la raison, n'ayant aucun motif personnel, est une règle sans cause et sans objet.

Mais, outre la raison, si vous admettez encore comme un des mobiles de nos actions morales le sentiment expansif, l'amour du moi étendu sur toute l'humanité, alors vous rétablissez l'harmonie entre la pratique et la théorie, l'expérience et la raison. L'une vous montrera qu'en faisant du bien ou du mal aux autres on s'en fait à soi-même ; l'autre viendra généraliser ce fait. Vous aurez alors un principe de morale qui vous servira de guide dans votre conduite ultérieure : désormais il sera dans votre raison *à priori*.

§. 278. Ce guide, quoique appuyé lui-même sur l'intérêt personnel, est très-difficile à suivre : il exige sans cesse le sacrifice de toutes les passions haineuses. Or, tout sacrifice est vertu. Sans doute il est de notre intérêt de conserver notre santé ; cependant qui de nous ne la dérange pas du plus au moins ? Il est donc faux que l'intérêt exclue la vertu : le véritable intérêt, au contraire, veut effort, sacrifice, vertu. Plus l'intérêt est grand, plus grande est la vertu.

§. 279. Telle est la ligne de démarcation entre la raison et le sentiment, ces deux bases inébranlables de toute moralité : l'une commande le sacrifice, l'autre se l'impose volontairement. Jamais le devoir ne parut plus sublime que dans cette inscription : « Passant, va dire à Sparte que nous sommes morts « ici pour obéir à ses lois ? » Jamais le sentiment ne parut plus divin que dans ces paroles prononcées au milieu des souffrances du supplice le plus affreux : *Pardonne-leur, mon Dieu! car ils ne savent ce qu'ils font.*

§. 280. Froids égoïstes, impitoyables raisonneurs, vous donnez au sentiment le nom, le nom abject d'intérêt! Oui, il est abject, parce que pour vous il n'est que la concentration de l'amour du moi, tandis que pour toutes les ames nobles et généreuses il est l'expansion infinie de ce même amour sur tout ce qui nous environne.

Dans ce dernier sens, DIEU lui-même a le plus grand intérêt au bonheur de tous les êtres qu'il a daigné revêtir d'organes.

CHAPITRE XVII.

De la conscience.

§. 281. Si l'homme était simplement contemplatif, il connaîtrait la règle que nous venons d'établir; il s'y conformerait sans peine comme sans mérite. Mais l'homme est agissant; sa volonté, cet acte primitif, générateur de tous les autres, est souvent asservi par les passions.

§. 282. Quel que soit leur empire, la règle est là, sévère, inflexible : il faut la suivre, sous peine de se dégrader, de s'avilir à ses propres yeux, de se rendre malheureux. Si, faible, lâche et cruel, je viens à l'enfreindre, une voix s'élève et me reproche cette infraction condamnée par ma propre raison; elle agite simultanément le moi et ses organes : agitation plus ou moins forte et sensible, selon que les délits sont plus ou moins graves. Elle n'est pas comme ces facultés inhérentes au moi, l'intelligence et la volonté, dont je puis, quand je veux, suspendre ou modifier l'action. Elle n'est pas non plus comme cette force concentrique, unissant l'homme-objet à l'homme-sujet; union momentanée, que je puis rompre à mon gré par la destruction de mes organes actuels. Elle exerce sur mon être un empire absolu : j'ai beau vouloir m'y soustraire, je ne le puis; ses reproches, convertis en remords rongeurs, me poursuivent, me pressent, me réduisent au désespoir : je voudrais être anéanti, plutôt que de les endurer. Dira-t-on qu'on peut s'en délivrer par l'ivresse ou le sommeil? Misérable ressource ! L'ivresse et le sommeil se dissipent, et le remords reste. Entreprendra-t-on de l'étouffer en se donnant la mort? Mais la mort n'est que le commencement d'une autre vie; et le remords tient à l'ame impérissable, indivisible, éternelle. Aucun mode d'existence ne saurait donc affranchir entièrement du remords.

§. 283. Mais, ajoutera-t-on, la voix de la conscience cesse de se faire entendre, lorsque le crime est expié, ou que l'on s'est endurci par de nouveaux crimes. Elle se tait, parce qu'elle le veut, et non parce que je le veux; car, si je dominais sur elle, je le ferais toujours : or, il est démontré que je ne le puis pas. Elle se tait, parce qu'en exerçant sur moi un pouvoir trop soutenu, elle tendrait à dénaturer mon existence ; elle détruirait ma liberté; elle ferait de moi une machine mue par une impulsion étrangère, dont je ne pourrais jamais me délivrer ; elle violerait elle-même la loi qu'elle m'a reproché d'avoir violée : dès-lors son empire, réprouvé par la raison, deviendrait nul. C'est ainsi qu'un père sensé passe sous silence des reproches inutiles dans un moment où ses enfans égarés ne les écouteraient pas. Il peut les contraindre à changer de conduite ; il ne le veut pas : où seraient leur liberté et leur mérite ? Esclaves par là-même, de quels sentimens seraient-ils capables ?

§. 284. Cependant la conscience assoupie ne laisse pas de se réveiller tôt ou tard, et d'agir avec plus de force que jamais, surtout lorsque les causes de distraction et d'endurcissement ont disparu, et que la raison est rentrée dans ses droits. Le temps même, qui peut tout sur les autres sentimens, de quelque nature qu'ils soient, ne peut rien sur la conscience. Au bord de la tombe, toutes les peines sont, sinon oubliées, du moins affaiblies; la conscience seule reprend toute sa vigueur. On ne la calme que par le repentir et les bonnes œuvres. Le père parle de nouveau, parce que les enfans sont en état de l'entendre et de se corriger.

§. 285. La conscience ne se borne pas à l'honorable quoique triste office de juger, de condamner et de punir; elle exerce encore une autre fonction, plus belle et plus touchante : elle approuve, elle récompense. Ai-je fait une bonne œuvre, ai-je rempli mes devoirs au prix des plus grands sacrifices, je ressens une satisfaction vive et profonde dans tout mon être; satisfaction que je ne suis pas plus en état de produire ou d'éteindre que les remords, et qui, comme eux, affecte *simultanément* le moi et ses organes. Elle verse le baume dans tout mon être : mon sang circule plus facilement, mes nerfs ont plus d'élasticité; mes regards se portent avec plus de complaisance sur tout ce qui m'entoure.

§. 286. Or cette voix, cette puissance, qui se manifeste d'une manière si directe, si distincte et si forte; dont l'empire est si grand, si général et si bienfaisant; qui m'absout ou me condamne; qui m'approuve et me récompense selon les décrets de ma propre raison, c'est la voix de l'Être suprême, c'est la voix de DIEU. Son existence m'est prouvée par la conscience, comme elle le sera par l'ordre de l'univers.

§. 287. Dans ces deux actes d'éloge et de blâme, je trouve tous les caractères de la *sensibilité*, cette faculté qui nous instruit de l'existence des objets et des autres êtres; j'y trouve la même manifestation et la même reconnaissance en moi d'une cause hors de moi. La différence entre le contact ordinaire et cette dernière manifestation consiste en ce que l'un me fait reconnaître un *objet*, et l'autre une *cause*. Mais, de quelque manière que la sensibilité soit mise en action, dès qu'elle éprouve de la résistance, elle reconnaît une réalité externe [1]; car, observez que toutes les fois que vous n'avez pas la disposition la plus libre et la plus illimitée du moi, une cause, non pas interne, mais externe, mais entièrement étrangère, y met des entraves. Si la cause était en moi, dépendait de moi, l'obstacle serait d'abord levé; car *je suis un être essentiellement libre*. Je souffre de la maladie ou de la mort d'une personne chérie, parce que les causes de ces maux sont hors de moi; si elles étaient *essentiellement* en moi, je

---

[1] Voy. chap. I.er, §. 1.er, subdiv. 9.

les ferais cesser à volonté, sur-le-champ. Or je ne suis pas maître de faire taire ou parler ma conscience au gré de ma volonté, de mes désirs ou de mes passions. Donc la conscience est une cause étrangère : elle n'est pas une faculté, un sens moral attaché à ma nature.[1]

---

[1] J'applique à la conscience le raisonnement de J. J. Rousseau à l'égard des objets. Le voici :

« Mes sensations se passent en moi, puisqu'elles me font sentir « mon existence ; mais leur cause m'est étrangère, puisqu'elles m'af-« fectent malgré que j'en aie, et qu'il ne dépend de moi ni de les « produire, ni de les anéantir. Je conçois donc clairement que ma « sensation qui est moi, et sa cause ou son objet qui est hors de « moi, ne sont pas la même chose.

« Ainsi, non-seulement j'existe, mais il existe d'autres êtres, sa-« voir, les objets de mes sensations ; et quand ces objets ne seraient « que des idées, toujours est-il vrai que ces idées ne sont pas moi.

« Or, tout ce que je sens hors de moi et qui agit sur mes sens, « je l'appelle matière, etc."

M. de S....... un de mes amis et compagnons de jeunesse, dont j'honore infiniment le mérite et les lumières, m'a fait l'objection suivante.

« L'homme est libre par sa nature ; mais il est esclave par ses « passions. Quand mes passions subjuguent ma volonté après l'a-« voir combattue, l'obstacle qui s'opposait à cette volonté, *était en* « *moi*, et n'avait point une cause étrangère. Je ne pouvais donc la « faire cesser d'abord.

« Je ne puis faire cesser mes remords, quoique la cause qui les « a produits, ne me soit pas étrangère ; car ils ne sont autre chose « que la conséquence et la suite d'un crime que j'ai commis. Tant « que je conserve le souvenir d'avoir été coupable, j'ai des remords ; « quand ma mémoire commence à s'aliéner, mes remords dimi-« nuent, ma mémoire s'éteint, cette mémoire qui *était en moi*, « et avec elle mes remords disparaissent. Le remords n'est autre « chose que la fumée d'un corps qui brûle. Pour le faire cesser, ce

§. 288. Mais supposez un moment que la conscience, au lieu d'être produite par une cause étrangère, au lieu d'être la voix de Dieu lui-même, ne soit qu'une faculté, un sens moral. Que s'ensuivrait-il ? Le juste verrait la récompense essentiellement attachée à sa nature, comme le méchant y

« n'est pas la fumée qu'il faut étouffer ; c'est le feu qu'il faut étein-
« dre, ou le corps qui en est consumé. »

Je cite cette objection, parce que je n'en connais pas de plus forte : je vais tâcher d'y répondre.

Il est certain que la volonté et la passion sont en moi, que l'une combat l'autre avec ou sans succès ; mais l'objet d'une passion est toujours étranger : car, s'il était en moi, et non hors de moi, la passion, d'abord satisfaite, s'éteindrait d'abord ; c'est par la difficulté, par la résistance, qu'elle naît, croît et se fortifie. Je veux me représenter telle personne : aussitôt ma docile imagination la reproduit. Je veux la posséder : elle se refuse à mes vœux. Mon désir, irrité par l'obstacle, dégénère en passion, que ma volonté et ma raison s'efforcent de combattre. Or, je demande si la cause qui a mis en action toutes ces facultés, est inhérente ou étrangère à ma nature ?

Il faut distinguer la cause du crime, de celle du remords. La première est dans une volonté défectueuse ; elle est en nous : nous en sommes maîtres ; il dépend de nous de commettre ou de ne pas commettre telle action. Mais la seconde n'est pas en nous ; nous ne pouvons pas la faire cesser quand il nous plaît. De ce que le crime est toujours suivi du remords, il ne faut pas en conclure que l'un soit la cause, et l'autre l'effet. La succession la plus immédiate de deux événemens n'en indique pas encore l'enchaînement ; elle est plutôt une présomption contraire : car, si l'enchaînement était bien certain, on les percevrait intuitivement, comme un acte simultané qui proviendrait du contact du sujet actif avec l'objet passif ; acte qui dans l'un s'appelle cause, et dans l'autre effet. Or, cette action simultanée du crime et du remords n'existe pas ; car, si le premier accompagnait le second, au lieu de le précéder ou de le suivre, le crime deviendrait impossible : le remords en arrêterait la consommation, qui n'a lieu

verrait la punition. Le dogme de l'existence de Dieu

---

que dans l'instant, dans cet instant aussi fatal que rapide, où l'on parvient à secouer l'autorité salutaire de la conscience ; nouvelle preuve de la liberté illimitée de l'homme, au sein même de la corruption et de la perversité. Donc le crime n'est pas la cause du remords ; et celui-ci n'en est pas l'effet, mais le châtiment.

L'activité de la mémoire, comme celle de toutes les autres facultés, peut être suspendue, je veux dire, modifiée autrement, dirigée sur d'autres objets : mais elle ne peut jamais être détruite. Il en résulte que les remords, suspendus aussi par l'inaction de la mémoire, mais non pas détruits, ne manqueront pas de se renouveler avec elle. Pour les faire disparaître, pour se réconcilier avec la conscience, il faut une expiation du péché, comme il faut subir un châtiment pour se réconcilier avec la loi et rentrer dans l'ordre social.

J'ai observé, au chapitre XIV, que, si les comparaisons expliquent les pensées, elles enfantent aussi des erreurs, lorsqu'on attribue à la pensée, au principe même, la clarté qui ne se trouve que dans l'exemple, indépendamment de toute application.

« Le remords, dit mon illustre ami, n'est autre chose que la « fumée d'un corps qui brûle. Pour le faire cesser, ce n'est pas la « fumée qu'il faut étouffer ; c'est le feu qu'il faut éteindre, ou le « corps qui en est consumé. » Il s'agit de savoir si la cause du remords nous est homogène ou hétérogène ; et, pour résoudre ce problème, il est inutile de comparer le remords au feu ou à la fumée : car, de ce que le remords cesse avec l'expiation du crime, il ne s'ensuit pas que celui-ci soit la cause, et celui-là l'effet ; comme il ne s'ensuit pas que le bois produit le feu, parce qu'il sert à l'entretenir, et que le feu cesse de brûler, dès qu'on cesse d'y jeter du bois.

Si, après avoir établi l'hétérogénéité de la cause du remords, j'avais besoin d'un exemple pour rendre cette vérité plus intelligible, je dirais : Un mal-faiteur est puni par le gouvernement ; c'est le gouvernement qui est cause de la punition provoquée par le délit, et cette punition dure aussi long-temps que le gouvernement le juge à propos. Si elle dépendait du mal-faiteur, il la ferait cesser sur-le-champ : elle est donc indépendante de sa volonté, étrangère à sa nature ; elle n'est pas en lui, mais hors de lui.

aurait à la vérité une preuve de moins; mais le triomphe de la morale serait également assuré : il y aurait toujours une récompense, toujours une peine; et l'une et l'autre dériveraient d'une nature immuable, indestructible, éternelle.

§. 289. Il n'y a de système véritablement immoral que celui du néant. Dans cet affreux système, la conscience et la raison, la vertu et le vice, les peines et les récompenses sont des chimères, des contradictions, des absurdités; car le néant rétablit le niveau entre le méchant et le juste : le scélérat le plus habile est aussi le plus raisonnable et le plus conséquent.

§. 290. Si l'on m'objecte que *l'athéisme* peut devenir plus pernicieux encore que le *néantisme* (qu'on me passe ce terme), j'observerai qu'il ne s'agit pas ici de législation; mais de métaphysique. L'athéisme démoraliserait le vulgaire, pour qui l'absence d'un juge redoutable est le signal de tous les désordres, et le néantisme démoraliserait les savans comme les ignorans. Les hommes sont heureux que ces doctrines funestes ne puissent jamais s'accréditer dans leur esprit.

§. 291. Les détracteurs de la conscience disent qu'elle n'est qu'un pur effet de l'habitude, de l'éducation, des préjugés. Tel homme est dévoré de remords pour n'avoir pas observé le carême; tel autre ne l'est pas pour avoir tué un père accablé de vieillesse.

§. 292. Je réponds que la conscience s'attache, non au résultat, mais au motif d'une action [1]. Dès que celui-ci est pur, la conscience approuve; dès qu'il ne l'est pas, elle condamne, que les suites de l'action soient bonnes ou mauvaises. Il est des peuplades sauvages chez lesquelles on croit devoir, par compassion ou par amour filial, ôter la vie à des pères succombant sous le poids des ans et des infirmités: la conscience blâmerait la faiblesse de celui qui penserait être obligé de le faire et qui ne le ferait pas. Toujours guidée par le motif, jamais par le résultat de l'action, la conscience est fidèle à elle-même dans tous les temps et dans tous les pays: elle agit sur un principe unique, constant et universel.

§. 293. Telle est donc la haute importance des lumières, qu'elles donnent une direction plus juste à la conscience elle-même, en épurant le motif de nos actions, seul objet de son éloge ou de son blâme: et la conscience, à son tour, seconde les lumières; elle ajoute le sentiment à la raison. Quel sublime accord!

---

[1] Le contraire existe en politique. Celle-ci s'attache au résultat, et non au motif d'une action; car elle est obligée de saisir l'intérêt général, qui souvent interdit au Souverain des sacrifices que le particulier peut faire sans manquer à son devoir, et prescrit au premier des actes que le second ne doit pas se permettre. Le moraliste ne fait attention qu'à la pureté du motif, fondée sur l'abnégation de tout intérêt vil et méprisable qui ne tend qu'à la concentration de l'amour du *moi* dans sa propre personne.

CHAPITRE XVIII.

De l'univers.

§. 294. La composition des choses suppose nécessairement leur étendue et leur indivisibilité originaire. Car comment cette composition se serait-elle opérée sans choses indécomposables, sans élémens, sans principes? Comment ces choses seraient-elles étendues, avec des principes non étendus?

Ces conséquences découlent immédiatement du fait même de la composition : elles doivent être justes.[1] Ainsi l'existence d'un élément étendu, mais indivisible, n'est pas une abstraction, une idée, une simple vue ou vaine production de l'esprit, sans valeur objective : c'est la déduction immédiate d'un fait, aussi réelle que le fait même.

Supposer la composition infinie, c'est-à-dire, avancer qu'un objet formé de parties en a d'autres, celle-ci d'autres encore, et de telle sorte dans une progression rétrograde à l'infini, ce n'est pas contredire l'existence des élémens, c'est seulement en prolonger la composition. Mais, pour montrer qu'ils n'existent pas, il faudrait prouver la *possibilité* d'une composition sans composans. Or, l'esprit rejette péremptoirement cette possibilité, comme celle que deux et deux puissent jamais faire cinq. Du moment que

---

[1] Voy. chap. XIV, §. 246.

les composans seuls existent en toute réalité, je ne vois pas plus un objet proprement dit sans les élémens dont il est constitué, que je ne vois une assemblée sans les individus qui la composent. Les mots *objet*, *assemblée*, termes spécifiques, désignent une collection d'élémens et d'individus. Or, revenant à l'observation déjà faite et qui doit se faire encore, je dis que les termes sont dans l'esprit, mais que les élémens et les individus sont dans la nature. Donc la *sensibilité*, cette faculté qui manifeste les objets, ne me fournit que des élémens, des unités, toujours renfermées dans les objets, objets elles-mêmes. Soit qu'on envisage les élémens dans l'état actuel de concrétion, ou dans l'état primitif d'isolement; soit que l'un de ces états ait succédé à l'autre, ou que les deux soient coéternels : tout cela n'infirme point l'existence des élémens. Trouveriez-vous ce raisonnement juste : Vous vivez à présent dans la société; vous y avez toujours vécu: vous y vivrez toujours? dès que l'on veut vous en arracher, vous prenez la fuite, vous disparaissez : donc vous n'êtes pas un individu de cette société? Ce qui n'est pas un, n'est rien : comment nos sens en seraient-ils affectés? Ainsi le monde réel, c'est-à-dire le monde élémentaire, est le seul que je puisse connaître; car, seul, il existe : les *corps* ou la matière proprement dite, divisible à l'infini, n'a point d'existence réelle ; c'est une illusion, c'est une chimère. Le monde phénoménal n'est que l'ensemble des modifications élémentaires, analogues à ces élémens mêmes et les manifestant avec toute la réalité désirable. Comment la modification serait-elle différente de l'élément, puisqu'elle n'est que l'élément même, modifié de telle ou telle manière? Comment un être, par exemple, qui ne serait pas *essentiellement* raisonnable, ferait-il tel ou tel raisonnement particulier? Comment l'inétendu produirait-il l'étendu? Comment le représenté serait-il *tout-à-fait* différent du représentant?

Kant établit, comme une des bases principales de son système de philosophie, la distinction entre les représentations phénoménales (*phænomenon, Erscheinung*) et la chose en elle-même (*noumenon, das Ding an sich selbst*). Si je saisis bien cette différence, la représentation n'est que le rapport particulier d'un objet à un autre; la chose en elle-même, c'est la substance existante sans aucune relation particulière. Nous connaissons les premières, car elles se dévoilent à nos sens; mais nous ne connaissons ni ne pouvons et ne pourrons peut-être jamais connaître la chose en elle-même : du moment qu'elle se manifesterait à nous, elle perdrait aussitôt son caractère absolu, pour se revêtir d'un caractère relatif; de substance, elle deviendrait modification : dès-lors point de chose en elle-même. La plupart des erreurs spéculatives proviennent, selon ce philosophe justement célèbre, de ce que nous transportons, sur les *choses en elles-mêmes* que nous ne connaissons pas, les raisonnemens applicables seulement aux représentations phénoménales que nous connaissons très-bien. De là cette antinomie de la raison, dont il croit avoir fourni tant d'exemples,

On vient de voir que je connais positivement, dans l'état concret, la chose en elle-même, c'est-à-dire l'élément, principe de toute combinaison; mais cet état n'affaiblit point la réalité de l'élément. Supposons toutefois, pour un instant, que je n'en connaisse que la représentation : celle-ci ne peut jamais différer essentiellement de celle-là; car cette différence essentielle ne manifesterait pas la modification d'une seule et même chose, mais bien deux choses tout-à-fait distinctes et séparées.

Comment le philosophe de Kœnigsberg sait-il qu'il n'aperçoit que la représentation, et non la chose même? A-t-il comparé cette dernière avec la première, lui qui déclare que nous ne pouvons absolument pas connaître la chose en elle-même? Je vois dans tous les objets, sans exception, et par conséquent dans tous les élémens qui les composent, des propriétés constantes et variables à la fois; en un mot, *l'unité dans la variété:* je suis donc autorisé, en voyant les élémens mêmes, à soutenir que, dans ce monde-ci comme dans tous les autres mondes réels ou possibles, je retrouverai toujours l'unité dans la variété, la substance et ses modifications. Et l'on ne saurait m'accuser d'une fausse transposition de propriétés du sujet sur le mode (du *noumenon* sur le *phænomenon*); car je vois la chose en elle-même, quoique dans son rapport avec moi. Mais Kant n'est pas dans le même cas : il déclare, d'un côté, l'ignorance invincible d'une chose en elle-même, et, de l'autre, sa représentation phénoménale. Encore une fois, s'il ne connaît pas la chose, comment peut-il en reconnaître la représentation ? N'aurait-il pas dû, sans établir de distinction quelconque, se borner à dire qu'il ne savait pas si l'objet qu'il voyait, était réel ou phénoménal ?

Si je n'apercevais, comme lui, dans le moi et dans toute la nature, que des représentations (*Erscheinungen*), je soutiendrais que ce monde-ci, comme tous les mondes possibles, n'offre que des phénomènes : j'aurais pour moi l'analogie. Pourquoi une suite non interrompue de phénomènes n'existerait-elle pas de toute éternité? Pourquoi une foule, une infinité de choses n'auraient-elles pas été en relation mutuelle, et par conséquent modifiées de toute éternité ? Mais la nature, je veux dire l'ensemble des élémens, qui présente toujours à la fois la substance avec la modification, l'unité dans la variété, contredit *par le fait* cette supposition gratuite. Ainsi point de sujet, point de mode; et si l'un n'est pas *analogue* à l'autre, tous les deux sont impossibles, aucun des deux n'existe.

Donc la chose en elle-même, dans le sens de Kant, est une supposition gratuite, fausse, impossible.

Il étend si loin les limites de son monde phénoménal, sujet à la divisibilité, que même la conscience du moi ne lui présente pas de preuve suffisante en faveur de la simplicité et de l'unité de l'être pensant. Écoutons ce philosophe lui-même, profond jusque dans ses erreurs, du moins dans les assertions que j'ose ainsi qualifier.

« Si la proposition qui doit être prouvée était une assertion de la raison pure, et que je voulusse même m'élever par le moyen de simples idées au-dessus de celles que me fournit l'expérience, il faudrait que cette proposition renfermât en elle-même la justification d'un semblable procédé synthétique (si toutefois la chose était possible), d'autant plus qu'il forme une condition nécessaire au raisonnement. Ainsi, quelque apparente que soit la prétendue preuve de l'unité de l'être pensant, tirée de l'unité de perception, j'y rencontre cependant une difficulté inévitable, savoir que, l'unité absolue n'étant pas une idée qui puisse se rapporter immédiatement à une reconnaissance, mais devant rester purement idée, je ne vois pas comment la simple reconnaissance, renfermée dans tous les actes de la pensée, ou qui peut y être comprise, en tant que simple représentation, peut conduire au sentiment et à la connaissance d'une chose dans laquelle la pensée seule se trouve renfermée ; car, quand je me représente la force de mon corps en mouvement, il est alors pour moi une unité absolue, et l'idée que je m'en forme est une. De là vient que je peux aussi exprimer cette force par le mouvement d'un point, attendu que le volume ne fait rien à la chose, et que je puis me le représenter sans aucune diminution de force, quelque petite que celle-ci soit supposée, dût-elle ne se trouver que dans un point. Mais, avec la seule donnée de la force mo-

« trice d'un corps, je ne conclurai pas que le corps
« peut être considéré comme substance simple, parce
« que la représentation en est déduite de toute idée
« d'espace, et par conséquent simple. Or, par là-
« même que l'unité dans l'abstraction diffère entiè-
« rement de l'unité dans l'objet, et que le moi, dans
« le premier sens, ne renferme en lui-même aucune
« variété, et peut, dans le second (puisqu'il signifie
« l'ame elle-même), être une idée très-complexe, ou
« embrasser et désigner bien des choses ; par là-
« même, dis-je, je découvre un paralogisme. Mais,
« pour le pressentir (car, sans une pareille conjec-
« ture préalable, il n'y aurait aucun doute à former
« contre la preuve), il faut absolument avoir en
« main un critérium permanent de la possibilité de
« semblables propositions synthétiques, qui prouvent
« plus que l'expérience ne peut fournir. Or ce cri-
« térium consiste à ne pas mener la preuve au pré-
« dicament demandé par une voie directe; mais seu-
« lement par le moyen d'un principe de la possibi-
« lité d'étendre jusqu'à des idées la notion donnée
« *à priori*, et de les réaliser ensuite. Si l'on usait tou-
« jours de cette précaution; si, avant que d'essayer
« la preuve, on avait la prudence d'examiner com-
« ment et sur quel fondement d'espérance on peut
« se promettre de la raison pure une semblable
« intensité, et d'où l'on veut tirer, en pareil cas,
« ces vues qu'on ne saurait ni développer par des
« notions ni anticiper dans le rapport avec une ex-
« périence possible, on s'épargnerait bien des efforts

« pénibles et toujours infructueux : car on n'accor-
« derait pas à la raison ce qui est évidemment au-
« dessus de son pouvoir ; ou, plutôt, on soumettrait
« au frein de la retenue ses élans vers l'intensité
« spéculative, qu'il lui est si difficile de modérer.

« La première règle est donc de n'essayer aucune
« preuve transcendante sans avoir préalablement ré-
« fléchi, et avoir justifié la source où l'on veut pui-
« ser les principes sur lesquels on pense l'établir,
« ainsi que le droit qu'on a d'attendre de ces prin-
« cipes le bon résultat des conséquences. » (*Kritik der reinen Vernunft*, page 812, édition de Riga, 1794.)

§. 295. Pour savoir si l'idée n'est qu'une simple abstraction privée de réalité objective, ou bien le résultat d'une déduction légitime, vrai dans l'esprit comme hors de lui, voyez si cette idée se rattache nécessairement à un fait actuel. C'est le principe constitutif de mon critérium : il est comme un pont jeté sur l'abyme qui se trouve entre l'expérience et la raison. Sans un pareil principe, l'expérience convergerait toujours dans un cercle de faits isolés, et la raison dans un cercle d'abstractions, sans pouvoir jamais se rencontrer et se donner la main.

Or, la perception même est un fait. Serait-il possible sans l'unité de l'être percevant ? Cette unité n'exclut pas la variété des modes : l'être percevant peut être doué d'une foule d'autres facultés, comme le sentiment, la volonté, etc. ; mais il faut qu'avec tous ses modes il ne forme qu'une seule et même substance, qu'il soit *un*, indivisible ; sans quoi l'acte particulier de perception, ou tout autre acte, ne pourrait s'effectuer. Où viendrait-il se concentrer, c'est-à-dire, s'annoncer et se faire reconnaître ? Serait-ce dans telle ou telle partie de l'être percevant ? Et s'il ne peut rien apercevoir sans être *un*, il ne peut pas non plus s'apercevoir lui-même sans la même condition de l'unité. Donc la conscience du moi doit être une ; ou le moi, de quelque manière qu'on l'envisage, cause, effet, substance ou modification, ne s'apercevrait jamais lui-même.[1]

§. 296. L'exemple tiré de la force motrice de mon corps, laquelle paraît une et qui pourtant ne l'est pas, ne prouve rien contre l'unité de l'être percevant : car d'où vient que cette force me paraît une ? Parce que ma volonté, c'est-à-dire, le moi voulant, met cette force en action ; et que j'ai la conscience que, produisant tel effet par un acte de ma volonté, je dois être un, ou qu'autrement l'effet serait impossible. Je transporte ensuite, par l'analogie, cette unité sur d'autres hommes et d'autres objets. Mais, aussitôt que cette analogie m'abandonne, je ne suppose plus l'unité dans les mouvemens simultanés ou successifs que j'observe autour de moi. Par l'analyse des corps j'obtiens la séparation des parties constituantes ; et par la séparation, la diversité des forces motrices. Dès-lors je reconnais plusieurs moteurs.

---

[1] Voy. chap. I.er, §. 26.

Mais, dira-t-on, supposons l'impossibilité momentanée *pour vous* de faire cette analyse : en faudrait-il conclure l'unité des corps? Vous ne pouvez diviser l'oxigène, ni séparer le calorique de la lumière : s'ensuivrait-il donc que l'oxigène et le calorique soient un seul et même élément? C'est ainsi qu'on argumentait, lorsque la chimie, la physique et la raison étaient encore au berceau. Il en est de même de l'être percevant : vous ne pouvez le diviser; donc il est indivisible. Ce dernier argument est-il mieux fondé que le premier? De la seule impuissance actuelle de diviser l'être percevant, faut-il conclure sa simplicité, son indivisibilité, son unité?

Non, répondrai-je : aussi n'est-ce pas de cette impuissance de division, obstacle permanent ou passager, mais du fait même de la perception, que je déduis l'unité de l'être percevant. Tout ce qui rend ce fait impossible est absurde, parce que l'existence se contredirait elle-même. Or le calorique et la lumière, unis ou séparés, peuvent exister. Mais avec l'unité détruite s'évanouirait aussitôt la perception même : elle est pourtant là. Je puis concevoir la séparation du calorique d'avec la lumière; il m'est impossible de concevoir la même division dans l'être percevant. Cependant ni l'une ni l'autre de ces suppositions ne se sont jamais réalisées. Ce n'est donc pas le défaut commun de réalisation qui me rend la première hypothèse concevable, et la seconde inconcevable; mais c'est que l'une n'implique pas contradiction, et que l'autre est dans ce cas. Et même, quand les deux hypothèses seraient également *inconcevables*, de cette incompréhensibilité seule je ne conclurais pas encore la possibilité de les réaliser toutes deux : je l'adopterais ou la rejetterais, selon que l'hypothèse s'accorderait ou non avec l'*existence actuelle*. L'inconcevable peut se réaliser un jour; l'absurde jamais.[1] Passons à d'autres considérations.[2]

---

[1] Voy. chap. II, §. 42.

[2] Que l'on juge maintenant si l'objection suivante est fondée.

« Voici, en deux mots, le point de la chose. Le principe de
« l'homme, impénétrable en lui-même, s'annonce dans ce monde par
« un corps et une ame : l'un et l'autre sont des signes manifestes de
« l'existence de ce qui n'est pas reconnaissable en soi-même ; mais
« ils ne nous autorisent pas à prononcer sur la nature de ce qui
« ne frappe ni les sens internes ni les externes. Le paragraphe trente-
« quatrième présente cette conclusion rapide de l'auteur : *Le moi est;*
« *donc il a toujours été et sera toujours*. Comment cette consé-
« quence se tire-t-elle ? Du principe, que *le moi est*, il ne résulte
« autre chose, sinon qu'*il est* : l'existence éternelle exige une dé-
« monstration. Quoi ! ne serait-ce point le même cas que si quel-
« qu'un venait nous dire : *Caïus est malade ; donc sa maladie a*
« *toujours été et sera toujours ?* L'existence éternelle ne convient
« qu'à des êtres absolus ; mais il faut d'abord prouver qu'il y a des
« êtres absolus, et ensuite que le moi en est un. Cependant c'est ici
« moins la chose, que la preuve de l'auteur, que l'on conteste. On
« peut bien démontrer la réalité primitive de l'homme, mais par
« d'autres voies. La question maintenant est de savoir si le moi
« est une de ces réalités. Or, le moi désigne uniquement la connais-
« sance de soi-même, et par conséquent l'unité fondamentale des
« opérations de l'esprit; mais ces opérations, ainsi que l'unité ori-
« ginaire qui est propre au moi, n'en sont que la détermination et
« l'activité, mais non l'être absolu lui-même. Voilà ce qu'il nous
« faut, non-seulement pour penser, mais encore pour reconnaître. »
(Gazette littéraire de Halle, mois de Septembre 1819, p. 179.)

Je me flatte d'avoir prouvé jusqu'à l'évidence :

§. 297. Les principes ayant précédé toute composition, sont par là-même indestructibles, éternels.

§. 298. Ils le sont encore par l'impossibilité de

---

1) Que je connais d'une manière positive la chose en elle-même, élément de toute composition; et que je ne puis connaître que des élémens.

2) Que la chose en elle-même doit nécessairement participer de la nature de sa modification, ou bien celle-ci serait impossible.

3) Que la distinction entre la chose en elle-même et sa représentation, dans le sens de Kant et dans celui de mon censeur, est donc gratuite; car, ni l'un ni l'autre n'ayant vu cette chose mystérieuse, ils ne peuvent l'avoir comparée à sa représentation. Donc ils ne doivent pas non plus en établir ni l'analogie, ni la diversité, ni l'existence même. L'exemple de Caïus pèche par le défaut d'analogie et de précision. Si par Caïus on veut dire un composé de corps et d'ame, un agrégat organisé, un homme enfin, Caïus et sa maladie actuelle disparaîtront sans doute avec la séparation des parties qui le composent. Mais si par Caïus on veut exprimer son ame seule, abstraction faite de son corps, comme l'unité et l'indivisibilité de cette ame sont prouvées, du moins aux yeux de bien des gens, il s'ensuit que Caïus est, fut et sera toujours actuellement ou virtuellement sujet aux états de mal-aise, c'est-à-dire aux maladies que lui fera sentir le contact avec d'autres objets dans des circonstances semblables. Mais, Caïus étant doué d'une perfectibilité qui, secondée par les organes actuels, doit l'être bien plus encore par ceux qu'il recevra dans l'autre monde, ses mal-aises ou maladies diminueront au point de devenir presque imperceptibles, sans jamais cesser tout-à-fait. La disposition *virtuelle* à ces maux *sera toujours là*; tandis que, par la même raison combinée d'organisation et de perfectibilité, les plaisirs et les jouissances seront augmentés à l'infini : pensée qu'il faudra dans la suite reproduire et développer. Cette augmentation est comme l'*hyperbole*, qui s'approche continuellement de son *asymptote*, sans pouvoir la rencontrer jamais. Si la rencontre avait lieu, l'être *perfectible* deviendrait un *être parfait* : il serait *Dieu*.

tirer l'être du néant, et de l'y faire rentrer : *Nihil ex nihilo fieri, in nihilum nil posse reverti.* Si la composition des choses, c'est-à-dire, une modification de l'existence, doit avoir nécessairement un commencement et une fin, sans perdre cependant le pouvoir de se renouveler, l'existence même, ou bien les principes existans par eux-mêmes, étendus, mais indivisibles, indestructibles, ne peuvent avoir ni commencement ni fin.

§. 299. Pour admettre l'un ou l'autre dans le grand phénomène de l'existence, il faut nécessairement admettre une contradiction dans le passé, le présent ou l'avenir; il faut supposer, un instant, que ce qui *est n'est pas :* supposition absurde. Le célèbre axiome, *il est impossible qu'en même temps une chose soit et ne soit pas*, est exactement vrai, quand on l'applique aux diverses modifications de l'existence; mais, appliqué à l'existence même, il renferme une addition superflue : *en même temps*. L'existence n'a ni passé, ni présent, ni futur, ni attributs, ni propriétés, ni développemens, parce qu'elle les renferme tous virtuellement; parce qu'elle en est la condition absolue, indispensable : elle est une; elle n'a qu'un point, c'est l'éternité.

§. 300. L'éternité, existence infinie? Comment la prouver? Qui jamais embrassa l'infini? C'est une idée négative; c'est l'absence de toute limite.

Je soutiens, au contraire, que nous avons une idée positive de l'infini, précisément parce que nous ne pouvons pas l'embrasser. Si nous venions à l'embrasser, il cesserait d'être infini ; mais, comme nous en saisissons effectivement des parties successives et toujours renaissantes, nous en avons une connaissance effective, expérimentale, positive. C'est un cercle dont nous *touchons réellement* quelques points, sans en pouvoir toucher ni le commencement ni la fin.

§. 301. Outre cette espèce de connaissance expérimentale, nous en avons une rationnelle : car de l'idée seule de l'éternité nous pouvons conclure son existence, je ne dis pas externe, mais je dis interne, en nous, dans le sujet qui la conçoit. Comment celui-ci aurait-il pu la concevoir, s'il n'était pas lui-même éternel ? Le fini ne produira jamais l'infini. L'idée de l'éternité suppose un être éternisant, si je puis me servir de ce terme, un être éternel. Ainsi de la pensée on doit conclure le sujet pensant, mais non pas l'objet pensant, une réalité hors de la pensée. Ainsi le fameux Descartes avait raison de dire : *je pense, donc je suis ;* la pensée est une modification de l'existence. Mais, de la seule idée d'un être parfait, il avait tort de conclure l'existence *objective*. Le raisonnement suivant eût été plus juste : j'ai l'idée de l'infini, donc je suis infini ; j'ai l'idée de l'éternité, donc je suis éternel ; j'ai l'idée de la perfection, donc je suis susceptible de perfection, etc.[1] Poursuivons.

---

[1] Qui dit *susceptible* de perfection, ne dit point *parfait*. La perfection a deux caractères essentiels. Elle est infinie, parce qu'elle

§. 302. Les principes se composent et se décomposent continuellement ; ils sont dans une action et dans une réaction non interrompues : l'expérience ne laisse aucun doute à cet égard. Actifs, ils décomposent ; passifs, ils sont décomposés, mais restant toujours actifs dans l'un et l'autre cas : ils sont par conséquent dans un mouvement perpétuel.

§. 303. Cette activité des principes ou des élémens est spontanée; leur composition même le prouve : car comment un principe inerte aurait-il été se combiner avec un autre principe inerte ? On dira : par le pouvoir d'un être tout-puissant et créateur. Mais donner aux principes des facultés qu'ils n'avaient pas de toute éternité, c'est une *éduction* du néant ; et, je le répète, c'est une vraie absurdité. C'en serait une autre non moins forte de supposer que le repos puisse se convertir en action, et *vice versa*, soit par lui-même, soit par un pouvoir étranger, ce qui revient au même : car, dans l'un et l'autre cas, c'est toujours le repos, c'est-à-dire un rien, qui produit ou qui laisse produire l'action, c'est-à-dire quelque chose ; c'est toujours *l'effet d'une cause diamétralement contraire*. L'action seule est le principe de l'action. Ainsi, sans l'activité et la passibilité inhé-

---

doit embrasser tous les objets imaginables et dans tous les temps : elle est stationnaire, car elle n'a plus besoin de progrès ; ses œuvres sont accomplies. Mais un être perfectible peut avoir atteint la perfection en *quelque* point, sans l'avoir atteinte et sans pouvoir jamais l'atteindre dans *tous* les points. Il est donc au fond *perfectible*, et non *parfait*. Ainsi je ne suis nullement en contradiction avec ce qui se trouve énoncé plus bas.

rentes aux élémens, on pourrait les séparer ou les réunir, les placer loin ou tout près les uns des autres; mais on ne pourrait jamais les combiner ou composer, opérer une cohésion ou une transformation. J'aurais beau exposer les métaux à l'action du feu : si le feu n'était pas doué d'activité dissolvante, et les métaux de passibilité relative, ceux-ci garderaient toujours leur forme primitive.

§. 304. Qu'on ne se méprenne pas sur le sens que j'attache au mot de *passibilité* : il n'exprime dans mes idées qu'une activité actuelle de réception, un principe de vie, qui reçoit ou qui est prêt à recevoir une impression. Tout autre sens, qui désignerait le repos, l'inaction absolue, serait absurde; car l'activité primitive des élémens, prouvée par le fait même de la composition, exclut à jamais le repos ou l'inaction absolue. Ainsi dans le sommeil le plus profond, l'ame ne cesse d'exercer son activité, ni d'en avoir la conscience; mais elle en perd le souvenir par le réveil. Il faut adopter cette hypothèse, j'ai voulu dire cette vérité démonstrative, ou convenir que l'action serait produite par l'inaction et l'être par le néant.

§. 305. Outre ces raisons, la conscience et l'activité du moi dans le sommeil sont encore prouvées par le fait de la respiration, qui n'est que l'ame attirant et repoussant l'action de l'air [1]; car un corps

---

[1] On aspire l'air atmosphérique, c'est-à-dire, un mélange proportionné de gaz oxigène et de gaz azote; et l'on respire du gaz azote

mort ne respire pas. Attirer et repousser, c'est agir. On ne peut agir sans motif : tout motif est un acte de la volonté ; la volonté elle-même est déterminée par le raisonnement, et le raisonnement suppose la pensée. Donc l'ame pense dans le sommeil le plus profond.

§. 306. D'autres conséquences résultent encore de la spontanéité des élémens.

1) Le contact de l'objet avec le sujet, seule source originaire des connaissances dont nous ayons le souvenir, est une condition nécessaire au développement de certaines propriétés respectives ; mais cette condition cesse pour celui de *l'activité spontanée* des principes, parce qu'elle existe par elle-même, parce qu'elle est éternelle. Donc l'axiome : *nihil est in intellectu, quod non fuerit in sensu*, n'est vrai que dans notre mode d'existence actuel.

2) La liberté absolue du moi, liberté qui s'exerce indépendamment de toute cause et même de toute occasion, se trouve prouvée par l'activité primitive, ou plutôt c'est l'activité primitive elle-même. Elle n'est pas déterminée par la volonté ; la volonté ne l'est pas par la raison ; la raison par la considération du bien et du mal ; le bien et le mal par l'instruction, l'éducation, les principes, les préjugés, les erreurs, les

---

toujours mélangé de gaz acide carbonique. On ignore dans quelle proportion exacte le gaz azote pur se trouve mélangé avec l'acide carbonique ; mais il n'est pas, pour le moment, question de physique : j'en dirai quelque chose plus loin.

passions [1]. Elle est à elle-même cause et effet, renfermant en elle-même l'origine de son action : elle est ce qu'elle est, et parce qu'elle est.

§. 307. Mais en quoi consiste cette activité spontanée qui n'a pas encore de but ? Je réponds : dans l'existence reconnue. Pour cette reconnaissance, point de mode, point de temps. Elle n'exprime pas les mots *je suis* (car *je* ou *moi* suppose un hors de moi, le sujet suppose l'objet); mais elle exprime l'infinitif du verbe *être*, d'où naissent tous les temps et toutes les modifications : c'est l'être pensant lui-même, avec la conscience de son identité dans tous les temps et dans toutes les variations ; c'est l'ame distincte de ses affections : réalité absolue dans l'état concret, vaine chimère dans l'abstraction ; car il est impossible de séparer la substance de ses divers modes. Qu'on ne m'accuse donc pas de personnifier des abstractions. Je suis parvenu à la reconnaissance spontanée, non par la voie de l'abstraction, mais par celle du raisonnement : il découle d'un fait existant ; il est donc juste. Sans reconnaissance point d'activité, et sans activité point de composition. Or, celle-ci est indubitable : donc la reconnaissance spontanée, malgré son état de concrétion, l'est aussi.

§. 308. On insiste et on dit : Dans la liaison intime du moi avec les organes, vous ne pouvez les séparer que par abstraction ; personne n'a jamais vu

---

[1] Voy. chap. XVI, §. 265.

l'un agir sans les autres : il est donc pour le moins douteux que le moi puisse agir sans organes.

Ma réponse sera claire et facile. Abstraire et distinguer, sont deux opérations intellectuelles bien différentes [1] : j'abstrais, quand je considère séparément une qualité physique et morale ; je distingue, quand j'observe séparément les diverses parties qui forment un tout. Malgré l'intimité de leur liaison, je puis apercevoir leur action et réaction : je sais que c'est mon ame qui raisonne, et que c'est mon corps qui lui fait éprouver ou sert à lui faire éprouver telles ou telles sensations. Or, dès que toutes les parties dans l'état de composition sont actives, et que leur activité est intuitivement aperçue, elles l'ont de même été dans l'état d'isolement primitif ; car l'activité ne saurait engendrer le repos. Supposez deux hommes attachés ensemble : ils marchent tous deux. Auraient-ils pu le faire, s'ils n'avaient eu la faculté de marcher avant qu'ils fussent attachés l'un à l'autre ? Il en est de même du moi avec ses organes : une modification d'activité ne saurait provenir que de l'activité absolue.

§. 309. Mais, si l'activité spontanée est une *condition* indispensable du composé, elle n'en est pas la *cause productrice*. L'être qui se reconnaît, se borne à se reconnaître ; il n'a ni désir, ni tendance : il en faut nécessairement une pour opérer une composition.

---

[1] Voy. chap. VII, §. 141.

Donc, outre la reconnaissance primitive, il faut encore un désir, une tendance vers la réunion; tendance qui cherche à se satisfaire et n'y parvient qu'au moment de la rencontre de deux principes. Là commence le monde phénoménal ou le monde actuel, le sujet et l'objet, le moi et le hors de moi.

§. 310. On m'accordera, sans doute, que, sans une pareille tendance primitive, nulle rencontre, nulle combinaison des élémens n'est possible. Mais comment, me demandera-t-on, cette tendance elle-même existerait-elle sans la connaissance préalable des élémens, et la connaissance sans contact préalable avec eux ? Voilà le cercle vicieux; il faut en sortir, et je vais le faire.

L'acte irrécusable de la réunion suppose de toute nécessité la connaissance, celle-ci la tendance, cette dernière le contact préalable avec d'autres élémens analogues, et ce contact l'activité spontanée. Si donc la réunion est un fait, si toutes ces suppositions sont indispensables à ce fait, comme à elles-mêmes, la conséquence immédiate, la seule qui puisse expliquer toutes les contradictions et faire accorder toutes les nécessités observées, c'est que la *connaissance, la tendance et le contact entre les élémens, ainsi que leur activité spontanée, ont éternellement existé, comme les élémens mêmes;* ce sont des actes simultanés, corrélatifs, inséparables, qui se supposent les uns les autres, comme le sujet suppose l'objet. Les moi, existences éternelles, se sont éternellement et mutuellement connus, désirés, unis, séparés ; et ils l'ont fait, parce qu'ils l'ont fait. Cette connaissance, cette tendance et ce contact attractif et répulsif auront produit des combinaisons et des dissolutions tantôt avec tel objet, tantôt avec tel autre en particulier ; mais la connaissance, la tendance et le contact avec un objet quelconque auront eu lieu simultanément et de toute éternité. En effet, si j'existe parce que j'existe, comme personne ne saurait légitimement le révoquer en doute, par la même raison je vois parce que je vois, je connais parce que je connais, je désire parce que je désire, je me réunis parce que je me réunis, ou je n'existe pas par moi-même ; car tout cela est inhérent à mon existence, et comme elle est infinie, tout ce qu'elle renferme doit l'être aussi. Mais l'infini admet la succession, comme la substance admet les modes : s'ils sont bornés, parce qu'ils se succèdent, ils sont éternels, parce que leur succession et leur renouvellement sont éternels.

Imaginez qu'avant d'avoir vu, désiré, mangé une pomme, vous en avez vu, désiré, mangé une autre et avant celle-ci une autre encore, et de cette façon à l'infini : vous concevrez comment la vue, le désir et le goût d'une pomme sont des actes coéternels à votre existence, et pourtant successifs ; comment l'expérience elle-même s'élève à l'éternité.

On peut donc affirmer que la composition actuelle suppose une *infinité* de compositions analogues et préalables ; ou bien la composition actuelle serait impossible.

Mais l'expérience, s'élevant de cette manière à l'éternité, suppose à son tour une *infinité* de principes universels et préalables, sans lesquels nulle expérience n'eût été possible; car aucune ne serait reconnue. Donc ces principes, également infinis, s'élèvent également à l'éternité [1] : donc le moi raisonnant, l'être pensant, est *éternel*.

Cette démonstration n'est-elle pas sublime? Du simple acte de voir ou de manger une pomme, on déduit, par des conséquences immédiates et nécessaires, une infinité d'actes semblables et antérieurs; de ces derniers une infinité de raisonnemens universels et préalables; de ceux-ci, l'éternité du moi. Elle tire d'un fait isolé sa valeur et sa réalité; le fait tire de l'éternité l'avantage d'avoir été reconnu, et, pour ainsi dire, son existence même. Telle une simple source, devenue successivement ruisseau, rivière, fleuve large et superbe, va se confondre dans l'immensité des mers.

§. 311. En admettant une connaissance, une tendance, un contact et une *activité* coéternels à l'existence, j'exclus à bon droit ces fausses dénominations de connaissances obscures, de tendances obscures, de contacts fortuits et involontaires, d'activités excitées ou réveillées; car ce serait admettre des contradictions. Une connaissance peut être plus ou moins complète; mais elle ne sera jamais obscure : l'intelligence

---

[1] Voy. chap. I.er, §. 16.

exclut l'obscurité. De même une tendance obscure n'est point une tendance; comme une action, un contact, sans motif clair et déterminé, sans activité absolue et spontanée, est impossible.

§. 312. L'activité spontanée, éternelle, réciproque, non interrompue, des élémens, s'exerce par le contact; et ce dernier suit deux lois universelles, communes à tous les êtres simples et composés, ainsi qu'à toutes leurs facultés et propriétés, savoir, la similitude et le contraste.

§. 313. Opéré par deux élémens également modifiés, le contact ne produit qu'un *choc;* car deux choses dures venant, comme on l'a dit, à heurter l'une contre l'autre, continuent d'exister dans la même modification : elles ont la conscience de leur dureté respective sans pouvoir la dénommer, vu qu'elles ne l'ont pas encore comparée à une autre propriété contraire. Ainsi la similitude ne fournit aucun développement nouveau.

§. 314. Mais une chose molle vient-elle toucher une chose dure, le contraste fait d'abord ressortir les propriétés respectives: de là, comparaison et dénomination; de là, des idées de dureté et de mollesse dans la chose qui touche, comme dans la chose touchée; de là, développemens nouveaux et réciproques.

§. 315. Donc, si le contact offre diversité d'élémens, il offre en même temps *influence réciproque;*

car la même raison pour laquelle l'élément est *modifiant*, fait qu'il est *modifié*[1] : cette relation est constante et indispensable. Il est impossible que le choc soit d'une part, et la sensation de l'autre : il faut nécessairement ou choc ou sensation de part et d'autre; car les choses sont ou semblables ou diverses. Or la diversité contient toujours un degré d'opposition ou de contraste plus ou moins éloigné; avec le contraste se manifeste un nouveau développement, une sensation : si, par conséquent, ma main touche une pierre, elle n'y produit pas un choc, mais une sensation, par la même raison qui me fait éprouver une sensation, lorsque c'est la pierre qui me touche. Quoi! s'écriera-t-on, une pierre sensible! Quel paradoxe! Lisez jusqu'au bout, et vous jugerez ensuite.

§. 316. Toute perception est un changement dans l'intimité de mon être : tout changement, on vient de le voir, suppose influence réciproque. Donc, par l'acte même de la perception, j'opère à mon tour un changement dans la chose perçue : le résultat, c'est-à-dire la perception, doit être une double action simultanée dans le sujet percevant et l'objet perçu. Donc, en regardant le soleil, je l'enflamme; et si je n'ai pas la conscience de cette inflammation, c'est qu'elle est un effet hors de moi, et que je ne sens pas hors de moi. Quand vous touchez quelqu'un, vous ne sentez pas le plaisir ou la peine que vous lui faites.

---

[1] Voy. chap. III, §. 56.

§. 317. Le rapport entre le soleil et moi est chimique, positif et négatif : car, si le moi n'était pas lui-même opaque, il ne produirait pas l'inflammation du soleil ; il ne le verrait pas. La lumière n'en est pas moins objective dans le soleil [1] ; mais elle est développée par son contact avec moi. Ce contact s'opère par toutes les particules élémentaires qui sont entre le soleil et moi ; toutes ces particules sont entre elles, comme entre le soleil et moi, dans une relation chimique, continuelle, simultanée, non interrompue : ce rapport s'exprime par l'inflammation ; cette inflammation est le *rayon solaire*. Ainsi, du moment que des êtres existent et qu'ils sont contigus l'un à l'autre, on trouve contiguïté de rapports chimiques ; et les résultats de toutes ces relations contiguës sont tantôt rayons solaires, tantôt rayons solaires et colorés à la fois, tantôt chaleur, tantôt froid, etc. Donc les rayons ne voyagent ni du soleil ni des autres objets jusqu'à nous, puisqu'ils sont des relations chimiques, contiguës, permanentes. Mais ces mêmes rapports n'en suivent pas moins, dans leurs diverses directions, des lois mécaniques, combinées avec le mouvement des objets et la structure des organes. Nous voilà rentrés dans la sphère des opinions ordinaires à cet égard.

§. 318. Mais, pour juger d'une relation chimique ou de tout autre rapport avec une évidence intui-

---

[1] Voy. chap. III, §. 47.

tive, je dois en être l'un des termes. Dans la supposition contraire, mon jugement serait analogique; ou bien il me faudrait un syllogisme en forme pour reconnaître cette relation.

Exemples. Le soleil est lumineux pour moi : donc il *doit l'être* pour tous ceux qui sont organisés comme moi.

Je perçois intuitivement le soleil lumineux, je perçois intuitivement mon corps opaque, je perçois intuitivement la terre opaque : donc le soleil doit être à l'égard de mon corps et de la terre dans le même rapport chimique, positif et négatif, qu'il l'est à l'égard de mon ame; donc toutes les directions formées de particules élémentaires entre le soleil et la terre, sont en rapport chimique mutuel. L'ensemble de ces directions est *la lumière du jour.* Une de ces directions isolées est le rayon solaire, mot que j'emploie toujours pour me conformer à l'usage ; mais il n'est point de rayon proprement dit, ligne solide et prolongée. Le soleil ne réfléchit ni ne lance de pareils rayons ; ils n'existent que par les différentes relations des corps à la lumière générale répandue sur eux. Par conséquent les *couleurs*, comme telles, sont fondées dans la construction et la composition chimique des corps mêmes; la lumière n'en est que la condition générale.

§. 319. Ce que je viens de dire à l'égard de la lumière, de la chaleur et des couleurs, s'applique à toutes les autres propriétés : elles suivent toujours dans leur développement la loi du contraste ; elles sont toutes des relations chimiques, positives et négatives ; elles ont toutes une existence objective hors du sujet qui les perçoit.

§. 320. La pensée même est soumise à cette loi du contraste : sans elle, point de mode. Si je pense *à présent* à la lumière, c'est que je n'y pensais pas *auparavant ;* car, si j'avais *toujours* pensé à la lumière, je n'aurais eu qu'une seule et même manière d'exister : le mot de pensée n'existerait pas pour moi ; je serais une substance sans modification. Or, c'est une absurdité.

§. 321. Le contraste n'est pas la contradiction : elle est impossible. Aussi le mal n'est-il que la diminution ou l'augmentation excessive du bien, et réciproquement. Les oppositions que présente la nature, sont les extrêmes d'un seul et même attribut : c'est en quoi consiste la loi de continuité. Les nuances par lesquelles se dégradent l'ombre et la lumière, ne sont-elles pas insensibles? Et même la vérité et la vertu, si vous les exagérez, ne deviennent-elles pas erreur et vice ? Ainsi le bien et le mal sont dans le *degré*, et non dans l'*essence* des choses.

Voilà pourquoi le bien ne saurait engendrer le mal qu'après avoir passé par toutes les dégradations *insensibles,* subsistant entre les deux ; mais le bien et le mal, stationnaires au degré actuel, ne se produiront jamais l'un l'autre *subitement :* ce serait une véritable contradiction. Qu'importe, me dira-t-on, la mutation subite ou lente, si tôt ou tard elle s'opère, si tôt ou tard le bien produit le mal, et *vice versa?* Pourquoi chercherais-je à m'abstenir du mal, dès qu'il doit arriver à la longue? Un jour, un an, un siècle, que sont-ils en comparaison de l'éternité? un instant imperceptible.

J'observe que ce sophisme n'a pour appui que ces mots: *doit arriver à la longue*. On vient de voir que la conversion subite du bien dans le mal est absurde; la conversion lente, quoique *possible*, n'est pas *inévitable* : l'expérience prouve évidemment que nous pouvons maintenir à volonté le bien et le mal dans le degré actuel, et même les élever à des degrés supérieurs. Il suffit de cette vérité de fait pour assurer le triomphe de la morale, et pour confondre le méchant dans ses captieuses argumentations.

§. 322. Si la loi du contraste est réelle, me dira-t-on, le moi qui, selon votre singulière et bizarre expression, est *opaque* en présence du soleil, devrait être lumineux en son absence : visible aux autres, il devrait voir lui-même. Mais qui le voit, et que voit-il lui-même dans l'obscurité?

Je réponds : sans doute il est lumineux pour tout autre moi, si ce dernier, opaque sous l'influence solaire, aperçoit le premier, libre de cette influence. Il est encore lumineux pour lui-même : il voit au dedans sa propre lumière, c'est-à-dire ses images; il voit au dehors.... quoi?... l'obscurité, oui l'obscurité, c'est-à-dire une couleur noire répandue sur toute la nature; car l'obscurité ou les ténèbres, loin d'être une négation de toute couleur, en forment une noire, d'autant plus fortement prononcée, d'autant plus vivement aperçue, que le soleil est absent. Si vous voyez un seul objet noir, ou la nature entière couverte de voiles noirs, c'est toujours un acte de votre faculté visuelle.

L'imagination, dont l'action spontanée, non interrompue, est indépendante de celle des objets en général et du soleil en particulier (car nous avons des images la nuit comme le jour); l'imagination, dis-je, agit bien plus fortement dans l'obscurité qu'à la lumière : les illuminations de l'ame, comme celles d'un feu d'artifice, deviennent bien plus vives et plus brillantes dans la nuit; on aperçoit ce feu même de jour, mais très-imparfaitement. Cette vivacité de l'imagination, redoublée dans les ténèbres, parce qu'elle n'aperçoit au dehors qu'une seule couleur et qu'elle n'est pas distraite par une foule d'autres, explique pourquoi Homère, quoique aveugle, fut le prince des poëtes; sa cécité n'a fait que seconder son génie poétique. Cette vivacité explique encore pourquoi les grandes douleurs de l'ame se font sentir avec plus de force dans le silence et l'obscurité de la nuit, que dans le bruit et la clarté du jour. O soleil, astre bienfaisant! tu ranimes la nature engourdie; tu consoles l'ame qui, dans les ténèbres, est agitée par des images trop fortes de son infortune!

§. 323. Une nouvelle objection se présente. La loi du contraste fait sans doute ressortir les propriétés contraires ; mais elle ne peut ni les développer, ni les produire. Le blanc et le noir, rapprochés l'un de l'autre, ressortent davantage, ont plus d'éclat ; mais le blanc est blanc, le noir est noir, abstraction faite du rapprochement et du contraste. De même la lumière ne développe ni ne produit l'obscurité : elles ne font que ressortir davantage l'une par l'autre. De même encore le moi n'a pas besoin d'être opaque en présence du soleil, ni lumineux en son absence : car, est-il opaque en lui-même, il le deviendra davantage ; est-il lumineux en lui-même, il le deviendra moins au soleil, savoir aux yeux d'un tiers, s'il a véritablement la faculté de l'apercevoir: mais ni son opacité, ni son illumination, ne sont l'ouvrage du soleil. Pourquoi confondre le sens des mots *ressortir* et *développer ?* Le premier acte peut avoir lieu sans aucune modification nouvelle dans les objets ressortans ; le second en exige une de toute nécessité. C'est donc exagérer le pouvoir de la loi du contraste, que de l'étendre jusqu'aux développemens ; et si cette remarque est juste, que devient votre théorie du contraste ?

Je conviens qu'il est des cas où le contraste se borne à faire ressortir les propriétés contraires ; mais on m'accordera qu'il en est d'autres où il les développe : là, par le seul rapprochement ; ici, par le contact des objets. Or, le soleil n'est pas dans un état de rapprochement, mais il est en contact avec le moi ou l'ame; car, à son aspect, le moi éprouve de nouvelles sensations et de nouveaux sentimens, c'est-à-dire, d'autres manières d'être. Toute nouvelle modification suppose diversité, contraste dans l'objet qui touche, comme dans l'objet touché; sans quoi, point de nouvelle manière d'être, produite par le contact : je l'ai dit ailleurs [1]. Si donc j'aperçois le soleil lumineux, c'est que je suis opaque *à son égard*. Ce n'est pas que le moi, substance étendue, ne puisse être en même temps lumineux à l'égard de lui-même et d'autres objets, lorsque l'imagination vient à les lui représenter dans les points libres de l'influence solaire directe, et placés dans d'autres organes que ceux de la vision; ou bien si, correspondant avec les objets par d'autres points aussi libres que les premiers, il produit de nouvelles relations et de nouveaux résultats, toujours variés, jamais contradictoires, et qui viennent tous se concentrer dans la conscience identique du moi ou de l'ame, indivisible, malgré son étendue, malgré la variété de ses points et de ses affections. Vous avez froid à la main droite, et chaud à la gauche; cependant le moi sensible, identique, et partant indivisible, répond dans l'une et l'autre main. Il en est de même de toutes les modifications dites intellectuelles et physiques. Je développerai, je prouverai bientôt cette idée de l'étendue indivisible dans la di-

---

[1] Voy. §. 314.

versité de ses modes : idée qui paraît si paradoxale au premier coup d'œil [1]. Ici je remarque que, le moi devant être opaque, du moins dans quelques-uns de ses points, pour produire et percevoir la lumière du soleil, par la raison inverse, dans l'absence de cet astre, quand toute la nature est couverte de crêpes, au milieu d'épaisses ténèbres, il doit devenir lumineux lui-même; car la cause contraire produit l'effet contraire : si la dureté est dans l'objet, la mollesse est dans le moi ; si l'obscurité se trouve dans l'un, la lumière se trouve dans l'autre, et *vice versa*. Qu'en effet le moi devienne plus lumineux la nuit que le jour, au dedans comme au dehors, je crois l'avoir déjà prouvé [2]. Voilà des objections et des réfutations peut-être superflues après tout ce que j'ai dit plus haut [3]. Mais, sans parler des lecteurs superficiels pour qui rien n'est jamais assez clair, parce qu'ils ne sont jamais assez attentifs, des lecteurs même profonds ont quelquefois besoin, pour bien saisir une chose, qu'elle leur soit présentée sous divers aspects. Je poursuis.

§. 324. Les développemens soit internes soit externes une fois opérés, tous les élémens dans leur combinaison ultérieure suivront la loi de la similitude, pour se constituer en *agrégats*, assemblages de parties similaires; mais ils suivront la loi du con-

---

[1] Voy. §. 328 — 344.
[2] Voy. §. 322.
[3] Voy. §. 312 — 319.

traste, pour former un *corps*, assemblage de parties dissimilaires, mais dirigées vers un seul et même but.

§. 325. Plus l'agrégat ou le corps contiendra d'élémens, plus il aura d'intensité et de force pour se maintenir contre d'autres agrégats et d'autres corps. La permanence ou la transformation des uns et des autres dépendra du rapport de leurs forces respectives.

§. 326. Mais un élément ne se borne pas à développer une seule de ses facultés ou propriétés ; il ne borne pas son existence à un seul mode : il produirait ainsi sa propre dénaturalisation. Donc tout agrégat, tout corps, doit se dissoudre tôt ou tard, s'il n'est entretenu par d'autres particules élémentaires, qui viennent remplacer celles qui s'en détachent. L'existence du soleil dépend d'un pareil remplacement ; son inflammation dépend de son rapport chimique avec moi et d'autres êtres comme moi. Or, toutes ces particules, ayant les mêmes propriétés, sont toujours soumises à l'action attractive ou répulsive du soleil. Pour expliquer sa durée, on n'a pas besoin de l'hypothèse gratuite des comètes qu'il doit absorber.

§. 327. Si l'activité spontanée des élémens ne produit pas un rapport mutuel, dont il ne s'agit plus à présent, mais une simple modification interne de plaisir ou de peine, je l'appelle *instinct*, quand c'est l'objet qui l'exerce sur le sujet, ou le corps sur l'ame ;

mais je l'appelle *harmonie* dans la supposition inverse. [1]

§. 328. L'activité spontanée suppose l'intelligence; car, en agissant par soi-même, on sait ce que l'on fait, ou bien l'on n'agirait pas.

Elle suppose encore la sensibilité; car, sans motif de plaisir ou de peine, point d'action. Elle suppose enfin la volonté; car, rechercher un plaisir, éviter une peine, c'est vouloir l'un, c'est ne pas vouloir l'autre.

§. 329. L'univers est donc la totalité ou l'infinité des principes ou des moi (si je puis me servir ainsi de ce terme) éternels, étendus; mais indivisibles, intelligens; sentant, voulant et agissant par eux-mêmes et sur eux-mêmes par une suite de leur propre spontanéité; doués, en un mot, de toutes les facultés et propriétés que nous voyons dans les agrégats formés de ces principes. [2]

---

[1] C'est par une suite de cet instinct que l'enfant commence à sucer la mamelle, et que le poulet, à peine sorti de l'œuf, court droit becqueter le grain, etc. Sans l'instinct l'animal périrait dès le commencement de sa nouvelle carrière. Ces actes sont *obscurs* pour nous, qui n'avons pas le souvenir de notre enfance, qui ne connaissons pas ce qui se passe dans l'ame du poulet; mais ils sont *clairs* pour l'enfant et pour le poulet : car, du moment qu'ils font une chose, ils *savent* pourquoi ils la font; et cette connaissance d'où l'auraient-ils, si elle n'était pas coéternelle à leur être? Dire qu'ils y sont poussés par une force quelconque, ce n'est pas résoudre, c'est *reculer* la difficulté.

[2] C'est là, si je ne me trompe, qu'il faut se placer pour apprécier au juste les diverses explications que l'on nous a données des

§. 330. Mais ces principes étendus sont donc matériels, et non spirituels ?

faits, et les systèmes auxquels ces explications ont servi de fondement dans la physique et dans les autres sciences.

Si les siècles passés ont trop élargi le domaine de la métaphysique, le siècle présent semble l'avoir resserré dans des bornes trop étroites : deux extrêmes qu'il faut éviter. C'est à la physique, ou bien à l'expérience prise dans le sens le plus général, à exposer les *faits*; c'est à la métaphysique, ou bien à la raison universelle, à les constater, déterminer et transformer en principes : c'est elle seule, dis-je, qui doit en fournir des explications, qui doit en tirer des résultats. Voilà ce qui l'élève au rang suprême de reine des sciences. Un physicien, un chimiste, un médecin, un moraliste, un politique, un philosophe, enfin, qui rejette l'autorité de la métaphysique, me paraît aussi ridicule et non moins inconséquent qu'un mécanicien qui rejetterait les mathématiques. C'est le bourgeois gentilhomme faisant de la prose sans le savoir.

Dès que les élémens sont étendus, indivisibles, et qu'ils renferment toutes les facultés et toutes les propriétés que nous voyons dans les agrégats formés par eux, il s'ensuit qu'ils ne peuvent rien se communiquer les uns aux autres, car ce serait une espèce de divisibilité dans une chose indivisible en elle-même; mais qu'ils ne font que se développer par le contact, comme je l'ai déjà fait remarquer quelque part : développement qui, sans leur homogénéité, serait impossible. Comment, en effet, une substance agirait-elle sur une autre substance de nature tout-à-fait différente? Comment, par exemple, un esprit *inétendu* agirait-il sur un corps *étendu*?

Mais l'homogénéité n'exclut pas le contraste. On ne doit pas le confondre avec la contradiction : la contradiction ne se trouve pas dans la nature; car une existence n'en saurait contredire une autre, et la nature n'est que l'ensemble des existences. La contradiction est par conséquent dans l'esprit humain; tandis que ce n'est pas lui, mais la nature, qui fournit le contraste, c'est-à-dire la variation d'une seule qualité : variation sans laquelle aucun nouveau développement n'est possible. Une substance dure développe par le contact une substance molle; mais la mollesse n'est qu'un degré inférieur de du-

Esprit, matière : voilà deux abstractions. Si on

---

reté ; il faut, d'ailleurs, que les deux substances soient étendues : de la double homogénéité, toujours variée, toujours opposée, jamais contradictoire.

Les propriétés, sans nulle exception, se développent simultanément dans le sujet qui les renferme *toutes ;* car elles ne peuvent, sans une contradiction évidente, cesser d'exister et d'agir : autrement du contraire naîtrait le contraire, de l'existence le néant, de l'action l'inaction. Mais elles se déploient avec divers degrés d'intensité : la couleur, par exemple, peut être bien vive, tandis que la chaleur est imperceptible. Cependant, pour qu'un degré plus grand ou moindre d'une propriété se manifeste par le contact, celui-ci doit s'opérer avec une propriété semblable, homogène : le feu allume le feu ; jamais la couleur, jamais une autre propriété différente ne pourrait le faire : l'homogène seul agit sur l'homogène.

Si le contact seul développe les élémens sans nulle communication de qualités respectives, il en résulte qu'il n'existe point d'oxigène, d'azote, d'hydrogène, de carbone, de calorique, etc., proprement dits, qui ne soient que cela, qui ne puissent être que cela de toute éternité ; mais que chaque élément peut devenir à son tour azote, oxigène, hydrogène, etc. Il peut rester tel plus ou moins de temps, sans éprouver de variation sensible : il peut aussi se réunir à d'autres élémens, et former un agrégat. Mais cette réunion n'a lieu que de deux manières différentes.

Si la réunion produit une nouvelle modification interne et simultanée dans tous les élémens, c'est un *amalgame.*

Si la réunion ne fait que donner aux élémens un plus haut degré de force ou de faiblesse, sans quelque nouvelle modification dans l'intimité de leur être, ce n'est qu'un simple *mélange.*

Dans l'air atmosphérique, par exemple, l'oxigène et l'azote ne sont que mélangés : avec le seul azote on tomberait subitement dans un état de langueur, et la vie s'éteindrait aussitôt ; avec le seul oxigène, on aurait plus de vivacité, mais la vie serait bien moins longue. Ces deux substances, mélangées dans une certaine proportion, modifient, affaiblissent leur intensité respective, sans changer pour cela de nature. Je dis qu'elles *affaiblissent*, mais ce n'est que

veut leur accorder une existence isolée, on person-

---

relativement au troisième objet, sur lequel s'exerce leur influence réciproque; car, en elles-mêmes, elles conservent chacune leur degré d'intensité.

Mais deux liquides, l'un froid et l'autre chaud, mêlés ensemble, produisent un véritable amalgame, du moins sous le rapport calorique ; ils acquièrent dans *toutes* leurs parties une *nouvelle* température moyenne : ils peuvent, il est vrai, reprendre l'ancienne ; mais la nouvelle était là.

Le fer oxidé n'a plus la propriété d'attirer l'aimant; donc *toutes* les parties constituantes du fer ont éprouvé un nouveau mode, savoir l'oxidation. Elle remplace la force attractive, qui reparaît par le contact avec l'air atmosphérique. On explique ce double phénomène, d'abord par la pénétration de l'oxigène entre les parties constituantes du fer ; et puis par l'absorption de ce même oxigène dans l'air atmosphérique.

Cette explication me paraît fausse. Si *toutes* les parties constituant les liquides et le fer ont acquis une nouvelle modification, elles ne se sont pas mélangées avec le calorique et l'oxigène, comme le suppose l'explication donnée; mais elles se sont amalgamées avec ces deux substances, c'est-à-dire que le calorique et l'oxigène de celles-ci ont développé le calorique et l'oxigène des liquides et du fer : car, la communication des propriétés étant impossible, absurde, elles ne font que se renforcer ou s'affaiblir par le mélange, ou bien se développer ou *s'invelopper* par l'amalgame ; nouveau mot, que je vais justifier tout à l'heure. Or, les deux signes certains et irrévocables de ce dernier sont la *totalité*, comme la *nouveauté*, de la modification récente.

Il est donc ridicule de dire que le calorique passe de l'eau chaude dans l'eau froide. Le calorique n'est donc pas une substance isolée, mais une simple propriété des élémens, comme toutes les autres propriétés, la pesanteur, l'attraction, etc. ; le calorique de l'eau chaude a développé le calorique de l'eau froide, c'est-à-dire de l'eau moins chaude, et s'est inveloppé lui-même, c'est-à-dire, a renfermé en lui-même une partie de sa propre intensité : le tout d'après les lois et dans les proportions convenables à cette double modification. Je dis

nifie des abstractions, on crée des chimères. Mais s'est *inveloppé* ; car je ne vois pas le moyen de perdre ou d'annihiler une faculté, une propriété quelconque. Si donc elle disparaît ou fait place à une autre, devenant insensible à nos organes, elle se renferme, elle s'inveloppe dans l'essence du sujet qui la contient. Voilà mon néologisme légitimé.

On peut en combattre la nécessité. Un élément, dit-on, conserve plus ou moins long-temps sa modification actuelle, par exemple, le calorique : il se détache d'un agrégat chaud, et va s'insinuer dans un agrégat froid ; il garde toujours sa propre température, qui ne varie que pour un tiers, éprouvant à la fois la sensation chaude et la froide, qu'il ne distingue pas l'une de l'autre à cause de leur simultanéité. L'element ou les élemens chauds viennent-ils à se détacher de l'agrégat, celui-ci reprend sa température froide primitive. Est-il donc faux de dire que le calorique du premier agrégat *a passé* dans le second ? D'ailleurs, si le calorique n'augmente pas sensiblement le poids de l'agrégat où il passe, d'autres substances élémentaires ne manquent pas de le faire, comme l'oxigène et l'azote, dont l'addition ou la soustraction augmente ou diminue la pesanteur des agrégats, à raison de celle qui leur est particulière. Comment croire qu'ils ne se sont pas tous combinés ensemble ?

La simultanéité de sensations différentes, répondrai-je, n'empêche pas toujours de reconnaître cette différence ; et, dès qu'elle l'empêche, une sensation obtient une prépondérance décidée sur l'autre, sans changement quelconque : alors c'est le simple mélange. Mais quand, au lieu de prépondérance, il s'opère un changement de sensation, non dans une seule, mais dans *toutes* les parties constituantes d'un agrégat ; quand je n'éprouve plus l'excès du froid ou du chaud, mais une température modérée, moyenne et commune, alors les deux conditions réunies de totalité et de nouveauté manifestent la modification intime, l'amalgame parfait.

Qui dit agrégat, dit tous les élemens dont il est composé. Qui dit agrégat devenu chaud ou froid, dit tous les élemens devenus chauds ou froids. Qui dit élément devenu chaud ou froid, dit un changement, une nouvelle modification opérée dans l'intimité de son être. Enfin, qui dit une nouvelle modification dans tous les élemens réunis en agrégat, dit un amalgame.

ces abstractions, comme je l'ai fait observer plus d'une

Donc, je le répète, toutes les fois qu'un agrégat manifeste une nouvelle propriété, ou l'ancienne dans un nouveau degré de force ou de faiblesse, c'est l'amalgame et non le mélange qui se fait sentir. Par conséquent, dans les exemples que j'ai cités des liquides et des oxides, c'est l'amalgame et non le mélange qui s'est manifesté dans toute sa plénitude.

Quant à l'objection tirée de la pesanteur, j'observe que l'augmentation ou la diminution du poids des corps ne dépend pas seulement du nombre plus ou moins grand des particules élémentaires qu'ils acquièrent ou qu'ils perdent ; elle dépend encore de la contraction ou de la dilatation de ces mêmes particules, à la chute desquelles l'air atmosphérique résiste plus ou moins. Il est ici question, non de pesanteur absolue, ou de la tendance égale de tous les corps dans le vide vers le centre de la terre ; mais de pesanteur relative, c'est-à-dire, de cette même tendance modifiée par l'air. Or, cette dernière pesanteur, plus ou moins grande, ne prouve pas à elle seule le passage des parties élémentaires d'un corps dans un autre, à raison de la diminution ou de l'augmentation des poids respectifs.

L'erreur capitale qui fait envisager comme substances isolées les propriétés des substances, c'est-à-dire, personnifier des abstractions, engendre de fausses notions des choses.

Par les mots de gaz oxigène, hydrogène, etc., on entend le mélange d'une de ces substances avec le calorique. Mais je crois avoir prouvé que l'oxigène, l'hydrogène et le calorique peuvent résider et résident en effet dans la même substance, et qu'ils s'y développent simultanément, quoique dans un degré d'intensité bien différent. La rose, par exemple, étale ses couleurs, exhale son parfum ; cependant les couleurs peuvent être bien vives, et le parfum bien faible. Qui dit oxigène, hydrogène, calorique, dit une substance où prédomine considérablement l'oxigène, ou l'hydrogène, ou le calorique, sans exclusion absolue d'aucune de ces propriétés. Donc le prétendu gaz, mélange de deux substances, est une pure chimère.

Si tout ce que je viens d'exposer est vrai, bien démontré, que l'on juge des réformes à faire dans l'énonciation des principes physiques.

« L'acide sulfurique, mélangé avec l'eau à zéro, peut élever sa

fois[1], n'en sont pas moins réelles dans *l'état concret* : je veux dire que dans cet état on trouve une substance pensante et une substance étendue. Or, ces deux substances n'en forment effectivement qu'une seule, mais envisagée sous divers aspects.

§. 331. C'est une objection mille fois répétée, que la matière, divisible à l'infini, ne peut renfermer ni pensée ni sentiment, ne peut contenir des moi intelligens et sensibles ; car, quelque petite que l'on suppose l'étendue, elle a des points, divers centres. Où se réunit donc la conscience des sensations ? où se trouve le moi ? Est-ce dans tel point ? est-ce dans tel autre ?

Raisonnement spécieux ! La divisibilité infinie de la matière, loin d'être constatée par le fait, se trouve contredite par des conséquences tirées des faits exis-

---

« température jusqu'à 120 degrés : le mélange ne donne de la cha-
« leur *que tant que l'eau et l'acide se pénètrent mutuellement.* »
Ne s'exprimerait-on pas avec plus de justesse et de précision, si l'on disait : *tant que l'eau et l'acide, par la pénétration réciproque, c'est-à-dire par le contact interne de leurs parties constituantes, développent leur calorique respectif ?*

Ainsi, créer des substances qui n'existent pas ; en séparer dans l'esprit d'autres qui ne sont pas séparées dans la nature ; confondre l'idée de communication avec celle de développement ; imaginer des combinaisons d'élémens à la place d'un seul déployant diverses propriétés ; établir, en un mot, sur des faits indubitables des principes faux : voilà, ce me semble, des erreurs assez graves, qu'il n'appartient qu'à la métaphysique, seule législatrice de toutes les sciences, de signaler et de redresser.

[1] Voy. chap. VII, §. 139.

tans. Nous voyons la composition : donc il faut des élémens, sans lesquels il ne saurait exister de composition. Elle est étendue : donc les élémens doivent l'être aussi.

§. 332. Un élément étendu, mais indivisible, doué de pensée et de sentiment, diffère tout-à-fait d'un objet composé et divisible : on ne doit pas raisonner sur l'un comme on raisonne sur l'autre. L'objet est un agrégat qui peut éprouver des impressions dans un point, sans que tous les autres les éprouvent ; mais l'élément, qui forme le moi doué d'intelligence, de sensibilité et de volonté, ne peut, par une suite de ses facultés indivisibles et spontanées, éprouver quelque sensation dans un point sans l'éprouver simultanément dans tous les points, dans toute la plénitude de son être. C'est une vérité de fait, mystérieuse, mais irrévocable, comme toutes les vérités de ce genre.

§. 333. Quelque chose me touche à l'extrémité du pied ; et de suite l'être pensant reconnaît cette impression. Or, l'unité de sentiment et de reconnaissance n'est pas opérée par celle des fibres aboutissant au cerveau, point central des sensations que le moi reçoit des objets : elle est produite par le sentiment un et indivisible, mais répandu sur tous les points des fibres et du corps. Si le moi n'éprouvait la sensation qu'au moment où elle arrive au cerveau, cette communication fût-elle plus prompte que l'éclair, le moi ne sentirait jamais son pied affecté; le cerveau, seul objet qui agirait directement sur lui, serait seul senti : or, il éprouve la sensation au pied. Comment, sans expansion, sans étendue, sentirait-il dans deux points aussi distans l'un de l'autre que le cerveau l'est du pied? S'il n'avait point d'étendue, il sentirait là où il ne serait pas. D'un autre côté, si la divisibilité infinie de l'étendue était adoptée, la conscience des sensations deviendrait impossible, puisqu'au lieu d'un moi il y en aurait deux, trois, à l'infini.

§. 334. On ne peut donc concilier ces contradictions avec elles-mêmes et avec le fait de la composition, qu'en admettant une substance étendue, mais indivisible, et douée d'un sentiment simultané dans toute la plénitude, dans toute l'étendue de son être.

§. 335. L'exemple de ceux qui, après l'amputation d'une main, sentent encore leurs doigts, ne prouve pas que le sentiment soit concentré dans le cerveau : il ne l'est pas plus dans l'intérieur du crâne que dans toute autre partie du corps; il est également répandu partout. Mais cet exemple prouve que le moi ou l'ame, susceptible de contraction comme d'extension, quoique unique et indivisible, continue, malgré l'amputation, de sentir dans les mêmes points de son être qui étaient revêtus des formes des doigts, et qui, repliés sous d'autres formes, comme sous celle du bras, n'en sont pas moins sensibles à toute impression. Or, l'ame ne cesse et ne peut cesser de se sentir elle-même, indépendamment de toute forme. Le point, qui était doigt, est-il touché, elle le sent et dit d'abord : Mon doigt a été touché, c'est-à-dire, cette même partie de mon être que j'appelais jadis doigt.

§. 336. La nature elle-même, qui se refuse aux efforts ultérieurs du chimiste, ne semble-t-elle pas nous indiquer à la fois l'étendue et l'indivisibilité élémentaires, en nous opposant toujours de nouvelles bornes ? Et le métaphysicien peut-il accorder autre chose au chimiste, sinon qu'il n'est pas encore parvenu à la dernière décomposition ? Mais il lui refuse absolument le pouvoir de la pousser à l'infini : ses instrumens fussent-ils mille fois plus perfectionnés qu'ils ne le sont actuellement, il rencontrera enfin des élémens et des élémens étendus.

§. 337. S'ils sont étendus, quoique indivisibles ; si la distinction de l'esprit et de la matière est illusoire, elle ne saurait non plus exister entre l'activité dite intellectuelle et l'action dite physique, entre la pensée et le mouvement : l'une et l'autre ne sont qu'une seule et même action, d'une seule et même nature. Quoi, me dira-t-on, l'ame, en pensant, se meut, change de place. Oui, elle se meut, elle exécute des mouvemens, et se déplace par conséquent de la même manière qu'un corps se déplace, lorsqu'assis vous faites exécuter à vos pieds quelques mouvemens : ils sont partiels, car la presque-totalité du corps garde sa place ; ils sont réels, car le moyen de se mouvoir sans se déplacer? Il en est exactement ainsi de l'ame, et je n'en veux que la preuve de fait suivante. En pensant long-temps, vous mettez vos nerfs dans un état d'agitation ou d'irritation qui finit par causer à votre ame des sensations désagréables, désignées par les mots de fatigue et de lassitude : vous convenez que votre ame pensante a mis vos nerfs en mouvement avec plus ou moins de vivacité. Vos nerfs! parties de votre corps, corps eux-mêmes! Peut-elle le faire sans les toucher, à la manière d'un corps qui touche un autre corps? Mais comment toucher sans se mouvoir? et comment se mouvoir sans changer de place? Donc l'ame en pensant, se meut, se déplace, sans cependant quitter tout-à-fait le corps, sa demeure constante : comme l'eau, dans un vase qui n'est pas rempli, s'y meut quelquefois sans en sortir nécessairement; ou plutôt comme l'œil clignotant conserve sa place dans la tête, clignotement qui me paraît l'image la plus parfaite de la pensée mouvante. Ou cette explication est vraie, la seule vraie, ou l'influence de l'ame sur le corps est impossible et partant absurde. Cette influence, m'objectera-t-on, existe sans qu'on puisse l'expliquer, car elle est inconcevable. Mais, qu'on se rappelle que l'inconcevable n'est pas l'absurde [1] : l'inconcevable ne se fonde que sur l'ignorance, plus ou moins invincible, de la cause d'un fait existant, primitif ou secondaire; mais l'absurde se fonde sur

---

[1] Voy. chap. II, §. 42.

l'impossibilité la plus absolue d'expliquer le fait d'une autre manière, sans contredire son existence même. Quoique, par exemple, l'attraction en elle-même soit *inconcevable*, il n'en serait pas moins *absurde* d'en supposer la possibilité sans contact visible ou invisible. Si l'on confondait l'inconcevable et l'absurde, on prouverait aisément que deux et deux font cinq : l'inconcevable ouvrirait ainsi la porte à toutes les absurdités.

Donc, qui dit pensée, dit mouvement et *vice versa*. Donc tout pense, c'est-à-dire que tout se meut dans l'univers. [1]

---

[1] D'après ce principe suffisamment prouvé, le rapport de l'ame au corps et *vice versa*, rapport jusqu'à présent si mystérieux, se détermine avec facilité.

L'ame vient-elle à penser, elle se meut. Ce mouvement, en vertu de son homogénéité avec le corps, en produit un semblable, à la fois spirituel et matériel, dans le corps qui, mu, réagit simultanément sur l'ame. Si la pensée est agréable ou désagréable, le mouvement et le contre-mouvement, c'est-à-dire l'action et la réaction, le seront aussi par les mêmes principes d'homogénéité et d'analogie. De là vient l'habitude d'exprimer les sentimens de l'ame par les changemens qu'ils opèrent dans le corps, surtout lorsqu'on veut le faire par des images. Ainsi, pour exprimer l'effroi et la terreur, on dit : le sang se glace dans mes veines, les cheveux me dressent à la tête, etc. Cependant le sang glacé, les cheveux dressés ne sont que les effets corporels dont les causes mêmes, c'est-à-dire, l'effroi et la terreur, sont dans l'ame. Celle-ci, productrice de la cause, en éprouve aussi les effets simultanés et correspondans, c'est-à-dire, la froideur du sang et le dressement des cheveux.

Les organes, comme instrumens, sont bons ou mauvais, selon qu'ils sont plus ou moins propres à l'usage que l'on en doit faire ; et, comme objets réagissant sur l'ame avec plus ou moins de force ou de faiblesse, ils déterminent les divers tempéramens, colère, bi-

§. 338. *Objection.* D'où vient cependant que le sentiment est répandu dans tout le corps, tandis que le raisonnement est borné à la tête ? D'où vient,

---

lieux, sanguin, phlegmatique, etc. Ainsi le tempérament ne consiste que dans le degré de réaction des organes sur l'ame.

La simultanéité de l'action de l'ame et de la réaction des organes a favorisé les erreurs du spiritualisme et du sensualisme. Cette action simultanée est si prompte, si rapide, qu'il ne faut pas s'étonner si l'on a confondu le corps avec l'ame, et le tempérament, qui n'est que l'action des organes sur l'ame, avec la sensibilité pure qui ne réside que dans l'ame, indépendamment de toute sensation opérée sur elle par les organes. On peut donc être à la fois très-irritable et peu sensible. J'ai vu des hommes froids de tempérament avec une profonde sensibilité, et des hommes vifs en être presque dépourvus. Une extrême vivacité met des obstacles à l'exercice de la sensibilité et de la raison ; car elle ne laisse aucun sentiment, aucune pensée jeter dans l'ame de profondes racines.

Ainsi l'action vient de l'ame, et la réaction du corps : elles se modifient l'une par l'autre. L'état actuel de l'ame dépend : 1.° du développement de ses facultés intellectuelles, sentimentales et morales, antérieur à l'époque où elle fut revêtue d'organes, et 2.° de l'état de ces mêmes organes, comme elle les a reçus, comme elle les a modifiés, comme elle les modifie tous les jours. Il est donc possible d'avoir, avec une organisation semblable, des ames différentes. Ce n'est pas que je veuille soutenir, contre toute évidence, que l'organisation plus ou moins perfectionnée ne favorise plus ou moins les progrès de l'ame ; mais la seule organisation, ainsi que l'a prétendu Helvétius, n'explique pas la différence des ames.

2) Dès qu'on n'admet point de distinction entre l'esprit et la matière, dès que le mouvement et la pensée ne sont qu'une seule et même action, d'une seule et même nature, l'influence de la volonté et de la foi dans les opérations du magnétisme animal n'est plus absurde ; elle s'explique, comme toutes les actions et réactions dites physiques : la volonté, la foi, le désir de soulager sont des mouvemens qui, par le caractère général de mobilité, et par le caractère

par exemple, que mon pied sent, et ne raisonne pas ? Si le moi est un, indivisible, quoique étendu, il de-

---

particulier d'agrément, donnent au magnétisme plus d'énergie et d'efficacité, comme à peu près une friction agréable produit un effet utile, contraire à celui d'une friction violente et dure.

Les spiritualistes objecteront qu'il s'agit, non d'expliquer, mais de constater un fait. Or, celui de l'influence réciproque de l'ame et du corps est là. Comment s'opère-t-il ? On n'en sait rien. Toute explication ne serait ici qu'une hypothèse plus ou moins brillante, ou bien une chimère plus ou moins voisine de l'extravagance : on n'explique pas les faits primitifs.

Indiquer la cause d'un fait, répondrai-je, cause sans laquelle il serait impossible, ce n'est pas encore l'expliquer. Je vois des cendres, et je dis : Si le feu n'eût pas consumé le bois, les cendres n'existeraient point. Le feu est donc la cause nécessaire, sans laquelle l'existence des cendres eût été une absurdité ; et cependant la cinération en elle-même est un fait primitif inexplicable, au-delà duquel je ne puis pas même remonter, parce que son existence est une vérité de fait, qui se pose, qui se prouve par elle-même, et qui sert au besoin de base fondamentale à d'autres vérités déduites.

A présent, je le demande, a-t-on bonne grâce de me reprocher de vouloir expliquer l'inexplicable, quand je soutiens que, si la pensée meut la matière, elle agit nécessairement sur celle-ci comme un corps agit sur un autre corps, sans quoi le mouvement serait impossible : or le mouvement *est là*. Je n'explique donc ni la pensée, ni la matière, ni leur influence mutuelle ; je ne fais qu'indiquer par analogie la cause première du mouvement observé. C'est l'ame spontanément active, étendue, mais indivisible ; qualités sans lesquelles le mouvement n'existerait pas. En effet, comment une ame inétendue, qui n'occupe aucune place, agiterait-elle sur un corps étendu, qui doit en occuper une ? Cette action supposée est plus qu'inconcevable : elle est absurde. C'est pour résoudre cette difficulté que le grand Leibnitz imagina l'harmonie préétablie : belle hypothèse, mais qui n'en reste pas moins hypothèse ; car elle n'est indispensable à aucun fait actuel.

vrait raisonner, comme il sent, dans toute la plénitude de son être, et non dans une seule de ses parties. Des faits semblent prouver le contraire. D'où vient cette contradiction ? Est-elle réelle, ou seulement apparente ?

Réponse. 1) Sans perception, nul sentiment n'est possible : car une sensation, je veux dire un contact, aurait beau exister; dès qu'elle n'est pas reconnue, elle est nulle. Si donc j'éprouve quelque chose au pied, il faut nécessairement que le moi en ait la perception et, par conséquent, qu'il soit *présent à ce pied;* autrement il sentirait, il percevrait là où il ne serait pas. Ainsi la perception et le sentiment sont également répandus dans toute la plénitude du moi, et le moi dans toute celle du corps. 2) Comme l'argumentation n'est au fond que le rapprochement des diverses perceptions qui conduisent à une perception finale, il s'ensuit que le principe du raisonnement se trouve aussi répandu dans toute la plénitude du moi, présent à toutes les parties du corps. 3) Mais le raisonnement étant le plus haut degré de l'activité spontanée de l'être pensant, celle-ci, quoique répandue dans toute la plénitude de cet être, quoique incapable de s'arrêter nulle part, peut se manifester dans quelques-uns de ses points *plus* que dans d'autres, selon qu'ils correspondent à certaines parties du corps, à des organes qui facilitent cette activité; et comme tous les organes, du moins les externes, sont réunis dans la tête, il en résulte que les points correspondans de l'ame éprouvent des sensations et des perceptions bien plus variées que tous les autres points de l'ame qui correspondent à d'autres parties du corps. La conscience du moi étant ainsi continuellement renouvelée ou diversement modifiée dans la tête, on s'habitue à la regarder comme le siége unique de la pensée. Or, cette variété ou plutôt cette différence totale des sensations et des perceptions, *fortement* prononcée dans le point de l'ame où ces dernières se manifestent, y produit la *distinction*, et celle-ci le raisonnement. Si les mêmes organes, toutes choses d'ailleurs égales, étaient placés dans le pied, la principale activité de la pensée s'y porterait : le pied raisonnerait. Cette assertion est démontrée, indépendamment de toute expérience particulière, par la loi analogique des causes et des effets [1] ; mais l'expérience vient encore la confirmer : les essais magnétiques rapportés par le médecin Kluge [2] prouvent jusqu'à l'évidence, qu'on peut, à la suite de certaines préparations du corps, lire dans un livre ouvert, appliqué sur le ventre. Donc la faculté de voir n'est pas bornée à l'œil : donc le moi, présent à une autre partie du corps, peut reconnaître une série de caractères typographiques. Qui reconnaît une chose, se la rappelle; et le souvenir suppose le raisonnement. Or, si le moi raisonnant n'était pas présent au ventre, lorsqu'il lit par le ventre, il lirait là où il ne serait pas : encore

---

[1] Voy. chap. 15, §. 254.
[2] *Versuch einer kurzen Darstellung des Magnetismus als Heilmittel, von Kluge. Berlin, bey Saalfeld*, 1811.

une absurdité! Cette singulière expérience, dira-t-on, n'est pas assez avérée pour servir à fonder un principe; et qui sait même si des esprits frivoles n'y trouveront pas matière à s'égayer? Mais, sans m'arrêter aux plaisanteries déplacées dans un sujet si grave, je répète que cette expérience peut le développer, le confirmer; mais elle n'ajoute rien à sa valeur intrinsèque. Donc, si l'exemple est faux, le principe n'en est pas moins juste. Voulez-vous des images de la pensée et de ses divers modes? Voyez une tulipe : la vie végétale la parcourt tout entière; et cependant elle ne déploie dans la tige que la couleur verte, réservant les plus variées et les plus belles pour la fleur même. Voyez encore ce fleuve, dont le cours est lent et majestueux. Il vient à rencontrer des obstacles ; un pont le presse de ses énormes piliers : furieux, il précipite à travers les arches ses flots blanchis d'écume, et *pontem indignatus Araxes* (Énéide, chant VII). Il triomphe; mais sa surface ridée exprime encore un reste d'indignation : bientôt il s'apaise, et continue de couler avec calme et dignité. C'est toujours la même onde, le même fleuve, la même activité, mais diversement modifiée dans ses parties, à raison de la direction primitive et de la rencontre des objets. Changez la direction, changez les objets : les effets changeront aussi. Il en est de même de l'être pensant : il déploie dans toute sa plénitude, dans tous ses points, le sentiment et la perception, réservant pour les points correspondant à la tête, dépôt principal des organes externes, mais non siége unique de la pensée, le développement complet de toutes les facultés, c'est-à-dire le raisonnement. Placez les organes ailleurs, vous raisonnerez ailleurs.

§. 339. J'ai déduit de la composition l'étendue des élémens; on peut la déduire encore de l'existence même.

En effet, le dilemme suivant est inévitable. Les élémens sont étendus ou non étendus. S'ils n'ont point d'étendue, ils n'occupent aucune place; ils ne sont nulle part, ils n'existent pas. S'ils ont de l'étendue, elle ne saurait être illimitée, infinie; car un élément, principe, moi, intelligence, dont l'étendue serait infinie, rendrait impossible tout autre élément, principe, moi, intelligence : deux êtres occuperaient en même temps un seul et même espace; absurdité.[1]

§. 340. Ici se présente une question intéressante. L'étendue est inséparable de l'existence. Mais l'intelligence et toutes les autres facultés et propriétés le sont-elles également ? Un être qui ne les aurait pas, est-il possible ?

Lorsque je trouve un corps, un agrégat pesant, ne puis-je pas, en vertu du principe de l'analogie, affirmer que la pesanteur est inhérente aux corps ? De même, lorsque je trouve un être étendu, doué d'intelligence, de sentiment, de volonté, de gravité,

---

[1] Voy. chap. II, §. 42.

d'attraction, etc., je suis en droit, par le même principe analogique, d'affirmer que toutes ces facultés et propriétés, inhérentes à l'étendue, le sont à l'existence elle-même. Or l'analogie, on s'en souvient, n'est que l'identité reproduite sous d'autres circonstances; et l'identité elle-même n'est que la perception, l'évidence intuitive, dirigée sur un point quelconque.

Donc un être dépourvu des facultés mentionnées est aussi *impossible* qu'un corps privé de pesanteur.[1]

§. 341. C'est par la voie de l'analogie que les questions ontologiques les plus importantes sont faciles à résoudre. Peut-être ce pouvoir est-il disputé; et l'on me demande si, du moment que je vois un corps jaune, je suis en droit d'affirmer que *tous* les corps sont jaunes. Je réponds : Oui; mais il faut une parité de circonstances pour qu'ils développent tous la couleur jaune, comme il faut une parité d'organisation pour que cette couleur soit aperçue de tous les yeux.[2]

§. 342. Outre le principe de l'analogie, celui de la contradiction, plus puissant encore, vient à l'appui de la même assertion, que « *toutes les facultés et propriétés sont communes à tous les êtres, ou bien à tous les élémens.* » Ce qui est une contra-

---

[1] Voy. chap. X.
[2] Voy. chap. III, §. 56.

diction évidente, une impossibilité dans un être, ne saurait devenir une non-contradiction, c'est-à-dire une possibilité dans un autre être. Si la contradiction cessait par le passage d'un sujet à un autre, on serait en droit d'affirmer la possibilité que deux et deux fassent cinq pour un autre esprit que l'esprit humain. Par la même raison, dès qu'un élément a manifesté la couleur rouge ou la bleue, ce serait une contradiction qu'il cessât tout-à-fait de les avoir; c'en serait encore une, non moins forte, que d'autres élémens n'eussent pas ces couleurs : car ni la contradiction ni la non-contradiction ne dépendent de leur séjour dans tel ou tel sujet; mais de *l'existence une fois manifestée*, laquelle exclut d'abord tout ce qui la contredit, *quelque part que ce soit*. Vous aurez beau changer de sujet, deux et deux feront toujours quatre pour tous les esprits, dès qu'un seul aura reconnu cette évidente vérité; et, par la même raison, tous les élémens auront la couleur rouge et la bleue, dès qu'un seul élément les aura développées.

Cette communauté d'essence générale, universelle, n'exclut ni la variété ni la différence. Une chose peut être blanche, une autre noire en même temps ; mais il faut que la blanche puisse devenir noire, et la noire blanche. Supposer l'impossibilité de cette métamorphose, c'est admettre la possibilité d'une contradiction. Si la chose noire ne pouvait *jamais* devenir blanche, la blanche pourrait *cesser* de l'être; car, une contradiction pouvant exister entre deux choses, pourquoi n'existerait-elle pas entre les propriétés d'une seule et même chose ? Pourquoi faudrait-il adopter une contradiction dans tel cas, et la rejeter dans tel autre ? Point de milieu : si l'on veut être conséquent, on doit les adopter ou les rejeter toutes.

D'ailleurs il suffit qu'une chose se manifeste à l'autre, pour pouvoir établir entre elles une conformité d'essence. Celle-ci admet la variété ou le contraste ; mais elle exclut nécessairement la contradiction, mère de l'absurdité. De même qu'une chose inétendue ne saurait avoir prise sur une chose étendue, de même une chose molle ne pourrait se faire sentir à une chose dure, si la mollesse et la dureté n'étaient au fond que les gradations d'une seule et même cohésion, plus ou moins forte, plus ou moins faible. Par la même raison nulle couleur ne serait perçue, si le sujet percevant n'était lui-même coloré comme l'objet perçu, mais dans un degré inférieur ou supérieur à celui de ce dernier : condition sans laquelle, la variété ou le contraste n'existant pas, la perception devient impossible. Je puis en dire autant de toutes les propriétés. L'ame perçoit la lumière, parce qu'elle est lumineuse elle-même, mais dans un degré de lumière bien inférieur à celui du soleil ou du feu dans le moment de la vision : et ce degré bien inférieur, indispensable à la variété, au contraste, à la perception, je l'appelle *opacité;* le degré contraire, *lucidité.* Ainsi, dès que le contact entre deux choses a lieu, elles ont sûrement une conformité d'essence et de nature : l'homogène seule est sensible à l'homogène.[1]

§. 343. Je ne puis trop combattre ce préjugé, l'un des plus accrédités, que l'étendue bornée exclut l'existence et l'intelligence infinies. Pourquoi un être physiquement borné n'existerait-il pas de toute éternité ? Pourquoi cette borne elle-même ne serait-elle pas éternelle ? Notre intelligence est infinie, quoique renfermée dans l'étroite enceinte de notre corps. Qui peut assigner une borne à ses perceptions ? Il en est de même de l'imagination et des autres facultés intellectuelles : qui peut assigner des bornes à leurs opérations et à leurs découvertes ? D'ailleurs, sans l'idée de l'infini, point de principes généraux, universels. Notre esprit la communique à chaque fait isolé, comme un corps rouge communique cette couleur à d'autres corps par le frottement. Ce n'est donc pas l'étendue, ce ne sont pas les autres propriétés dites physiques, mais c'est la divisibilité seule qui exclut nécessairement l'existence, l'intelligence, l'imagination, tout. Or, la divisibilité n'est pas infinie; elle n'existe pas même : on trouve dans la nature des réunions et des séparations ; il n'est point de division proprement dite. Des principes peuvent s'unir et se détacher : ils ne peuvent pas se diviser ; ils ne seraient pas des principes.

---

[1] Je répète peut-être ici des principes déjà développés ; mais le lecteur attentif n'en trouvera pas la reproduction inutile. Un plus habile, dira-t-on, serait toujours clair sans se répéter jamais. J'en conviens volontiers.

Lecteur, ne m'accuse donc pas légèrement de matérialisme. Il est entre ce système et le mien une différence essentielle. Dans le matérialisme, la combinaison des principes étant détruite, tout est détruit; l'être pensant n'est plus : il ne peut se reproduire que par une autre combinaison *fortuite* qui, sans être probable, est possible, mais n'est jamais certaine. Dans mon système, toutes les facultés intellectuelles, morales et sensitives, constituent le moi; principe indivisible, indestructible, lequel existe, agit par lui-même, s'unit aux objets et s'en détache par une suite de son activité spontanée. Son sort ne dépend donc pas d'une combinaison aveugle et fortuite; mais de lui-même, du développement de ses facultés : développement plus ou moins accéléré par des causes externes; mais toujours certain, toujours infaillible.

§. 344. Ainsi l'action et la réaction continuelles des principes les uns sur les autres doivent établir successivement différens *états naturels*, résultats nécessaires, lois immuables de leurs propriétés respectives. Ainsi les élémens constitutifs de l'air, du feu et de la terre, dans leurs diverses combinaisons spontanées, présenteront toujours un certain état naturel des choses.

§. 345. Cela n'empêche cependant pas d'établir un *certain ordre artificiel des choses*, c'est-à-dire, leur disposition et leur emploi fondés sur leurs différentes propriétés, qui doivent produire et produisent en effet un résultat, une organisation, un ordre. Je m'empare des objets fournis par la nature; je les transforme en matériaux, en palais. C'est moi qui en suis l'architecte, et non la nature, quoiqu'elle ait fourni les matériaux.

§. 346. Donc l'ordre et le but forment la ligne de démarcation entre l'*état naturel et l'état artificiel* des choses. Le premier existe, lorsque les élémens s'y trouvent isolés ou combinés par une suite de leur propre action, en vertu de laquelle une partie est non-seulement *pour* l'autre, mais encore *par* l'autre; le second, lorsqu'ils ont subi quelque composition par la volonté d'autrui, de sorte qu'une partie est *pour* l'autre, mais non *par* l'autre. L'art ne peut ni contrarier ni détruire la nature; car, dans les diverses transformations qu'il lui fait éprouver, il obéit à ses lois, ou plutôt il en dirige l'application vers un certain but. D'un autre côté, la nature n'exécutera point un ouvrage de l'art; car elle n'embrasse pas dans un seul plan une série de procédés divers, qui tendent tous vers un seul et même but : elle n'a qu'une détermination; elle n'exécute qu'une opération isolée, sans aucun rapport à des actes antérieurs et postérieurs; en un mot, la nature produit d'elle-même les causes efficientes, mais non les causes finales, non plus que le concours, l'accord et l'harmonie entre les unes et les autres. A-t-on jamais vu (je cite toujours le même exemple) les élémens se transformer d'eux-mêmes, par un concours spontané, en matériaux, et les matériaux en palais ? Cependant ils éprouvent continuellement l'influence de la nature.

§. 347. Si la nature se conserve et se transforme d'elle-même, l'ouvrage de l'art ne peut se conserver que par la continuation des moyens qui ont servi à le produire. Cette continuation peut être infinie.

§. 348. Par conséquent le *moi* et tous les autres *moi*, principes, élémens, qui composent cet univers, avec toutes leurs facultés et propriétés, avec tout ce qui leur est subjectif, existant par eux-mêmes, se conserveront et se développeront d'eux-mêmes ; mais le mode actuel de leur existence, cette organisation que nous leur voyons à présent, tout ce qui leur est objectif, ne peut se conserver et se renouveler que par la volonté et la puissance de celui qui en est l'auteur. Un édifice, miné lentement par les siècles et progressivement restauré, finira par n'avoir plus les matériaux de sa composition originaire : la nature retire ses élémens, l'art en substitue d'autres ; l'édifice est toujours là, il brave les siècles.

§. 349. Donc partout où je vois un ordre et, qui plus est, *un but*, je reconnais un ordonnateur, un auteur. Je dis : *qui plus est, un but ;* car l'ordre seul ne suffit pas pour indiquer l'ordonnateur, comme il est facile de s'en convaincre par l'analyse de la notion d'*ordre*, prise dans le sens d'un arrangement quelconque.

Je vois une maison, avec un jardin, distribuée de la

manière la plus propre à former une habitation aussi commode qu'agréable. Toutes les parties de cette maison, dans l'ensemble comme dans les détails, concourent au même but, celui d'habitation commode, agréable. Voilà de l'ordre.

Je vois diverses particules former d'elles-mêmes, par une suite de leurs propriétés et de leur activité spontanée, une figure de géométrie régulière, telle que le rhomboïde cristallisé. Voilà de l'ordre encore.

Je dis, *d'elles-mêmes;* mais ce n'est qu'une supposition : le moyen de prouver si la figure s'est formée d'elle-même ou par une puissance tierce ! Il suffit toutefois d'en établir ici la possibilité, pour autoriser l'admission de deux espèces d'ordre, l'un *prémédité*, l'autre *fortuit*.

Dans l'un et l'autre ordre, j'observe des propriétés naturelles toujours actives : témoin la dissolution de l'ensemble par celle des parties, sans l'entremise d'un tiers. J'observe encore la concordance de toutes les parties vers un seul et même but, qui, dans l'un, est une habitation agréable et commode, et, dans l'autre, une figure de géométrie régulière. Je suppose en outre (supposition bien permise, puisqu'elle n'implique pas contradiction), que les parties constituant la maison et la figure n'ont pas la conscience de l'ordre qu'elles servent à établir. Il est, à la vérité, *compliqué* dans le premier cas, et *simple* dans le second ; mais un degré, soit supérieur, soit inférieur, de complication ou de simplicité, suffit-il pour prouver l'existence d'un pouvoir ordonnateur? Un ordre simple et spontané vient se joindre à un autre ordre simple et spontané; ils en forment un troisième, plus compliqué, mais toujours spontané, toujours fortuit; au troisième succède un quatrième, un cinquième, etc., avec la même spontanéité et le même défaut de préméditation : il en résulte enfin un tout indéfiniment compliqué et varié. Survient un observateur : il y trouve un ordre, et partant un ordonnateur. Sa conséquence est-elle juste ? Et si personne ne peut prouver que ce *nouveau tout* se soit formé de lui-même, comme on vient du moins d'en montrer la possibilité, personne aussi ne peut prouver qu'il soit l'ouvrage d'un tiers. Ici le doute est invincible.

Voilà, si je ne me trompe, les objections les plus fortes contre les causes finales. Comment les réfuter ?

§. 350. Je remarque avant tout que, jeter du doute sur leur existence, ce n'est pas prouver qu'elles n'existent pas en effet. Ainsi *l'athée ne saurait prouver que Dieu n'existe pas;* il peut simplement en douter, et déjà c'est un grand avantage obtenu sur l'athée. Ensuite, en admettant la possibilité d'un ordre simple fortuit, tel qu'une figure géométrique, bien que la symétrie, signe de l'ordre, ne le soit pas toujours d'un *but*, d'une *intention*, je nie celle d'un ordre compliqué fortuit, tel que l'organisation d'une plante ou d'un animal; car ce seul mot *fortuit*, s'il n'exclut pas la formation d'un ordre simple, ni même une suite d'ordres simples, exclut nécessairement un but réel et non apparent. Il exclut la formation d'un ordre composé provenant d'une foule d'ordres simples, dirigés vers un seul et même but, parce que ces derniers, dans une succession indéfinie, devant s'entre-détruire, établiront toujours un état fortuit de choses, ou, si vous voulez, un ordre simple; mais ils n'établiront jamais un ordre composé dont toutes les parties soient liées de manière que l'on ne puisse en détruire une seule sans détruire le tout. Ce tout combiné veut l'unité de la conception, et celle-ci l'unité de l'être concevant; sans quoi le tout combiné serait impossible à concevoir, comme à réaliser.

§. 351. Maintenant, l'univers est-il le résultat des propriétés respectives de toutes les particules élémentaires qui le forment, sans qu'il en ait lui-même la conscience, puisqu'il suit aveuglément, dans sa formation comme dans son maintien, leur impulsion naturelle, irrésistible?

Est-il celui de l'accord unanime de ces particules élémentaires, guidées par le double motif de satisfaire leur impulsion naturelle, et d'établir un ordre combiné : accord, motif, dont elles n'ont plus le souvenir?

Est-il, enfin, celui d'une puissance tierce?

Une quatrième hypothèse est impossible.

Je rejette la *première*, parce qu'une aveugle impulsion des élémens peut établir, comme je viens de le montrer, un état de choses quelconque (témoin certaines cristallisations), mais non pas un ordre composé dont toutes les parties soient dans une liaison intime et réciproque : il veut unité de conception, unité d'être concevant.

Je rejette la *seconde*, par la même nécessité de conception et d'auteur uniques. Un projet conçu par *un seul* peut être accepté, peut être exécuté par *plusieurs ;* mais la conception sera toujours une, indivisible, comme celui qui en est l'auteur et qui l'a proposée. *Concevoir, adopter, exécuter*, sont trois choses bien différentes : elles peuvent se réunir dans un seul individu ; mais il est impossible que *plusieurs*, que même *deux* individus puissent concevoir en même temps, je ne dis pas une seule pensée, mais je dis un seul ouvrage : vous y verrez toujours une différence d'expression, de forme, d'argument, etc., c'est-à-dire, deux ouvrages.

Reste la *dernière* hypothèse, qui devient une vérité démontrée par cela même qu'elle est la seule admissible, la seule capable d'expliquer l'existence d'un ouvrage motivé.

D'après les principes déjà développés [1], il suffit qu'un *seul* ordre combiné soit nécessairement produit par la conception unique d'un tiers, pour autoriser à conclure que *tous les ordres combinés* sont les effets de pareilles conceptions, c'est-à-dire, de causes finales. Ici l'on est guidé par l'expérience, qui nous montre toujours *un* auteur dans les ouvrages combinés ; et par l'*analogie*, qui n'est que l'identité reproduite dans les mêmes circonstances. Or, l'identité n'est-elle pas la

---

[1] Voy. chap. X.

source de tous les principes et de tous les raisonnemens ? Au contraire, l'hypothèse d'une combinaison fortuite n'a pour elle ni l'*expérience*, car nous ne pouvons pas obtenir une combinaison opérée d'elle-même ; ni l'*analogie* : car, privés d'un pareil fait, de quel droit en supposerions-nous la possibilité ? La possibilité n'est-elle pas le renouvellement d'un fait préalable ? Or, celui de la combinaison fortuite ne s'est pas manifesté jusqu'ici, et se trouve de plus contredit par la raison, qui veut, dans un ordre composé, l'unité de la conception et celle de l'être concevant.

§. 352. Si, malgré ce que j'ai dit ici comme ailleurs, on me demandait de quel droit je transporte l'analogie de mon esprit et de mes œuvres sur l'esprit et les œuvres de la nature, je répondrais : Par le droit que j'ai d'affirmer, de toute existence simple ou combinée, toutes les choses indispensables à cette existence.

Ainsi les causes finales ont pour elles l'analogie, et contre elles une hypothèse gratuite. De quel côté doit pencher la conviction ?

§. 353. Il existe donc un Dieu ordonnateur et conservateur de l'univers. Je me prosterne devant lui, je le révère, je l'adore. Sa puissance et sa bonté sont infinies, comme ses œuvres et ses bienfaits. Qui pourrait les nombrer ? Qui n'éclaterait pas en actions de grâces pour son existence dans ce monde ? Quiconque y trouve plus de peine que de plaisir, est toujours maître d'en sortir ; du moins il en a le droit ;

car qui existe par soi-même, est essentiellement libre, si toutefois il n'est pas retenu dans l'exercice de ce droit par des motifs de devoir, de raison ou de sentiment. [1]

---

[1] Je dis, *par des motifs de devoir* ; car la société impose des obligations à quiconque en fait partie : il faut les remplir avant de disposer de soi-même, comme il faut régler ses affaires avant de quitter un pays, sous peine de passer pour un malhonnête homme. Que dire de celui qui se tue, lorsqu'il a des devoirs sacrés à remplir envers sa patrie et sa famille?

Je dis en outre, *par des motifs de raison*. Dieu nous a donné des organes, pour développer et perfectionner nos facultés intellectuelles, physiques et morales ; il daigne nous préparer de cette manière à une existence plus belle que notre existence présente. Est-il raisonnable de se priver soi-même d'instrumens propres à nous rendre des services essentiels ? Et qu'on ne dise pas que ces organes, parvenus une fois au degré de perfection qu'ils peuvent atteindre, commencent à s'affaiblir et deviennent de plus en plus inutiles. Je répondrais que, dans la débilité du corps, les forces morales s'exercent autant et plus que dans sa parfaite vigueur. Quels efforts de résignation et de courage ne faut-il pas pour supporter les maladies, et surtout l'ennui d'une existence où la privation et les douleurs viennent lentement remplacer les plaisirs ! Ainsi nous avançons toujours vers le but de notre organisation. Ne vouloir pas le remplir, c'est manquer de raison ; mais ce n'est pas manquer de justice, car j'ai le droit imprescriptible d'accepter ou de refuser les avantages qui me sont offerts.

J'ajoute enfin, *par le sentiment* ; et qu'on me permette de me servir ici des raisons et des paroles de J. J. Rousseau : c'est emprunter le langage même de l'éloquence.

« Écoute-moi, jeune insensé ! Tu m'es cher : j'ai pitié de tes
« erreurs. S'il te reste au fond du cœur le moindre sentiment de vertu,
« viens que je t'apprenne à aimer la vie. Chaque fois que tu seras
« tenté d'en sortir, dis en toi-même : que je fasse encore une
« bonne action, avant que de mourir. Puis va chercher quelque
« indigent à secourir, quelque infortuné à consoler, quelque opprimé à

§. 354. Ici je prévois une objection importante, tirée non de l'aveugle hasard, comme celles que je viens d'examiner, mais du fait de la perfectibilité. Si, dira-t-on, les principes doués d'intelligence, de sentiment et de volonté, doivent nécessairement développer ces facultés diverses par une activité spontanée, sans le contact des autres principes ou des autres

---

« défendre. Rapproche de moi les malheureux que mon abord inti-
« mide : ne crains d'abuser ni de ma bourse, ni de mon crédit;
« prends, épuise mes biens, fais-moi riche. Si cette considération
« te retient aujourd'hui, elle te retiendra encore demain, après-
« demain, toute la vie. Si elle ne te retient pas, meurs; tu n'es qu'un
« méchant. » (Nouv. Héloïse, tom. II, pag. 379.)

Est-il une position où, tous les motifs de devoir, de raison et de sentiment venant à disparaître, l'homme rentre dans la possession illimitée du droit de disposer de sa vie ? Je dis : non. Mais, dans un siècle de perversité et de crime, comme le nôtre, il est facile de montrer une position où le devoir cesse, où la raison a besoin de toute sa force et de toute sa rectitude pour ne pas faillir, où le sentiment s'affaiblit et s'éteint comme une lampe qui ne jette plus qu'une lueur faible et vacillante. Un émigré, dont la tête est proscrite, dont les parens sont massacrés, les biens ravis, n'a certainement aucun devoir à remplir envers sa patrie et sa famille : mais la raison lui dira que les maux affreux qu'il endure, ont été prévus par l'auteur de ce monde; qu'il les a pesés dans la balance de la sagesse et de la justice, et qu'ayant jugé à propos de les permettre, il daignera sans doute en accorder la récompense. Le sentiment, dont le propre est de s'étendre, tâchera de se ranimer lui-même; il sera puissamment secondé par cette religion dont la base fondamentale est l'amour du prochain : religion qui n'est si consolante que parce qu'elle est sentimentale. Avec l'amour du prochain, on est juste et bienfaisant. Sans cet amour, on n'est que juste, et cela même avec difficulté. Voilà ce qui assure à la religion chrétienne la prééminence sur toutes les autres.

êtres, l'œuvre du grand Ordonnateur ou de Dieu, ces modifications, cette organisation dont il a su revêtir les principes éternels, soit en les composant, soit en les décomposant; cet œuvre, dis-je, objet de notre profonde admiration, devient absolument inutile. Sans lui, les principes se combineraient de manière ou d'une autre; sans lui, ils développeraient leurs facultés respectives, inhérentes à leur nature.

J'en conviens : mais sans lui, sans cette organisation qu'il a donnée aux principes, jamais ils n'auraient développé leur activité si bien ni si rapidement; une foule de jouissances leur resterait inconnue. La différence entre le développement naturel et le développement artificiel est immense ; elle reste toujours la même, malgré leurs progrès continuels et respectifs. Si la distance entre l'homme et l'animal est très-grande, parce que l'un a de meilleurs organes que l'autre, que ne sera-t-elle pas entre un principe, un moi doué, revêtu d'une organisation quelconque, et celui qui n'en possède aucune? Donc, plus cette organisation est parfaite, plus le développement l'est aussi, plus les jouissances le sont également : vérité qu'une expérience journalière nous démontre jusqu'à l'évidence. Ainsi l'œil abandonné à lui-même, sans nul instrument, saisit toutes les couleurs; il développe jusqu'à un certain point sa faculté visuelle. Mais ce même œil, par exemple, armé d'un télescope, aperçoit les astres les plus éloignés, que sans cela il n'eût jamais ou n'eût que très-imparfaitement aperçus. Il en est de même de l'ame : il est probable, que dis-je ? il est certain que cette bonté sans bornes et cette sagesse infinie qui se déploient dans toutes les œuvres de Dieu, ne se restreindront pas à nous donner une organisation plus parfaite que celle des autres animaux, mais qui ne l'est pas encore assez, vu son peu de durée et la faiblesse ainsi que l'insuffisance de ses moyens; car il faut supposer Dieu conséquent, Dieu fidèle à lui-même, Dieu incapable de détruire son propre ouvrage, en faisant rétrograder la perfectibilité des êtres organisés par lui et privés désormais de nouveaux organes. Il faut donc admettre que notre organisation actuelle n'est qu'un passage à une organisation plus excellente, et qui comblera tous nos vœux. Noble, ravissante et sublime pensée ! [1]

§. 355. L'organisation est un fait positif; son but l'est aussi : mais la création et l'anéantissement sont impossibles ; c'est la conversion du néant dans l'être, et de l'être dans le néant. Quelle absurdité !

§. 356. Cette opinion n'est pas contraire au texte des saintes Écritures ; car il est dit au chapitre II, v. 7, de la Genèse : « L'éternel Dieu avait formé « l'homme de la poudre de la terre, et il avait *soufflé* « dans ses narines une respiration de vie ; et l'homme « fut fait en ame vivante. » Donc les esprits, les élémens, les principes, souffles divins, sont incréés. Et s'il est dit plus haut, chap. I, v. 1, « Dieu *créa* « au commencement le ciel et la terre, etc., » c'est

---

[1] Voy. chap. XII, §. 191.

une véritable création : car le ciel et la terre ne sont que des agrégats ; sans Dieu, ils n'existeraient pas comme tels. Or, les agrégats supposent des élémens ; tous les élémens sont des intelligences, des esprits, et tous les esprits sont incréés.

§. 357. On croit ordinairement que, nier la possibilité de la création et de l'anéantissement des principes, c'est nier l'existence de Dieu même, et surtout sa puissance infinie, comme si l'une et l'autre avaient besoin de s'étayer d'une absurdité. Voici un raisonnement de la même force : Dieu ne peut pas créer un autre lui-même ; donc il n'est pas tout-puissant ; donc il n'existe pas.

Or, dans le système de création, ce raisonnement n'aurait rien de paradoxal, rien d'absurde ; car qui peut tirer l'être du néant, doit *tout* pouvoir en tirer. Voilà où mène l'exagération.

Grand Dieu ! l'admiration et l'hommage de faibles créatures, tremblant sans cesse d'être anéanties, pourraient-ils te flatter ? Une offrande plus digne de toi est celle des êtres libres, indépendans, éternels comme toi-même, mais dont l'intelligence est infiniment au-dessous de ton intelligence suprême.

CHAPITRE XIX.

Continuation.

§. 358. J'ai prouvé l'existence de Dieu par le fait de la conscience considérée comme une action indépendante de la volonté humaine. Je viens de la prouver encore par une conséquence immédiate de l'œuvre que l'univers présente à nos sens : *l'œuvre proclame l'ouvrier;* l'effet est proportionné à la cause. Par de nouvelles conséquences immédiates, tirées de cette même conscience et de cette même œuvre, on parvient à découvrir les attributs de Dieu. Fait-on le bien ou le mal, on sent l'éloge ou le blâme de la conscience : donc Dieu, qui se manifeste par elle, est essentiellement juste. L'ouvrage est infini, d'une structure, d'une complication, d'un ordre, d'une variété, dont notre esprit et notre imagination sont accablés : donc la sagesse, l'intelligence et la puissance de l'ouvrier sont également infinies. Nous aimons la vie présente ; nous faisons tout pour la conserver, malgré les peines dont elle est inséparable : donc celui de qui nous la tenons, est essentiellement bon et bienfaisant.

§. 359. Mais, dès que, sortant des faits et de leurs conséquences immédiates, nous voulons caractériser la divinité par des abstractions ou par des images, nous personnifions des chimères ; nous donnons dans un *anthropomorphisme* grossier, intellectuel ou physique.

Jupiter fronce le sourcil, et l'Olympe tremble. « Dieu
« est intelligent. Mais comment l'est-il ? L'homme est
« intelligent, quand il raisonne ; et la suprême intel-
« ligence n'a pas besoin de raisonner : il n'y a pour
« elle ni prémisses, ni conséquences ; il n'y a pas
« même de proposition : elle est purement intuitive,
« elle voit également tout ce qui peut être ; toutes
« les vérités ne sont pour elle qu'une seule idée,
« comme tous les lieux un seul point et tous les temps
« un seul moment. » (Émile, livre IV, page 330.)
Malgré le sublime de ces images et de ces pensées,
on ne peut s'empêcher d'observer que nul fait, nulle
déduction légitime n'atteste la réalité de toutes ces
abstractions. Ce sont les traits de l'homme exagérés
et transportés sur la divinité ; en un mot, c'est un
double anthropomorphisme.

§. 360. Si l'agrégat, le corps n'est qu'un assemblage de principes ; si le but de toute organisation est
le développement des facultés qu'ils renferment, il
s'ensuit que chaque corps organisé possède autant de
moi qu'il a de principes dans sa composition, et que
tous se servent d'organes mutuels. L'homme est donc
un composé de moi réciproquement organisés, ayant
chacun leur système d'organisation particulière, adapté
à l'état actuel de leur perfectibilité, et contribuant
chacun à l'organisation générale. C'est une espèce de
société dont tous les membres sont intéressés, pour leur
propre bonheur, à faire celui de la société elle-même.

§. 361. La liaison, les rapports et les relations

intimes que l'on observe dans toutes les parties de l'univers, autorisent à l'envisager comme un corps immense, dont l'organisation embrasse tous les autres corps qui, organisés à leur tour, contribuent au développement et à la perfectibilité du corps universel. Ce que l'élément est à l'agrégat, les corps particuliers le sont au corps universel. Les élémens s'unissent en agrégats, et se dissolvent en élémens ; après avoir rempli leurs fonctions respectives dans l'organisation commune, ils vont former de nouvelles combinaisons. De même, les corps particuliers s'unissent au corps universel, et s'en détachent, ou plutôt changent de situation respective, pour former de nouvelles combinaisons dans la totalité ou l'infinité de l'univers. C'est un concours de puissances politiques qui tendent toutes à l'intérêt général. Mais les êtres simples et composés que renferme l'univers, concourent à son organisation générale et particulière sans en avoir la conscience : donc elles sont dirigées vers ce but par le suprême Organisateur, qui est donc l'ame de l'univers. Cet univers est à Dieu ce que le corps humain est au moi : il peut et doit être envisagé comme un grand animal mu par l'esprit divin, et dont l'organisation se maintient et se renouvelle continuellement par cet esprit. C'est dans ce sens que tous les êtres sortent du sein de Dieu, et qu'ils y retournent sans cesse. Mais Dieu n'en est pas moins distinct de la nature, comme tous les êtres le sont les uns des autres.

Maître du monde physique, où il se manifeste par la liaison et l'harmonie de toutes les parties ; maître du monde moral, où il se manifeste par la conscience approuvant les bonnes actions, blâmant les mauvaises ; intelligence infinie, comme le sont ses œuvres admirables, il a sans doute prévu toutes les combinaisons possibles dans ces deux mondes, et les a toutes dirigées vers le plus grand bien des êtres organisés par lui, et conservant leur liberté et leur indépendance, sans lesquelles il n'existe ni morale ni responsabilité. Telle est l'idée que l'on doit avoir de la *Providence*. Il faut la reconnaître dans ce sens, ou rejeter les faits de l'harmonie, de la conscience, de l'intelligence divine, et de la liberté humaine. Quoi ! Dieu, intelligence suprême, aurait livré son ouvrage au hasard ; tandis que l'homme, intelligence inférieure, s'efforce d'en garantir le sien ! Dieu aurait eu moins de prévoyance que l'homme ! Le principe de l'analogie se révolte à cette pensée. Mais, en reconnaissant cette Providence, notre esprit est trop faible pour la suivre dans ses voies impénétrables. Une tuile tombe sur la tête d'un conquérant avide, et tous ses projets ambitieux s'en vont en fumée ; cependant il est entraîné par son naturel farouche, et la tuile obéit aux lois de la gravitation. Ainsi la morale et la physique se combinent avec la théologie, au lieu de la contredire. Ainsi le véritable sens du mot *hasard* est ignorance des causes finales. [1]

---

[1] Voulez-vous un autre exemple ? Un spectateur vulgaire se trouve derrière la scène ; il voit un chaos de roues et de machines partir, changer de place, s'arrêter enfin, et offrir toujours, dans l'état alternatif du mouvement et du repos, l'image d'un parfait désordre :

§. 362. Si Dieu existe, il est éternel; ses œuvres doivent l'être comme lui. Supposer un moment antérieur à toute organisation, c'est supposer une absurdité; car ce moment est une éternité, durant laquelle un être souverainement intelligent, puissant et bienfaisant, n'aurait fait usage ni de son intelligence, ni de son pouvoir, ni de sa bonté : dénaturalisation, contradiction, impossibilité. Donc l'univers, coéternel à Dieu dans l'existence, l'est aussi dans l'organisation. Donc, s'il faut supposer à telle modification particulière un commencement et une fin, les modifications en général n'ont ni commencement ni fin. Or, notre globe est une modification de l'univers : il a donc commencé, il finira; et le texte des saintes Écritures, loin d'être contredit, se trouve confirmé par la raison la plus rigoureuse.

§. 363. Lorsqu'on exagère la puissance divine par l'idée de la création, on croit lui porter hommage; et dans le fond on la calomnie : on blasphème sans le savoir, en la rendant responsable de tous les maux

---

il ne conçoit pas ce que vont produire ce mouvement, ce repos, ce désordre. Un autre spectateur, placé devant la scène, voit une belle décoration, suivie d'une plus belle encore, chefs-d'œuvres du célèbre Gonzague (un de mes meilleurs amis). Il est enchanté, bien qu'il ignore par quelle cause ce changement s'est opéré. Mais le machiniste, ayant combiné l'action des rouages avec l'exigence de la décoration, prévoit l'effet magique que produira cette ingénieuse combinaison. Nous sommes des spectateurs ignorans : le GRAND-MACHINISTE est là-haut. Les machines sont mises en mouvement ici-bas : la décoration, riante ou sombre, agréable ou terrible, se déploie dans l'autre monde.

que nous endurons. Un être dont le pouvoir et la bonté sont infinis, laisse dans le néant une foule innombrable d'autres êtres durant toute l'éternité qui précéda leur création ; il les en tire, pour leur procurer des jouissances accompagnées de privations : lui qui, pouvant convertir le néant dans l'être et l'être dans le néant, pouvait les créer aussi parfaits que lui-même, ou du moins beaucoup plus parfaits et plus heureux qu'ils ne le sont ; lui qui pouvait exclure le mal du sein de sa création !

§. 364. Mais l'idée de création est-elle bannie, comme absurde et contradictoire, tout rentre dans l'ordre et l'harmonie, au moral comme au physique. Dès que Dieu n'a pas tiré les principes du néant, et n'a fait que les combiner de la manière la plus avantageuse, il n'est plus responsable du mal inhérent à leur nature : il leur accorde des jouissances compatibles avec cette nature ; elles sont et seront à coup sûr aussi grandes que le permettent les développemens et la perfectibilité dont leur nature est susceptible.

§. 365. Homme ! cesse donc d'outrager la divinité, en lui prêtant des actes absurdes, vaines abstractions de ton esprit, ou des actes injustes, dont la source n'est pas en elle, mais en toi et dans l'univers. Si tu es incréé, si tu es libre, indépendant, le mal et le bien moral sont ton propre ouvrage. Mais, diras-tu, une pierre écrase, une maladie enlève mon enfant chéri ! Qu'ai-je fait pour mériter la douleur accablante où me plongent de tels événemens ? Suspens tes murmures : l'auteur de la pierre et de toutes choses saura bien te dédommager tôt ou tard des maux injustes que la nature te fait souffrir; la nature incréée, libre, indépendante, comme toi, peut suivre, comme toi, une volonté défectueuse et produire un mal moral pour elle, physique pour toi. Donc le mal physique même n'est pas l'ouvrage de Dieu, mais celui de la nature. Quel que soit ton état de simplicité ou d'organisation artificielle, tu ne peux échapper à la nature. Et qui t'a dit que le premier de ces états n'offre pas plus de maux physiques que le second ?

Ainsi le mal moral tire son origine de la volonté, et le mal physique des propriétés élémentaires. Dieu, les ayant pesés dans sa sagesse, aura choisi les moindres de tous, et les compensera par des jouissances bien plus grandes.

Si, par conséquent, tout n'est pas *bien* ici-bas, tout n'y est pas mal non plus ; mais tout *est pour le mieux*. Cette vérité, qui naît du besoin de concilier le mal avec la perfectibilité humaine et la bonté divine, tient un juste milieu entre les *optimistes* et les *pessimistes*, qui, pour soutenir leurs thèses contradictoires, doivent, nouveaux Démocrites et Héraclites, se mentir à eux-mêmes.

§. 366. Un autre inconvénient très-grave de l'exagération de la puissance divine, inconvénient sur lequel on n'a pas assez réfléchi, c'est qu'elle rend *impossible* la preuve de l'immortalité de l'ame; car, dans le système de la création, il se peut que Dieu, ayant tiré tous les êtres du néant, les y fasse rentrer, après leur avoir accordé un instant de vie et de jouissance. Cette supposition, dira-t-on, est contraire à sa bonté infinie. Mais quelle serait l'analogie entre le créateur et la créature? On n'est pas plus en droit d'attribuer à l'un les sentimens et les pensées de l'autre, qu'on ne l'est de donner au premier les traits et la figure de la dernière, à moins qu'on ne veuille se rendre coupable d'anthropomorphisme, comme je l'ai remarqué tout à l'heure. Si durant des siècles, si durant l'éternité qui a précédé notre existence actuelle, il a pu nous laisser dans le néant, pourquoi ne nous y ferait-il pas rentrer? Il nous priverait sans doute de beaucoup de jouissances; mais aussi de combien de peines ne nous délivrerait-il pas en même temps? D'ailleurs, pouvons-nous porter sur ses desseins un jugement quelconque? Ne sont-ils pas impénétrables? La surprise, le doute et le silence deviennent notre partage. Ainsi, dans le système de la création, l'anéantissement est du moins possible.

§. 367. Voici la manière dont s'exprime un des plus chauds partisans de la création et de l'immortalité. « Mais quelle est cette vie? et l'ame est-elle
« immortelle par sa nature? *Je l'ignore.* Mon en-
« tendement borné ne conçoit rien sans bornes;
« tout ce qu'on appelle infini m'échappe. Que puis-
« je nier, affirmer? Quels raisonnemens puis-je faire
« sur ce que je ne puis concevoir? Je crois que
« l'ame survit au corps assez pour le maintien de

« l'ordre. *Qui sait si c'est assez pour durer toujours ?*
« Toutefois je conçois comment le corps s'use et se
« détruit par la division des parties; mais je ne puis
« concevoir une destruction pareille de l'être pensant,
« et n'imaginant pas comment il peut mourir, *je pré-*
« *sume* qu'il ne meurt pas. Puisque cette présomption
« me console et n'a rien de déraisonnable, pourquoi
« craindrais-je de m'y livrer? » (Émile, tom. II,
liv. IV, pag. 323.)

J'avoue que cette présomption ne me suffit pas;
je craindrais de la voir détruite par une autre présomption sur un point qui tient de si près à mon bonheur, à ma dignité : il me faut plus qu'une simple présomption, qui naît aujourd'hui et meurt demain ; il me faut une certitude, et une certitude complète. Or, elle m'est fournie par le phénomène de l'existence, et par le développement des principes de l'identité, sûrs et certains comme les vérités mathématiques. Si je venais à retomber dans le doute, je m'imposerais un silence éternel. *Sedebit solitarius et tacebit.*

§. 368. Il est heureux que ce doute soit impossible : ce qui est, a été et sera éternellement; ce qui est doué de pensée, de sentiment et de volonté, pensera, sentira et voudra toujours. Les principes qui renferment ces facultés, se trouvent revêtus d'une organisation dont le propre est d'accélérer le développement, de favoriser la perfectibilité, d'étendre les jouissances à l'infini. Dès que Dieu en est l'auteur, et non le créateur, il est permis d'établir une faible analogie de pensées et de sentimens entre lui et d'autres êtres qui pensent et qui sentent ; entre lui, suprême intelligence, et d'autres intelligences inférieures : il est permis de juger de sa bonté par celle qui se manifeste dans toutes ses œuvres, et même par la nôtre ; et sur tant d'analogies, il est enfin permis de croire qu'il ne bornera pas ses bienfaits à notre organisation actuelle, mais qu'il daignera (je me plais à reproduire cette pensée) nous en donner dans l'avenir une autre encore plus belle et plus parfaite, éternisant ainsi son empire, sa bonté, sa gloire et sa puissance. Tel est mon système de métaphysique et de religion.

§. 369. J'ai déjà fait voir la différence essentielle de mon système à celui du matérialisme proprement dit. Ce dernier (qu'on excuse cette répétition en faveur de l'extrême aversion qu'il m'inspire), ce dernier suppose l'univers rempli de particules éternelles qui, se combinant de mille manières différentes et successives, produisent, en vertu de leurs propriétés respectives, tout ce que nous voyons : objets, animaux, homme, univers, le moi de l'un, et l'ame de l'autre. La combinaison vient-elle à se détruire, les animaux, l'homme, l'univers, le moi de l'un et l'ame de l'autre, tout est détruit pour se reproduire sous de nouvelles formes, et de cette façon à l'infini. Quoi ! une combinaison fortuite produirait, détruirait et reproduirait le moi, l'être pensant, l'être organisateur et moteur de l'univers ! Les caractères de l'Iliade viendraient se constituer d'eux-mêmes et sans le savoir en un poëme épique, chef-d'œuvre de l'esprit humain! Il suffit d'exposer une pareille assertion, pour en faire sentir toute l'absurdité. Quiconque croit à la dissolution, à la divisibilité de l'être pensant, quelles que soient d'ailleurs ses opinions, est un véritable matérialiste.

§. 370. Je cherche la vérité dans la simplicité de mon esprit, dans l'innocence de mon cœur; je n'offense pas Dieu. Ce ne sont point les pensées, ce sont les actions, qu'il juge et qu'il punit. Celui qui brave sa loi gravée dans la conscience, le brave lui-même, et devient impie, blasphémateur.

Indifférent aux injures des fanatiques, comme au mépris des matérialistes et des sceptiques, j'oserai dire aux uns : Un athée peut être bon et vertueux, s'il croit qu'en faisant du mal aux autres il en fait à lui-même; s'il a la force et le courage d'observer cette règle dans toutes les occurrences, et d'y soumettre ses passions : le persécuter, l'injurier, le brûler pour des opinions erronées, sous prétexte de venger Dieu, c'est commettre de véritables crimes, qui seront punis tôt ou tard. J'oserai dire aux autres : Le fanatisme, quelquefois aveugle et furieux, n'en est pas moins une passion forte et susceptible des plus beaux élans de vertu, comme des sacrifices les plus nobles et les plus généreux; sacrifices dont aucun matérialiste, aucun sceptique n'a jamais donné l'exemple : on fait très-bien de punir un fanatique qui croit servir le ciel par un crime; mais on ne peut s'empêcher d'admirer son énergie et sa force morale.

§. 371. Cependant, s'il est possible qu'un athée soit vertueux [1], une société d'athées ne saurait l'être : elle manquerait d'un grand ressort moral ; car l'athéisme offre trop de facilité à la dépravation, surtout aux yeux du vulgaire.

Il est encore possible de diriger le fanatisme vers le bien. Mais quelle direction donner au doute et à l'incrédulité ? Là se trouve la force ; ici l'apathie.

Est-ce l'éloge du fanatisme que j'entreprends ? M'en préserve le ciel ! Je ne fais que balancer les maux les uns par les autres. Les actions les plus sublimes ont toujours découlé des sources les plus pures, la raison et la religion.

---

[1] L'illustre auteur de la Nouvelle-Héloïse en trace un modèle dans la personne de Volmar.

CHAPITRE XX.

De l'identité du moi, reconnue dans l'éternité.

§. 372. Si l'avenir avait l'inconvénient du passé, savoir l'oubli, à quoi me servirait l'éternité? Je ne reconnaîtrais ni ma propre identité, ni celle des personnes qui me furent chères et dont je pleure la perte. Voici la solution de ce grand problème.

§. 373. On a déjà vu que l'activité primitive des principes est spontanée, antérieure à la connaissance des objets, et par conséquent éternelle. Cette vérité, je l'ai déduite de la possibilité de toute expérience, de la composition des choses, et de l'existence même généralisée.[1]

§. 374. Et lors même que cette activité ne serait point spontanée, et que son développement exigerait le concours simultané d'une force étrangère; comme les principes sont dans une action et réaction continuelle et réciproque, il n'en serait pas moins vrai que cette activité se développerait de manière ou d'autre, soit par elle-même, soit par le contact avec un autre principe également actif.

§. 375. Il n'y a donc pas le moindre doute que le moi ne doive, dans l'avenir comme dans le présent, déployer les mêmes facultés, savoir : la sensibilité,

---

[1] Voy. chap. XVII, §. 281.

l'intelligence, la mémoire, l'imagination, l'attention, l'entendement, la raison, avec tous les caractères qui leur sont inhérens, comme celui de la perfectibilité. Il ne s'agit plus que de savoir si elles s'exerceront sur les mêmes objets qui les occupent aujourd'hui. C'est à quoi se réduit la question.

§. 376. J'ai prouvé[1] que les images et les souvenirs, quoique *causés* par les objets agissant sur les organes, ne sont *reproduits* ni par les uns ni par les autres, mais par un pur acte de la volonté, et que par conséquent ils résident tout-à-fait dans le moi. Ils sont donc des modifications du moi ou de ses facultés, ce qui revient au même. Or, admettre l'impossibilité de renouveler tel acte particulier d'une faculté, c'est admettre l'annihilation de la faculté même. En effet, s'il m'est impossible de marcher dans ma chambre, il me le sera de marcher dans tout autre endroit : j'aurai perdu la faculté même de marcher. Par la même raison, si dans l'autre monde je ne puis jamais me rappeler ce que j'écris dans celui-ci, j'aurai perdu la mémoire : nouvelle réduction de l'être au néant; nouvelle absurdité. Une *chose contingente* est fondée sur l'essence même des principes; détruire la chose, c'est détruire les principes mêmes. Ainsi les choses contingentes peuvent être ou ne pas être *quelque temps*, mais non pas *éternellement;* il faut que tôt ou tard cette possibilité virtuelle se convertisse en réalité présente, ou bien les principes eux-

---

[1] Voy. chap. III, §. 53, et chap. V, §. 124.

mêmes auront été dénaturés. Je reviendrai sur cette pensée.

§. 377. Cependant je ne me rappelle pas ma préexistence : j'ai beau vouloir le faire ; je sens que cela m'est pour le moment impossible. J'ai pourtant conservé la mémoire ; mais elle a pris un autre cours d'activité, totalement distinct et différent du premier. Comment concilier ces contradictions ?

§. 378. J'observe d'abord que ce défaut de mémoire ne prouve rien contre la préexistence ; car je ne me souviens pas non plus d'avoir existé dans le sein maternel : je ferais de vains efforts pour m'en retracer le souvenir. Et cependant qui doute de cette existence, attestée par l'analogie ? Pourquoi douterait-on de l'existence éternelle, attestée par des argumens tirés de l'identité et de la contradiction ?

§. 379. Et puis, si l'impossibilité de renouveler tel acte particulier d'une faculté suppose nécessairement l'annihilation de la faculté même, elle n'en suppose pas la suspension plus ou moins prolongée. Celle-ci est un fait journalier, irrécusable : il m'arrive souvent d'oublier une chose, de me la rappeler ensuite, et *vice versa*. Mais aucun fait n'atteste la suspension éternelle, c'est-à-dire l'impossibilité absolue de renouveler jamais tel exercice particulier de mes facultés ; car, pour obtenir ce fait, d'ailleurs contraire au phénomène de l'existence, contraire à la nature des élémens, il faut avoir embrassé l'éternité même.

§. 380. Or, pour concilier la nécessité de rejeter la réduction de l'être au néant avec l'obstacle que j'éprouve à présent de me ressouvenir du passé, je ne vois qu'un seul moyen : c'est de reconnaître que cet obstacle n'est invincible que dans le mode d'existence actuel; qu'il n'est qu'une suspension momentanée de la puissance rémémorative dans une partie de ses fonctions; qu'un homme, par exemple, qui peut exécuter certains mouvemens, mais non plusieurs autres, n'a pas perdu l'entière faculté de les exécuter *tous* à l'avenir; qu'enfin cette suspension fera place au renouvellement de la même puissance. Ou il faut adopter cette vérité démonstrative, ou donner dans la plus grande des absurdités. Puis-je balancer ? [1]

§. 381. Toutefois il se présente ici une objection; et je la crois très-forte. Ne peut-on pas, en appliquant à l'oubli le principe de l'existence, comme je l'applique au souvenir, avancer que, si j'oublie un instant, je puis de même oublier éternellement ? Ce qui existe un instant, peut exister dans l'éternité : s'il est dans ma nature d'oublier tout-à-fait certaines choses, ce serait une contradiction, ce serait une

---

[1] Voici une observation qui confirme le renouvellement de la mémoire. « On a remarqué depuis long-temps que dans la vieillesse « les impressions plus récentes s'effacent; que celles de l'âge mûr « s'affaiblissent; mais que celles du premier âge redeviennent, au « contraire, plus vives et plus nettes. Ce phénomène, très-constant « et très-général, est un effet bien digne d'attention : il a dû fixer « particulièrement celle des métaphysiciens et des moralistes. » (Rapports du physique et du moral. Tom. 1, pag. 300.)

dénaturalisation, si je venais tôt ou tard à me les rappeler. Il est sans doute inconséquent d'affirmer la *nécessité* de l'oubli *éternel ;* car, je viens de le dire, il faudrait pour cela avoir embrassé l'éternité : mais il suffit d'en établir la possibilité, pour jeter un doute invincible sur le dogme de la reconnaissance du moi dans l'autre monde. Quel doute affreux ! et sur quel objet ! O faiblesse, ô vanité, ô néant de notre raison et de toute notre existence ! Vivre dans l'éternité sans reconnaître la continuation de la vie, sans reconnaître sa propre identité, c'est l'existence vile et misérable d'un imbécille ou d'un fou. Serait-ce donc là notre partage?

§. 382. Non, l'homme n'est point condamné à cette indigne condition; non, les sophismes les plus spécieux ne renverseront pas les vérités les plus importantes à sa dignité et à son bonheur. Raisonnons de sang froid; cela est nécessaire dans une cause aussi grave.

Autant l'oubli momentané s'accorde avec le principe de l'existence, autant l'oubli éternel lui est contraire. L'existence n'est qu'une suite non interrompue de perceptions et de modifications internes. Dès que le moi perçoit ou sent une chose ou des choses, il faut *nécessairement* qu'il détourne son attention de la chose ou des choses antérieurement perçues ou senties; car il lui est *impossible* d'avoir *toutes* les perceptions, *toutes* les modifications à la fois. Telle est la cause de l'oubli, ne durât-il qu'un instant, fût-il plus rapide que l'éclair. Et pour preuve qu'il n'est que l'attention détournée, c'est qu'il ne peut avoir lieu tant qu'elle dure. Sans oubli, la reconnaissance des objets et des diverses manières d'être deviendrait impossible ; l'attention ne s'y fixerait pas : on existerait; mais sans aucun usage de ses facultés, toutes concentrées dans le sentiment unique de l'existence. Ainsi, point d'oubli, point de modification : il existe ; et partant il a existé, il existera.

Mais il faut *nécessairement* qu'il soit *momentané* : il faut que l'attention puisse se reporter et qu'elle se reporte en effet, tôt ou tard, sur les mêmes objets avec un jugement d'identité, et que l'oubli cesse ; car, s'il était *éternel*, loin de favoriser l'activité de l'attention, c'est-à-dire, son passage d'un objet à un autre, il le rendrait impossible, et par conséquent les perceptions et les modifications le seraient de même. Car, si l'attention ne pouvait jamais se reporter sur les choses passées, comment se porterait-elle sur les choses futures ?

L'oubli éternel ne saurait donc être ni le passage non interrompu de l'attention d'un objet à un autre avec l'impossibilité de revenir jamais sur le premier, ni la fixation éternelle de cette attention sur un seul objet ; car, dans le premier cas, on revient à la question déjà faite : Comment l'attention se porterait-elle sur les choses futures, dès qu'elle serait incapable de se reporter sur les choses passées ? comment ferait-elle un mouvement progressif, puisqu'elle est incapable d'un mouvement rétrograde ? Et dans le second cas, savoir celui de son éternelle fixation, aucun raisonnement ne serait possible : le raisonnement exigeant l'exercice préalable de toutes les facultés, qui suppose à son tour l'attention active sur le passé comme sur l'avenir, on n'aurait qu'une suite de sensations ; l'être pensant ne serait qu'un être sensitif. Or, l'homme raisonne : son attention est donc incapable de fixation éternelle ; aussitôt que l'on adopte son passage aux nouvelles choses, il faut admettre son retour aux anciennes.

Ainsi l'oubli éternel suppose la destruction des facultés mêmes qui produisent tous les modes : pour le réaliser, il faut anéantir et les modes et les facultés, et l'existence même. Il aurait beau s'opérer de la manière la plus lente, la plus insensible : il exigerait un instant où l'être, qui *peut* se rappeler une chose particulière, *ne le pourrait plus jamais*. Donc la virtualité et l'actualité du souvenir deviendraient à la fois impossibles : donc l'oubli éternel n'est pas ; et partant il n'a jamais été, il ne sera jamais.

Telle est donc la différence entre l'oubli momentané et l'oubli éternel, que l'un, nécessaire aux modifications, l'est aussi à l'existence même ; et que l'autre les dénature et les détruit. L'oubli momentané est un changement d'activité, l'oubli éternel une stagnation d'activité : le premier est une attention préoccupée avec plus ou moins de force et de persévérance ; le second est l'attention tout-à-fait détruite : l'un présente un obstacle ; l'autre, une impossibilité : l'un *est*, l'autre *n'est pas*.

§. 383. J'ai dit que l'oubli momentané, nécessaire aux *modifications*, l'est aussi à l'*existence* même, qui en a trop été séparée. La substance, dit-on, reste toujours la même, et la modification ne cesse de changer : sans l'idée d'une substance absolue, permanente, nulle modification passagère n'est possible. Mais, si l'on se rappelle ce que j'ai dit ailleurs[1], cet argument est facile à rétorquer. Sans modification passagère, nulle substance absolue et permanente n'est possible ; quelle que soit la manière dont vous vous la représentiez, elle sera toujours plus ou moins active, éprouvant du plaisir ou de la peine, se trouvant dans un état quelconque. Or, cet état est une modification. De ces divers états ou modes on a tiré par abstraction la substance, l'être, l'essence : autant de vues de notre entendement, privées de réalité externe. Ainsi les modifications sont dans la nature, et les essences dans l'esprit : la modification est à l'essence ce que la notion de l'homme est à Pierre ou à Jacques. Les modifications existent, les essences sont des chimères ; ou plutôt les unes et les autres ne forment qu'une seule et même substance.[2]

Supposez une plaque de fer *indestructible*, où seraient gravés de gros caractères, et sur ces caractères d'autres plus petits, et d'autres encore, etc. Si la plaque même est indestructible, tous les caractères, jusqu'au moindre, ne seront-ils pas indestructibles aussi ? Eh bien ! la plaque est le moi ; les gros caractères

---

[1] Voy. chap. XV, §. 259.
[2] Voy. chap. VII, §. 144.

sont la mémoire et toutes les autres facultés ; les petits sont les sensations, idées, pensées, raisonnemens, qui tous participent de la nature du moi, qui tous sont essentiels, indestructibles comme lui. Par une conséquence inverse, si le moindre caractère pouvait être effacé, la plaque elle-même pourrait être détruite ; si le moindre souvenir pouvait se perdre pour toujours, la mémoire se perdrait elle-même, et partant le moi rémémorateur, le moi.

§. 384. L'oubli momentané étant un défaut d'attention, ou plutôt l'attention détournée sur d'autres objets, il est possible d'expliquer pourquoi nous ne pouvons pas nous rappeler notre préexistence. Les sensations que le moi dut éprouver au moment où il fut revêtu de ses organes, l'auront frappé par la nouveauté, la variété, le plaisir ou la peine, au point qu'elles absorbèrent une grande partie de son attention. Tout entier au présent, il ne conserva plus qu'une faible image du passé. Bientôt, avec le développement de ces mêmes organes, avec leur énergie toujours croissante, l'attention fut toute absorbée ou suspendue, et le souvenir du passé se perdit avec elle. Or, la cause venant à cesser, l'effet cessera de même : les organes une fois détruits, le moi reprendra la conscience de son éternité, et il ne peut la reprendre sans se rappeler les états et les actes particuliers, dont elle n'est que la chaîne non interrompue ; il la reprendra avec des facultés intellectuelles, morales et sentimentales, plus perfectionnées par ces mêmes organes désormais inutiles. C'est ainsi que le peintre jette ses pinceaux usés ; mais le talent qu'ils ont exercé, lui reste.[1]

L'analogie vient à l'appui de cette assertion. Lorsque les organes internes ont acquis un trop grand degré d'énergie au préjudice des organes externes, l'équilibre est rompu : les premiers absorbent toute l'attention[2] ; l'homme est dans l'état de folie, il ne reconnaît plus personne, il ne se rappelle plus rien. Mais, l'équilibre vient-il à se rétablir, il recouvre la jouissance de sa mémoire. Dans l'intervalle, les humeurs morbifiques ont été dissoutes, les nerfs raffermis, les sucs régénérés, toutes les fonctions de la vie rétablies : son état physique s'est amélioré.

La même explication s'adapte aux phénomènes journaliers du sommeil et du réveil. Les organes internes et externes, absorbant tour à tour toute l'attention, selon l'énergie des uns et la faiblesse correspondante des autres, font que l'on ne se rappelle pas au réveil ce que l'on pensait dans le sommeil, et réciproquement, comme les somnambules ne se rappellent pas ce qu'ils ont fait dans l'état de somnambulisme. Ou cette explication est vraie, ou l'activité produit le repos et *vice versa*. Or, c'est une impossibilité.

Du moment que l'on soupçonne la folie, on commence de revenir à la raison ; du moment que l'on reconnaît sa préexistence, l'éternité commence à se dérouler.

---

[1] Voy. chap. XII, §. 193.
[2] Voy. chap. XIII, §. 218.

Pour infirmer l'analogie que je viens d'établir, n'allez pas m'objecter que j'applique faussement à l'état de santé ce qui n'appartient qu'à l'état de maladie. Ces deux états nous sont relatifs ; la nature ne les admet pas : elle ne voit dans l'un et l'autre que des modifications ; elle ne connaît ni maladie ni mort ; tout n'est pour elle qu'une reproduction perpétuelle. Donc je suis en droit de citer cet exemple analogique.

Ne m'objectez pas non plus que, si de nouveaux organes reproduisent le plaisir, la peine et l'énergie, ils reproduiront aussi l'oubli, et que de cette manière, de reproduction en reproduction, celui-ci deviendrait éternel.

Je répondrai ce que tout lecteur attentif ou versé dans ces matières se répondrait à lui-même ; savoir : 1.° que le moi est toujours maître de se dépouiller de ses propres organes, et de recouvrer par conséquent la réminiscence ; et 2.° que les facultés du moi, la mémoire entre autres, doivent tôt ou tard reprendre leur activité complète et vaincre l'énergie des organes, ou bien elles auront été dénaturées, détruites. Or, c'est une impossibilité. [1]

§. 385. J'entends les clameurs, je vois le sourire de la pitié ou du mépris. Hypothèses, se récrie-t-on, chimères, absurdités ! Mais qu'il me soit permis d'observer qu'une conjecture qui *seule* concilie des faits en apparence contradictoires, n'est plus une conjecture, une hypothèse ; mais une vérité démontrée. En

---

[1] Voy. le §. 376.

se rattachant à ces mêmes faits, elle participe de leur certitude et de leur évidence.[1]

§. 386. Ainsi le moi reconnaîtra son identité dans l'autre monde. Mais reconnaîtra-t-il celle des autres moi ? et cela serait-il possible avec des organes détruits ? Il faut résoudre ce nouveau problème.

§. 387. Les organes ne sont que des instrumens, des moyens de communication : ils sont au moi[2] ce que le télescope est à l'œil. Il est des astres que l'homme aperçoit à la vue simple, de même qu'avec cet instrument ; à l'aide d'un télescope il les voit mieux, sans doute : avec cet instrument on distingue d'une manière bien plus sensible les taches de la lune et les inégalités de sa surface ; cependant on peut aussi les voir sans télescope, à l'œil nu. Il en est ainsi des moi, principes, élémens.

§. 388. J'ai déjà remarqué plusieurs fois qu'ils ne peuvent pas être combinés ni surtout organisés par une puissance tierce sans une activité spontanée, sans une volonté de réunion réciproque et contemporaine ; volonté qui elle-même est déjà une action, et sans laquelle toute liaison devient impossible.[3]

Donc les faits de la composition et de l'organisation prouvent que les moi qui devaient les réaliser, s'apercevaient, se connaissaient, se voulaient mutuelle-

---

[1] Voy. chap. XIV, §. 239.
[2] Voy. chap. III, §. 46.
[3] Voy. chap. XVIII, §. 303.

ment : car sans perception, point de connaissance; sans connaissance, point de volonté ; sans volonté, point d'action spontanée; sans action spontanée, point de combinaison, point d'organisation[1]. Et comme les moi sont doués de mémoire, comme le souvenir de l'acte le plus fugitif de leur existence éternelle ne peut se perdre tout-à-fait, il en résulte que, si jamais il se sont aperçus et connus mutuellement, de quelque façon que la chose ait eu lieu, ils s'apercevront et se reconnaîtront mutuellement dans l'avenir.

§. 389. Le défaut d'organes ne saurait être un obstacle à cette reconnaissance ; car, les élémens ou les moi ayant été en contact immédiat, comme le prouvent les faits de la composition et de l'organisation, ils peuvent dans l'avenir se retrouver dans le même *contact immédiat*, que rien ne peut les empêcher ni de vouloir ni d'exécuter. Or, ce contact seul suffit pour exprimer les pensées et les sentimens. Si nous n'avions qu'un seul sens, le tact, nos connaissances externes seraient très-bornées, sans doute; mais nous en aurions malgré cela ; et il ne s'agit ici ni de leur nombre, ni de leur étendue, ni de leur perfectibilité.

§. 390. J'ai prouvé que, la distinction de matière et d'esprit étant fausse, celle de mouvement et de pensée doit l'être aussi. Entre le mouvement et la pensée la différence réelle consiste en ce que le premier est un

---

[1] Voy. chap XVIII, §. 306.

changement total d'espace, et l'autre une vacillation dans un seul et même espace : l'action est toujours là ; elle suppose intelligence, sentiment, volonté. Il en résulte que le contact de deux élémens doit renfermer et manifester à la fois sensation et pensée, sans parole ni signe quelconque. C'est le langage primitif des ames ; il est le fondement du langage convenu : celui-ci, sans l'autre, serait impossible, même avec le secours des organes.

Un jeune homme, pour la première fois de sa vie, aperçoit une jeune fille : aussitôt il est enflammé ; ses regards sont pleins de tendresse et d'amour. Un trouble délicieux s'empare de celle qui produit cette vive émotion ; son front virginal est coloré d'une aimable rougeur. Ils ne savent ni l'un ni l'autre le changement survenu dans leurs propres yeux ; mais leurs ames s'entendent, s'élancent et se confondent ensemble : les effets électriques ne sont pas plus rapides que les élans de ces ames l'une vers l'autre. Sans leur expression directe, vivifiante, divine, la régularité des traits, la fraîcheur du teint, la beauté du visage et du corps s'offriraient vainement à la vue du jeune homme et de la jeune fille qui, bornés à des images agréables, mais froides, se verraient avec indifférence : ils n'éprouveraient rien ; le plaisir, le sentiment, l'amour leur seraient inconnus. Voilà pourquoi les figures de cire ne plairont jamais : leur regard fixe n'a point de vie ; il n'a point d'ame. Ainsi l'amour n'est que l'ame qui se complaît dans une autre ame. Que la fable de Psyché est ingénieuse ! Elle signale cette vérité si noble, parce qu'elle épure la plus intéressante de nos passions ; si touchante, parce qu'elle place cette passion dans l'ame indestructible, immortelle, et non dans le corps qui se dissout et périt.

Si donc l'œil et les autres organes manifestent des sensations, ils ne manifestent pas la pensée ni le sentiment. Ces derniers établissent une communication directe de l'ame à l'ame, comme deux gerbes d'eau qui se réunissent, communiquent directement entre elles, quoique la forme et la direction des tuyaux qui leur servent de passage, semblent s'y opposer. Ainsi l'ame dégagée d'organes, ayant telle pensée particulière, la communique à une autre ame par le contact et dans le contact même, sans avoir besoin d'aucun signe de convention ; car, je le répète, si le signe et la pensée n'étaient pas la même chose, comme, par exemple, dans les phénomènes du magnétisme animal, tout commencement de langage eût été impossible. Le signe, dans l'acception propre du mot, suit et ne précède jamais la pensée. Quel moyen d'établir le signe d'une chose entre deux individus, s'ils n'ont pas l'un et l'autre la *connaissance préalable ou contemporaire, mais toujours réciproque*, de la même chose ?

Toutefois le contact, le signe et la pensée, actes simultanés, termes synonymes dans cette occasion, peuvent avoir divers degrés d'énergie, et devenir plus ou moins perceptibles, selon que l'expression est *simple*, produite par le moi seul, libre d'organes, ou *combinée* par le moi et ses organes actifs dans le même sens et de la même manière, à raison de leur homogénéité, comme agrégats composés de moi semblables, et de leur liaison intime, en vertu de laquelle ils reçoivent et gardent toutes les expressions de l'ame. Donc les organes, sans expliquer le sentiment et la pensée, n'en font que renforcer l'expression primitive : la pensée seule se révèle à la pensée. Dès qu'une fois on s'est fait entendre sans des signes convenus, il n'a pas été difficile de les instituer. Telle est, dois-je le redire? la véritable origine des langues. Ce que la musique est à la langue articulée, l'expression primitive de la pensée l'est à la musique.

§. 391. L'analogie seule, me dira-t-on, sans rapport immédiat, explique la révélation du sentiment au sentiment, et de la pensée à la pensée.

Un jeune homme (il faut se servir du même exemple), un jeune homme sent le plaisir qu'il éprouve à la vue d'une jeune fille : il exprime ce sentiment par un cri, par un geste; la jeune fille fait de même : désormais, par une convention naturelle et tacite, le cri, le geste sera pour tous les deux le signe du sentiment qu'ils auront éprouvé. Cette origine des langues s'explique très-bien par l'expression du sentiment à la faveur des organes : nul besoin de remonter au rapport immédiat des ames.

Je réponds que cette explication serait décisive, si le sentiment *pouvait naître dans le jeune homme sans le contact de son ame avec l'ame de la jeune fille.* Or, c'est impossible : on a déjà vu que les sensations d'une part ne sauraient développer les sentimens de l'autre. Avant de pousser le cri, avant de faire le geste, le jeune homme a reconnu d'abord que le sentiment se réveillait en lui par une personne *animée*, c'est-à-dire, par l'ame de celle-ci : il a donc reconnu cette ame et son action ; il est donc en rapport direct avec elle. La même personne, *inanimée*, n'eût pas produit le même effet ; et si les peintures le produisent quelquefois, la raison en est que les couleurs de la toile, comme celles du visage, portent l'empreinte de l'ame. C'est donc toujours la vie, l'ame, que l'on saisit dans les couleurs, qui, sans elle, ne seraient que des sensations colorées. La jeune fille a fait la même reconnaissance avec la même rapidité et, pour ainsi dire, à son insçu, ne s'arrêtant pas aux termes divers que renferme une pareille découverte. Donc leurs ames se sont aperçues et communiquées ; les cris et les gestes ont exprimé la nature de cette réciproque et soudaine perception : donc les sentimens naturels ont *précédé* les signes mutuels.

Quand on soutient que l'analogie seule fait connaître la pensée à la pensée, qui sans cela resterait à jamais une simple sensation, c'est comme si l'on me disait que l'analogie seule fait connaître la sensation à la sensation. Aussitôt que l'une se manifeste à l'autre, elles se reconnaissent mutuellement et simultanément, sans expérience préalable et sans analogie, par un simple acte de perception. Pourquoi la pensée ne se communiquerait-elle pas de même à la pensée d'une manière directe et du premier abord ? Les organes, instrumens des sensations, le sont aussi des pensées ;

ils ne font qu'en renforcer l'expression originelle, qui peut se passer de leur office. Enfin, si la sensation n'a pas besoin d'analogie, la pensée n'en a pas besoin non plus : car la sensation est impossible sans la pensée ; elle ne serait pas reconnue : l'une suppose l'autre, et toutes les deux sont indivisibles dans le sujet qui les renferme, et dont l'essence et l'activité sont également indivisibles. *

---

* Quoiqu'il n'y ait rien de commun entre mon système et celui de l'auteur des *Harmonies de la nature*, nous nous sommes cependant rencontrés dans l'opinion sur la communication immédiate des ames, et cela par des voies non-seulement différentes, mais encore tout-à-fait opposées. Voici comment cet auteur s'énonce, tom. II, pag. 437 et 438.

« Si Locke eût été attentif à ces leçons données dans tous les
« animaux par la nature, il eût soupçonné que l'homme, malgré
« les préjugés qui entourent son berceau, a aussi des idées innées.
« En effet, l'enfant nouveau-né a des *présensations* [1] lorsqu'il suce
« la mamelle de sa mère et qu'il en fait jaillir le lait, sans connaître
« la pression de l'atmosphère, ignorée de tous les philosophes de
« l'antiquité. Il manifeste bientôt des *présentimens* [2] de la bonté ou

[1] *Présensation* n'est pas le terme juste et convenable ; car il est impossible de *présentir* quelque chose : c'est une absurdité palpable. Mais on peut avoir la *prescience* ou la prévoyance d'un événement, fondée sur le calcul de l'avenir par le passé. L'enfant doit avoir en une pareille prescience, fondée sur des expériences antérieures à cette vie, et dont il perd ensuite la mémoire, expériences fondées elles-mêmes sur des communications immédiates, réciproques, intuitives, coéternelles à l'existence des choses ; ou le fait de la succion eût été impossible, malgré la présentation du sein et toutes les provocations de la mère. Voilà, ce me semble, le raisonnement que Locke aurait dû faire, et qu'il aurait fait, s'il n'eût pas adopté le systeme de la table rase d'Aristote.

[2] Le *présentiment* est une nouvelle absurdité. Comment sentir ce qui n'existe pas encore ? Ce prétendu *présentiment* n'est autre chose que la communication directe et immédiate de l'ame à l'ame ; communication qui, de même que la sensation, n'a besoin d'aucun signe pour se manifester et se faire comprendre. Il ne s'agit donc pas ici de présentir l'avenir ; mais de sentir, c'est-

§. 392. Pour épuiser mes preuves en faveur du rapport direct des ames, qui, manifesté dans ce monde-ci, malgré notre organisation actuelle, doit à plus forte raison se manifester dans l'autre monde, si même on y supposait les ames dégagées d'organes, je ne

« de la malice des hommes, sans en avoir l'expérience [3], lorsqu'à
« leur seul aspect il va se ranger auprès de ceux dont les physio-
« nomies sont du nombre de celles qu'on appelle heureuses, parce
« qu'elles annoncent, en caractères *ineffables* [4], la bienfaisance ;
« tandis qu'il s'éloigne de ceux qui, même avec des *traits régu-*
« *liers*, portent je ne sais quelle expression de malveillance plus aisée
« à sentir qu'à décrire [5]. C'est ainsi que l'agneau, mû par ses pré-
« sentimens, à la vue d'un loup se réfugie auprès du chien, quoique
« ces animaux soient du même genre et aient des figures à peu près
« semblables. L'enfant a l'instinct de la sociabilité, lorsque, ignorant
« les sujets de joie et de douleur de ses semblables, il rit en les
« voyant rire, ou pleure en les voyant pleurer. »

Et plus loin, pag. 499 :

« Quant à l'ame céleste [6], je l'ai déjà dit, elle n'appartient qu'à
« l'homme. C'est elle qui répand dans ses traits non encore défigurés
« par les passions animales, les charmes ineffables de l'innocence,
« de la bonté, de la bienfaisance, de la justice, de l'héroïsme ; elle
« imprime sur la physionomie un caractère qui soumet à la houlette
« même de ses enfans les fiers taureaux, les chevaux indomptés, et
« jusqu'à l'éléphant colossal. [7]

à-dire de reconnaître directement le présent, ou le sentiment actuel de la bonté ou de la malice, etc.

3 L'expérience *est là :* c'est le sentiment même de la bonté ou de la malice.

4 Nous y sommes : c'est cela.

5 Il serait difficile de mieux exprimer le fait de la communication directe de l'ame. Cette expression primitive, comme je l'ai dit ailleurs, est aux signes ce que la musique est à la parole.

6 L'auteur distingue des ames animales, végétales, célestes, etc. Cette distinction est absurde, si elle doit exprimer autre chose que des modifications d'une seule et même ame, une et indivisible.

7 Bel exemple de communication directe et immédiate des ames.

citerai plus qu'un fait très-simple. *Je veux, et mon bras se meut :* le moi fait mouvoir d'autres moi ; l'ame, élément simple, fait mouvoir le corps, agrégat organisé. Ce mouvement ne peut s'opérer que de l'une de ces trois manières, par impulsion, par obéissance, ou par ces deux moyens combinés ensemble.

Ce n'est point par impulsion ; car le moi est un élément unique, tandis que le corps est composé d'un nombre indéfini d'élémens. La force d'impulsion de l'un doit donc être bien inférieure à la force de résistance de l'autre : un grain de sable ne meut pas une masse de pierres.

Ce ne peut pas être par l'obéissance *seule ;* car, sans contact, nulle prise, nulle communication entre les êtres n'est possible, et le contact suppose le mouvement. Le mouvement et la volonté, distingués en logique, sont inséparables dans la nature : ils s'y trouvent fondus ensemble, comme, par exemple, dans les corps la couleur et l'étendue.

Reste le moyen combiné d'impulsion et d'obéissance, le seul admissible et par conséquent le seul vrai. Mais, pour obéir, il faut comprendre. Si donc mon bras se meut au gré de ma volonté, c'est que mon bras a compris ma volonté. Cependant entre ma volonté et mon bras aucun organe, aucun moyen intermédiaire de communication ne se fait remarquer ; et si même il se faisait remarquer, la communication entre ma volonté et cet organe serait toujours immédiate. Donc la pensée se manifeste directement à la pensée.

Les Grecs, doués d'une imagination vive et d'une sensibilité profonde, personnifiaient la nature entière. La raison, par de rigoureuses conséquences, vient confirmer les produits de leur imagination et de leur sensibilité. La nymphe Écho répète nos accens; Zéphire nous caresse, Neptune soulève les flots, Jupiter gronde sur l'olympe : autant de puissances intelligentes et personnelles, autant d'élémens ou de moi dont l'univers est composé. Pour nous autres modernes, nous n'y voyons que des sons, des sensations tactiles, des orages et du tonnerre. Les Grecs spiritualisaient la nature; nous la matérialisons : au fond elle est spirituelle et matérielle à la fois.

§. 393. Arrêtez ! me dira-t-on. Vous établissez comme possible la communication des ames entre elles, quoique privées d'organes. Mais que m'importe cette possibilité, si venant à communiquer avec les ames des personnes qui vécurent dans ce monde, je ne reconnaissais pas dans l'autre ces personnes mêmes entièrement transformées ? Êtres composés ici-bas, êtres simples là-haut, comment les reconnaître ?

Faut-il réfuter de si faibles objections ? J'ai déjà prouvé que l'ame est éternelle, et qu'elle ne perd jamais tout-à-fait sa faculté rémémorative ; je viens de prouver encore qu'elle aura toujours celle de communiquer avec d'autres ames. Où serait donc la difficulté de découvrir dans l'autre monde la personne qu'on aura chérie dans celui-ci ? Elle est précisément le moi que vous voulez reconnaître. Les organes et les traits physiques ne constituent pas plus le moi que l'habit et la parure ne le constituent ; pas plus que le format d'un livre, les caractères et même la langue ne constituent les pensées, les sentimens et les images de l'auteur ; pas plus que le portrait ne constitue l'original. Que vous importe le portrait, quand vous possédez l'original ? Que vous importe la forme du livre, quand vous en avez saisi l'esprit ? D'ailleurs les organes, les traits physiques, que vous connaissez dans l'instant actuel, ne sont plus ceux que vous avez connus l'instant d'auparavant, et que vous connaîtrez l'instant d'après ; ils ont déjà subi une transformation : tout change dans le monde physique ; il ne reste pas stationnaire une seule seconde. Et quoique pour le moment la transformation soit insensible, elle n'en est pas moins réelle, et ne tardera pas à se manifester. Direz-vous que ce n'est plus la même personne ? Exigerez-vous qu'elle se montre dans tout l'éclat de la jeunesse ? Elle ne peut plus d'elle-même reprendre ses premiers organes, ses premiers traits : le temps rongeur les a détruits. Toutefois la puissance qui l'en avait revêtue, peut seule les lui rendre dans leur intégrité primitive, et même plus beaux, plus parfaits qu'ils n'étaient auparavant.

§. 394. Une nouvelle objection s'élève. Dès que le moi a perdu ses organes, il devient inaccessible à l'homme, être composé, agrégat. Mais puisque, dans votre hypothèse, les moi peuvent s'apercevoir et se reconnaître mutuellement, avec et sans organes, d'où vient que l'homme, être pensant, malgré la combinaison physique dans laquelle il se trouve, principe, élément, moi, ne peut-il pas reconnaître dans son état actuel un autre principe, élément, moi, dégagé d'organes?

C'est précisément par la raison qu'il est un être composé, revêtu d'organes, un agrégat. Il faut développer cette pensée, déjà tacitement renfermée dans ce que j'ai dit plus haut de l'expression primitive de l'ame. Le moi est indivisible; mais étendu, capable de contraction et de dilatation [1]. Il doit donc occuper une place différente de celle qu'occupent ses organes ou son corps. Cependant, toutes les fois qu'on touche ceux-ci, même dans un point presque imperceptible, comme, par exemple, avec une aiguille, le moi le sent d'abord. Se sentirait-il dans son corps occupant une place différente de la sienne? Se sentirait-il là où il n'est pas? C'est une contradiction. Pour la lever, il faut nécessairement reconnaître que les organes forment autour du moi un tissu si délié, si fin, ou bien une espèce d'éponge dont les pores sont si petits, si imperceptibles, qu'aucun de nos instrumens, quelle qu'en soit la finesse, ne peut porter sur une de ces ouvertures invisibles sans porter en même temps sur le moi qui les occupe toutes, comme l'eau occupe tous les pores de l'éponge. Voulez-vous une autre image de cette union par-

---

[1] Voy. chap. XVIII, §. 333 - 335.

faite? Représentez-vous deux liqueurs mêlées ensemble : le moyen de toucher l'une sans toucher l'autre; et cependant ce sont deux liqueurs bien distinctes.

§. 395. Si la conséquence que je viens de tirer de l'impossibilité que deux corps occupent en même temps un seul et même espace, et de la sensibilité répandue sur tout notre corps, est nécessaire et juste, elle n'est point une hypothèse, mais une vérité démontrée.

§. 396. Examinons maintenant la nature du contact du moi organisé, tel que je viens de le représenter, avec les autres élémens, les agrégats et les corps. Le premier de ces deux contacts ne pourra jamais être reconnu; car, quand même un élément contracté viendrait à s'appliquer sur le moi organisé par un de ces points imperceptibles dont j'ai parlé, le toucher serait également imperceptible et la sensation nulle, ainsi que l'expression. Si, au contraire, l'élément dilaté lui-même s'appliquait au moi comme sur ses organes, dans le même temps, à la manière des objets, en tout ou en partie; qu'il se présentât, par exemple, aux yeux ou qu'il enveloppât tout le corps : comme il perdrait en intensité ce qu'il gagnerait en étendue; comme, malgré l'extrême faiblesse de son action, il ne manquerait pas, en vertu des lois mécaniques, de modifier celle des organes, et comme ceux-ci réagiraient à leur tour sur le moi, le contact deviendrait mixte, c'est-à-dire, élémentaire et corporel à la fois ; la sensation serait donc aussi mixte, résultat combiné 1.° du contact de l'élément avec le moi et ses organes, et 2.° de la réaction simultanée de ceux-ci, considérés comme objets, sur le moi [1]. Je dis *simultanée*, vu l'intimité de leur liaison, et parce que l'action et la réaction sont toujours simultanées.

Or, dans cette sensation mixte, il serait impossible de distinguer l'action particulière de l'élément, parce que celle des organes, bien plus forte, comme étant l'effet composé d'un nombre indéfini de forces simples, ne manquerait pas de l'étouffer. Ainsi, dans un grand bruit, une décharge de canons ou de fusils, un roulement de tambours, etc., la voix humaine ne serait pas entendue; et dès-lors cette voix ne servirait ni de sensation, ni d'expression, ni de signe de pensée. Par la raison contraire, l'action des agrégats, malgré sa coïncidence avec celle des organes, étant toujours beaucoup plus forte que cette dernière, est aisément reconnue et distinguée : de là sensation, expression, signe de pensée. Pour qu'un élément puisse se faire sentir et comprendre, il faut donc que l'action des organes soit tout-à-fait suspendue au dedans comme au dehors, c'est-à-dire que l'homme meure.

§. 397. Il s'ensuit que le moi, l'ame, l'esprit, donnez à l'être pensant tel nom qu'il vous plaira, ne peut sentir un autre moi, une autre ame, un autre esprit, *si l'un des deux est revêtu d'organes*. L'obs-

---

[1] Voy. chap. III, §. 47.

tacle à une reconnaissance immédiate est invincible: on ne peut jamais éprouver dans cet état une sensation élémentaire; elle sera toujours étouffée par d'autres sensations composées, et par conséquent plus fortes et plus distinctes. Donc ceux qui soutiennent la possibilité de cette reconnaissance, martinistes, illuminés, mystiques, sont des charlatans ou des dupes.

§. 398. Cependant il existe une grande différence entre l'élément qui constitue l'individu, l'ame d'un corps organisé, et l'élément qui n'est qu'une particule dans un agrégat inorganisé : c'est que l'un, dilaté en tout sens dans le corps, éprouve l'influence ou l'action de tous les points élémentaires dont le corps est composé ; et que l'autre, indéfiniment contracté, n'éprouve l'influence que de quelques points environnans. Par conséquent le premier est incapable de reconnaître une sensation élémentaire, ou bien une expression simple, sous la puissance d'une *foule* d'actions diverses ; mais le second, n'étant soumis qu'à celle de quelques élémens voisins, n'en est pas assez distrait pour ne pouvoir pas reconnaître l'action plus intensive, égale ou moindre, de l'élément qui constitue l'ame ou l'individu d'un corps: car, dans une certaine proportion, l'intensité contrebalance le nombre des forces, et même à parité d'intensité, lorsque ce nombre n'est pas considérable, elles peuvent toutes être distinguées; mais, si le nombre est trop fort, la distinction devient impossible. Donc l'élément, ame, moi, peut manifester et manifeste ses pensées et ses volontés aux membres de son corps, et partant à *toutes* les particules élémentaires dont ce corps est composé ; mais la particule élémentaire ne peut pas manifester les siennes à l'ame soumise à l'action d'une *foule innombrable* d'autres particules. Tel est le rapport de l'ame au corps, et *vice versa*. Un exemple le rendra plus sensible. Un homme assailli par deux ou trois individus, distingue très-bien les coups qu'ils lui portent. Le nombre des agresseurs vient-il à se multiplier, il ne distingue plus leurs traits ; mais chacun des agresseurs distingue parfaitement ceux qu'il lui lance avant de succomber.

§. 399. Mais, si la communication immédiate entre deux moi, dont l'un organisé et l'autre inorganisé, est impossible, rien n'empêche, comme nous le voyons, d'en établir une par la voie des organes, *pourvu que tous les deux en soient revêtus ;* car, sans cette condition, l'on retomberait dans l'obstacle déjà prouvé. Alors tout se réunit dans le contact, sensation, sentiment, pensée et signe de pensée.

§. 400. Je ne parle pas ici de l'action d'un agrégat sur le moi, c'est-à-dire, de plusieurs moi combinés sur un seul moi simple, ou de celle du corps sur l'esprit : ce serait revenir aux sensations ordinaires, par lesquelles on reconnaît les *objets* et leurs rapports.

§. 401. Mais, puisqu'un esprit peut avoir la connaissance immédiate des objets (témoin toutes les perceptions et modifications que l'on obtient par les organes internes, considérés, non comme instrumens, mais comme objets), il s'ensuit que nous, qui sommes aussi des objets, des agrégats, malgré notre organisation actuelle nous pouvons être aussi reconnus des esprits ; il s'ensuit que les ames de ceux qui vécurent ici-bas avec les hommes, les aperçoivent sans en être aperçus [1]. Que cette idée est consolante! O vous qui pleu-

---

[1] La sublime prosopopée suivante de J. J. Rousseau, dictée par le sentiment le plus touchant et l'imagination la plus vive, est approuvée par la raison la plus froide et la plus sévère. Je ne l'ai jamais lue sans émotion.

« Venez donc, chers et respectables amis, venez vous réunir à tout
« ce qui reste d'elle ; rassemblons tout ce qui lui fut cher. Que son
« esprit nous anime ; que son cœur joigne tous les nôtres : vivons
« toujours sous ses yeux. *J'aime à croire que du lieu qu'elle ha-*
« *bite, du séjour de l'éternelle paix, cette ame encore aimante*
« *et sensible se plaît à revenir parmi nous, à retrouver ses amis*
« *pleins de sa mémoire, à les voir imiter ses vertus, à s'entendre*
« *honorer par eux, à les sentir embrasser sa tombe et gémir en*
« *prononçant son nom.* Non, elle n'a point quitté ces lieux qu'elle
« nous rendit si charmans : ils sont encore tout remplis d'elle. Je la
« vois sur chaque objet ; je la sens à chaque pas, à chaque instant du
« jour ; j'entends les accens de sa voix. C'est ici qu'elle a vécu ; c'est
« ici que repose sa cendre.... la moitié de sa cendre. Deux fois la
« semaine, en allant au temple .... j'aperçois.... j'aperçois le lieu
« triste et respectable... Beauté, c'est donc là ton dernier asile...
« Confiance, amitié, vertus, plaisirs, folâtres jeux, la terre a tout
« englouti... Je me sens entraînée... j'approche en frissonnant...
« je crains de fouler cette terre sacrée ... je crois la sentir pal-
« piter et frémir sous mes pieds .... j'entends murmurer une
« voix plaintive!... Claire, ô ma Claire, où es-tu, que fais-tu
« loin de ton amie? .... Son cercueil ne la contient pas tout en-
« tière.... il attend le reste de sa proie.... Il ne l'attendra pas
« long-temps.»

rez des personnes chéries, vous dont la sensibilité se nourrit de souvenirs douloureux, que ne puis-je calmer votre cœur agité ! Vous vivez sous leurs yeux ; bientôt vous vivrez avec elles.

§. 402. Par une conséquence inverse de la théorie que je viens d'exposer, deux moi ou deux *élémens*, *dépourvus l'un et l'autre d'organes*, peuvent très-bien se communiquer ; car, dans cette dernière supposition, un élément qui porterait, non sur quelques points imperceptibles, mais sur plusieurs points ou sur la totalité de l'autre, lui ferait éprouver des sensations ou des expressions (ce qui revient ici au même) d'autant plus fortes et plus reconnaissables que nulle autre action ne viendrait les troubler ou les étouffer.

§. 403. Donc je reconnaîtrai un jour mon existence éternelle par la réminiscence, comme je la reconnais à présent par le raisonnement ; je reconnaîtrai les personnes qui m'ont été chères, comme j'en serai reconnu.

§. 404. Toutes ces preuves sont métaphysiques ; elles découlent du célèbre axiôme : *ce qui est, est, et ne peut ne pas être*. Je vais les résumer toutes, pour en faciliter l'intelligence et la vérification.

Je suis : donc j'ai été, et je serai.

Je suis un, indivisible ; car un moi exclut deux moi : donc toutes mes facultés ont été et seront indivisibles.

Je suis spontanément actif : donc toutes mes facultés ont été et seront douées d'activité spontanée.

Parmi ces facultés est la mémoire, indépendante des organes : donc le moi rémémorateur a été et sera un, indivisible, spontanément actif.

Mais, outre la mémoire, je suis doué d'attention ; elle se porte sur un objet et s'en détourne : c'est l'oubli. Elle revient sur le même objet, avec un jugement d'identité : c'est le souvenir. Je suis donc et serai toujours sujet à l'alternative de l'oubli et du souvenir *momentanés*.

L'oubli momentané exclut l'oubli *éternel ;* car celui-ci rend impossibles l'activité de l'attention, son passage d'un objet à l'autre, et partant les perceptions et les modifications : il suppose un instant où l'être, qui *peut* se rappeler une chose, ne *le pourra plus jamais ;* réduction au néant, impossibilité, absurdité.

Donc je me rappellerai un jour le plus léger acte de mon existence éternelle ; ou j'aurai perdu l'attention, le jugement, la mémoire, l'existence une, indivisible, spontanément active ; et l'axiome, *ce qui est, est, et ne peut ne pas être,* ne serait qu'une fausseté, un mensonge.

Bien plus, je reconnaîtrai aussi les autres moi. Les principes ne peuvent pas être combinés ni surtout organisés, quoique par une puissance étrangère, sans une activité spontanée, simultanée et réciproque ; témoin les faits mêmes de la composition et de l'organisation.

Ces faits prouvent que les moi se sont jadis aperçus et connus ; car comment vouloir une réunion et l'opérer sans perception ni reconnaissance ? Donc les moi se reconnaîtront les uns les autres dans l'avenir.

Le défaut d'organes n'empêchera pas la reconnaissance ; car le contact immédiat qui leur était commun, ainsi que le prouve le fait de la composition, était déjà pour eux un moyen de communiquer ensemble, ou plutôt c'était la pensée se communiquant à la pensée. Avec la destruction des organes, le contact immédiat ne manquera pas de se renouveler.

Mais le moi, l'élément, dans son contact avec un autre moi organisé, ne peut se manifester à lui par une sensation élémentaire, c'est-à-dire, par une pensée simple ; parce que ce contact sera toujours trop faible pour être distingué de l'action beaucoup plus forte des organes internes et externes.

L'agrégat, au contraire, peut se manifester au moi, à l'élément, par cela seul qu'il est agrégat, capable de produire une sensation, mixte à la vérité, mais toujours assez forte pour être distinguée des autres actions.

Quoique l'élément, ame d'un corps organisé, puisse se manifester à l'élément constitutif d'un agrégat inorganisé, l'inverse est impossible ; car le premier est influencé par une multitude de forces, et le second ne l'est que par quelques forces environnantes.

Si l'agrégat se manifeste au moi, à l'esprit, il s'ensuit que nous, qui sommes aussi des agrégats, quoique organisés, pouvons être aperçus des esprits, sans pouvoir les apercevoir à notre tour.

Toutefois deux moi revêtus d'organes, comme deux

moi simples qui n'en auraient point du tout, peuvent établir entre eux une parfaite communication : les premiers indirectement par les organes, les seconds directement par le contact immédiat, c'est-à-dire, par l'expression simple ou combinée.

Si donc un agrégat se manifeste à l'élément, témoin mes organes internes, directement aperçus par mon esprit; si l'élément se manifeste à l'agrégat, témoin l'action de ma volonté sur mon bras, *l'individualité* ne saurait se manifester, je ne dis pas *unilatéralement*, car mon bras a compris ma volonté, mais *réciproquement* et *contemporairement* entre deux élémens qui ne sont pas l'un et l'autre revêtus ou privés d'organes : c'est une loi de la nature [1]. En effet, je ne

---

[1] Je parle de l'état de veille ordinaire. Mais on sent bien que, si par une crise de la nature l'action des organes externes venait à *cesser tout-à-fait*, et que celle des organes internes s'affaiblit au point de devenir *presque insensible*, l'ame, quoique liée machinalement au corps, en serait intellectuellement séparée; car il n'agirait plus sur elle. Dès-lors elle serait susceptible des impressions directes et immédiates d'une autre ame : elle serait de fait un esprit apercevant les autres esprits, ainsi que les agrégats organisés ou non organisés, sans cependant être aperçue de ces derniers (§. 401). Ce phénomène se présente dans le somnambulisme magnétique ; il se présenterait même dans l'état de veille, au sortir du somnambulisme, ou bien lorsque l'ame est tellement préoccupée que l'action des objets externes sur elle en devient insensible. Mais ce cas est très-rare.

Pour prouver cette vérité, il faut d'abord établir et constater le fait du somnambulisme magnétique, puis en tirer des conséquences telles qu'on ne puisse les renverser sans renverser ce fait même. C'est en quoi consiste mon critérium (chap. XIV, §. 243). Il me servira de guide.

Voici le fait. Dans l'état somnambulique, la translation des sens

reconnaîtrai jamais l'individu, ni dans un esprit, ni dans un corps, ni dans un agrégat quelconque.

---

s'opère à l'épigastre, comme à l'extrémité des doigts et des orteils. La vue, l'ouie et l'odorat se manifestent par ces endroits, tandis que les organes externes restent dans l'inaction la plus absolue. On voit ainsi des objets séparés même par des corps opaques. Un développement prodigieux des facultés intellectuelles se manifeste en même temps ; la mémoire, par exemple, reproduit des lectures faites depuis long-temps, avec une telle fidélité, une telle exactitude, que pas une seule parole n'est omise, comme si le somnambule lisait actuellement dans le livre. Il compare son état avec celui de veille : il se rappelle donc ; mais dans l'état de veille il ne se ressouvient plus de ce qu'il a dit ou fait dans le somnambulisme. Durant ce dernier état, et même dans le moment où le magnétisé en sort, il aperçoit une espèce de fluide, une certaine émanation sortir du corps du magnétiseur : fluide élémentaire, léger, subtile, blanchâtre, qui devient brillant s'il émane de notre corps, et qu'il soit mu avec vivacité. Pour produire les effets salutaires du magnétisme animal avec ou sans état somnambulique, le concours des facultés morales est indispensable : il faut la volonté, la croyance et le désir de soulager. Quand ces dispositions manquent, l'effet manque. Tels sont les principaux phénomènes du magnétisme animal, confirmés par une foule d'expériences, décrits dans une foule d'ouvrages, attestés par une foule de gens dignes de foi sous tous les rapports : phénomènes par conséquent irrécusables.

On en donne diverses explications.

« M. de Bachelier admet dans l'homme un sens interne, qui a
« pour organe l'ensemble du système nerveux, et qui a son siége
« dans la substance même des nerfs. Cet organe est susceptible
« d'impressions infiniment plus délicates que les organes extérieurs.
« Mais ces impressions cessent d'être aperçues, lorsque le jeu de
« ceux-ci absorbe notre attention. Dans l'état de somnambulisme,
« les fonctions des sens externes sont suspendues, et les impressions
« que reçoivent intérieurement nos nerfs, deviennent sensibles, parce
« qu'elles sont seules. » C'est M. J. P. F. Deleuze, qui, dans son
Histoire critique du magnétisme animal, 2.ᵉ partie, p. 114 et 115,

§. 405. Dieu lui-même, suprême auteur de ce monde et de tous les mondes, n'est pas au-dessus de

---

rapporte ce passage tiré par lui de l'ouvrage intitulé : *De la nature de l'homme, et des moyens de le rendre heureux*. Par P. J. Bachelier d'Agès. Paris, an VIII. in 8.°, pag. 223.

M. Tardy de Montravel dit : « Il existe un fluide répandu dans
« toute la nature, et qui est le principe de la vie et du mouve-
« ment. Ce fluide, en traversant les corps, les modifie, et il est à
« son tour modifié par eux. Lorsqu'il circule d'un corps à l'autre
« avec le même mouvement, ces deux corps sont en harmonie :
« c'est ce fluide par lequel nos nerfs reçoivent les sensations.

« Outre les organes extérieurs des sens, l'homme a encore un
« sens intérieur, dont l'ensemble du système nerveux est l'organe,
« et dont le siége principal est le plexus solaire. Ce sixième sens
« est le principe de ce que nous nommons instinct dans les animaux.
« Si, par une cause quelconque, les sens extérieurs sont engourdis,
« et que l'organe du sens intérieur acquière plus d'irritabilité, il
« remplit seul les fonctions de tous les autres ; il porte à notre ame
« les impressions les plus délicates, et ces impressions nous affectent
« vivement, parce que notre attention n'est plus distraite par d'autres
« objets : c'est ce qui a lieu dans le somnambulisme. Quant aux
« prévisions, elles sont uniquement le résultat des combinaisons de
« l'intelligence, qui raisonne d'après les impressions qu'elle éprouve,
« comme un horloger juge de l'instant où une pendule s'arrêtera,
« comme un astronome juge des divers mouvemens qui auront lieu
« dans le ciel. Dans les animaux, l'instinct est purement machinal ;
« dans l'homme, il est accru de toutes les facultés morales, et c'est
« pour cela qu'il devient quelquefois l'expression de la conscience.
« La connaissance que le somnambule a des objets éloignés, vient
« de ce que le fluide qui lui en porte l'impression, traverse tous
« les corps, comme la lumière traverse le verre.

« On voit, dit M. Deleuze, que cette théorie s'accorde avec celle
« que j'ai adoptée dans mon chapitre sur le somnambulisme. J'ajoute
« que les faits sur lesquels elle est appuyée, sont les mêmes que j'ai
« vus cent fois et qui ont été vus par tous les magnétiseurs, et que
« les raisonnemens sont conformes à ceux de plusieurs somnambules.

« Cependant, je le répète, continue M. Deleuze, gardons-nous de

cette loi, qui tient à l'essence des choses, je veux dire à leurs propriétés, indestructibles comme elles-mêmes.

« la regarder comme démontrée. Contentons-nous de l'adopter pro-
« visoirement comme une hypothèse vraisemblable et propre à
« calmer l'inquiétude de notre esprit. Les phénomènes que présente
« le somnambulisme sont si variés, l'opinion du magnétiseur influe
« à tel point, non-seulement sur sa manière de voir les faits, mais
« encore sur le caractère des faits en eux-mêmes, qu'on n'aura
« rien de certain que lorsqu'un grand nombre de magnétiseurs, qui
« n'auront eu ensemble aucune relation, auront observé chacun un
« grand nombre de faits, et qu'un philosophe impartial les aura
« comparés, pour discerner ce qui est constant de ce qui dépend de
« circonstances accidentelles. »

Avant de passer à d'autres opinions sur le même sujet, j'observe qu'un fait, un seul fait, s'il est *bien* constaté, car c'est là l'essentiel, suffit pour établir un principe. Supposé qu'un aérostat ne se fût élevé qu'une seule fois. Ce seul fait, bien examiné et bien constaté, ne suffirait-il pas pour poser en principe qu'un air renfermé dans un ballon de toile cirée, spécifiquement plus léger que l'air atmosphérique, doit prendre une direction verticale, entraînant avec lui d'autres objets qui s'y trouvent liés, s'il n'est pas retenu par une force supérieure à celle de ce mouvement spontané? Toutes les expériences ultérieures ne feraient que confirmer le principe, sans rien ajouter à sa valeur intrinsèque. Je continue mes citations.

« M. Pétetin, qui s'était beaucoup occupé d'électricité, imagine
« qu'elle pourra lui donner la clef de ces phénomènes incompréhen-
« sibles, et bientôt il lui paraît certain qu'ils sont tous produits par
« cette cause.

« Il prétend que le fluide électrique qui s'élabore dans le cerveau,
« et qui coule de la moelle allongée dans les nerfs, s'est rendu
« dans l'estomac par les nerfs de la huitième paire, et par le nerf
« récurrent de Villis; qu'en se portant ainsi dans la cavité de l'esto-
« mac, il se détourne des organes des sens; que la membrane de
« l'estomac se trouve alors avoir acquis une prodigieuse irritabilité,
« et que les impressions qu'elle reçoit par le fluide électrique, se
« transmettant au cerveau, celui-ci reçoit, par le moyen de l'esto-

S'il se manifeste en moi par la conscience, c'est comme un effet composé [1], portant simultanément sur le moi

---

« mac, les sensations qu'il recevait auparavant par les yeux, les
« oreilles, le nez, etc.

« Prévenu de cette idée, qu'il ne propose cependant que comme
« une hypothèse, il a fait plusieurs expériences pour la confirmer,
« etc. (Hist. crit. du magn. anim., par J. P. F. Deleuze, seconde
« partie, pag. 248 et 249.)

Selon M. Charles Villers (dans son ouvrage intitulé le Magnétiseur amoureux, par M. V., membre de la Société de l'harmonie du régiment de Metz, du Corps royal de l'artillerie, 1.er vol. in-12, pag. 229, Genève, 1787), « l'ame est chez l'homme le principe de
« la vie, du mouvement et de la pensée.

« Elle est d'une nature différente de la matière, l'essence qui
« imprime le mouvement à la matière en étant nécessairement dis-
« tincte. Toutefois elle ne peut remplir ses fonctions qu'autant qu'elle
« est unie à la matière organisée ; car il faut des organes qui servent
« à la pensée.

« Par quel mécanisme l'ame agit-elle sur la matière? Nous ne pou-
« vons le savoir ; mais nous sommes sûrs que ce mécanisme existe.

« Les sens saisissent les propriétés des corps, et les rapportent à
« l'ame par le moyen des nerfs. C'est dans la tête que l'ame déploie
« la faculté de penser, et c'est par les nerfs qu'elle transmet ses im-
« pressions au corps. Il y a action réciproque. La faculté de penser
« n'est autre chose que celle de saisir plusieurs impressions, et de
« les comparer.

« L'ame ne recevant des impressions que par les sens, elle ne
« peut avoir connaissance que de la matière de laquelle lui viennent
« ces impressions. Si elle pouvait se dégager de la matière, elle
« aurait des idées d'un ordre différent.

« L'ame fait la fonction de principe dans la tête, et de principe
« mouvant dans le reste du corps. Si elle fait des efforts pour
« augmenter le mouvement ralenti, elle agit moins sur la pensée,
« et *vice versa*. Quand les ressorts sont fatigués, leur activité
« cesse ; et voilà le sommeil.

[1] Voy. chap. XVII, §. 287.

et sur ses organes ; effet, dont l'hétérogénéité n'est pas reconnue par l'intuition, mais par le raisonnement,

---

« L'ame ne peut produire dans le corps un mouvement contraire
« aux lois de la matière ; mais elle maintient le mouvement ; et si,
« par des causes étrangères, il est accéléré ou retardé, elle peut y
« remédier jusqu'à un certain point, en rétablissant l'harmonie.
« Quelquefois elle n'a pas besoin pour cela de secours étrangers,
« et dans ce cas on dit que c'est la nature qui guérit. Quelquefois
« il faut employer des moyens physiques : la médecine est l'art d'em-
« ployer ces moyens.

« L'ame, par la force de sa volonté, peut porter son action
« sur un autre être organisé : il suffit pour cela qu'elle pense for-
« tement à lui. Alors le mouvement qu'elle imprime, s'unit au
« mouvement imprimé par l'ame de celui sur qui elle veut agir ;
« elle le fortifie ou le modère, en le rendant plus régulier. C'est
« là tout le magnétisme : il consiste dans une concentration éner-
« gique sur le malade, avec une volonté décidée de le guérir. Les
« procédés aident cette action, mais ils ne sont pas nécessaires ; ils
« servent à fixer et à diriger l'attention. Pour que l'ame d'un indi-
« vidu agisse sur celle d'un autre, il faut que les deux ames s'unissent
« en quelque sorte, qu'elles concourent au même effet, qu'elles aient
« des affections communes. Or, quelle est l'affection la plus marquée
« d'un malade ? C'est le désir d'être guéri. Il faut donc que j'aie la
« volonté de guérir un malade, pour agir efficacement sur lui. Avec
« une autre intention, je le tourmenterais inutilement, et ne produi-
« rais aucun effet.

« Le magnétiseur est actif, le magnétisé est passif : de là naît
« l'ascendant du premier sur le second. Ainsi j'ai pris de l'ascendant
« sur un malade, quand mon ame agit assez énergiquement sur la
« sienne pour l'entraîner à faire l'office de principe mouvant, afin
« de pouvoir, de concert avec elle, combattre la cause du mal. Cet
« ascendant dépend de l'état moral du malade, du rapport de ses
« dispositions intérieures avec les miennes, et surtout de la *cordia-*
« *lité* que je mets dans ma volonté.

« Quand j'ai pris sur le malade un ascendant très-fort, mon ame
« produit sur lui un plus grand effet ; les nerfs du cerveau sont

vu l'impossibilité de suspendre cet effet à volonté[1] : ce n'est point comme un objet intuitivement aperçu hors

« chargés d'une surabondance de principe vital, et souvent le som-
« meil a lieu.

« Dans ce cas, l'action que je produis chez le dormeur, se joint
« à celle de son ame et en augmente les facultés. Ses nerfs ont une
« plus grande irritabilité ; il sent mieux tout ce qui se passe en lui ;
« il pense à ce qui l'intéresse, sans être distrait par les objets
« extérieurs : voilà le somnambulisme.

« Ainsi, dans le somnambulisme, les organes intérieurs étant
« imprégnés du principe du sentiment, deviennent susceptibles des
« impressions les plus délicates : l'ame agit plus librement ; les ins-
« trumens dont elle se sert, sont plus parfaits. Le somnambule a
« plus d'idées, plus de connaissances. Il combine mieux ; mais ses
« idées ne pourront jamais franchir les bornes de la matière.

« Dans cet état, la volonté du magnétiseur agit conjointement
« avec celle du somnambule ; et comme le premier y met plus d'éner-
« gie, le second l'exécute, parce qu'elle devient la sienne propre.

« L'imagination et l'imitation peuvent contribuer à renouveler
« quelques-uns de ces effets ; mais elles ne suffiraient jamais pour
« les produire la première fois.

« La nature seule produit quelquefois des crises semblables ; mais
« ce somnambulisme naturel n'est point aussi parfait.

« L'appareil dont on a environné le magnétisme, dit encore M.
« Villers, pag. 109, a dégénéré en abus : la pantomime des initiés
« a diverti le public. Pouvait-on blâmer un homme de sang froid
« qui n'y voyait que du charlatanisme ?... Entrons dans un banquet ;
« nous y verrons les ridicules contorsions des malades et de ceux
« qui les dirigen : une espèce d'aristocratie plaisante, l'air affairé
« des uns, la gravité des autres, des cérémonies qui ressemblent à
« une mystification, des exclamations à la vue des somnambules, un
« secret affecté ; et cependant il faut admirer, il faut croire : aussi
« les curieux qu'on a rendus témoins de ce spectacle, vont-ils en
« sortant s'amuser aux dépens de la Société de l'harmonie.

« M. Villers peint vivement le danger de la pratique du magné-

[1] Voy. chap. I.er, §. 1.er, subd. 10.

de nous, mais comme une cause étrangère. Ainsi de cet univers nous remontons à Dieu, de l'œuvre à

> « tisme entre les jeunes gens de différent sexe. Il l'attribue surtout
> « aux procédés dont on faisait encore usage ; mais il montre que
> « ce danger n'existe que pour ceux qui veulent s'y exposer.
>
> « On ne peut savoir mauvais gré à personne d'en rire : mais on
> « traitera bien différemment un homme qui annoncera tranquille-
> « ment un moyen de soulager des malades ; qui, à mesure que
> « les faits se présenteront, en dégagera tout le merveilleux, et s'en
> « rapportera au spectateur pour les apprécier. Celui-ci ne voit plus
> « de prodiges, mais des phénomènes étonnans seulement par leur
> « nouveauté. Il commence à partager les jouissances du magnétiseur ;
> « le sentiment de l'humanité s'échauffe : il a vu plus d'effets qu'on
> « ne lui en avait promis ; il espère en découvrir encore, et le voilà
> « devenu partisan du magnétisme. » (Hist. crit. du magn. animal,
> par J. P. F. Deleuze, sec. partie, pag. 104 — 110.)

Je viens d'exposer les principaux systèmes sur le magnétisme. Je pense avoir déjà dit, dans une de mes précédentes notes, que les descriptions physiologiques ne donnent des notions justes que sur les instrumens des sens, mais n'expliquent pas l'action de l'ame même dans laquelle résident les sens, ou l'expliquent mal par des hypothèses gratuites ; car enfin qui vit jamais, par exemple, le fluide électrique, ou tel autre qu'on voudra, s'élaborer dans le cerveau, couler de la moelle allongée dans les nerfs, et se rendre dans l'estomac ? La membrane de celui-ci, se trouvant avoir acquis une prodigieuse irritabilité, transmet au cerveau, prétendu siége de l'ame, les impressions qu'elle reçoit à présent par le fluide électrique, et qu'elle recevait auparavant par les yeux, les oreilles, le nez, etc. Dans tout cela, l'on ne peut observer que les changemens extérieurs, présumés correspondans aux changemens intérieurs.

Si le sentiment est répandu dans tout le corps, l'ame qui le renferme doit l'être aussi. D'ailleurs, quel fait actuel rend toutes ces suppositions indispensables ? Aucun : elles sont donc des hypothèses gratuites, des chimères ; et quand même tous les changemens indiqués seraient effectifs, l'ame ne peut-elle pas les avoir produits, tout aussi bien que le fluide électrique, magnétique ? etc.

Que l'on conçoive encore un sixième sens, dont l'ensemble du

l'ouvrier, sans voir pour cela ni Dieu ni l'ouvrier, comme nous voyons les choses et les hommes [1]. Voilà

---

système nerveux est l'organe, et dont le siége principal est le plexus solaire ! C'est lui qui, dans l'engourdissement des sens externes, doit remplir seul leurs emplois divers : il porte à notre ame les impressions les plus délicates, etc. Mais ce sixième sens, s'il est autre chose que l'ame elle-même modifiée la sixième fois d'une manière tout-à-fait différente des cinq précédentes, n'est qu'une absurdité. Un sens composé de nerfs, c'est-à-dire, un corps, un agrégat, organisé, il est vrai, mais toujours divisible, réunirait en lui l'unité et l'indivisibilité du sentiment et des sensations ! Et si l'ame elle-même résidait dans le plexus solaire, il faudrait donc qu'elle s'y fût transportée du cerveau, son siége ordinaire ! Quel ridicule voyage !

Ces hypothèses doivent leur origine à la *table rase* d'Aristote. Sans organes, et sans l'action primitive des objets par les organes, l'ame ne serait qu'une table rase, substance inerte, sans connaissance quelconque, privée même de la conscience de son être. Et comme les organes externes n'agissent plus dans certaines crises de la nature, on devrait supposer un redoublement d'action dans les organes internes, ainsi que des fluides universels, électriques, magnétiques, etc., afin que les objets, par ces fluides intermédiaires et ces organes irrités, transmissent leurs impressions à l'ame. C'est la philosophie sensuelle de Locke et de son disciple Condillac, tendant la main au magnétisme animal. Mais si, comme je crois l'avoir démontré, l'ame est active par elle-même ; si son pouvoir sur le corps est tout aussi bien constaté que le pouvoir de celui-ci sur elle, il en résulte que son activité doit acquérir un très-haut degré d'énergie, ou plutôt une concentration de forces dans l'assoupissement des organes externes. L'action des organes internes serait devenue par cet assoupissement, non pas plus grande en elle-même (je ne vois pas de raison pour cela); mais plus distincte, si l'assoupissement n'était contrebalancé par la concentration d'énergie dans l'ame elle-même. L'action des organes internes, toutes choses d'ailleurs égales, doit donc au moins rester dans le somnambulisme ce qu'elle est dans l'état de

[1] Voy. chap. XIX, §§. 358 et 359.

pourquoi j'ai dit ailleurs que la conscience était la *voix* de Dieu, et non *Dieu* lui-même; et cette opi-

---

veille, c'est-à-dire, presque insensible; car, dans ce dernier état, combien ne se passe-t-il pas en nous d'opérations animales dont nous n'avons pas la moindre connaissance? Alors l'ame, libre de l'influence du dehors, insensible à celle du dedans, maîtresse d'elle-même, se pratique, pour ainsi dire, dans les corps, des routes et des issues nouvelles; elle irrite prodigieusement la membrane de l'estomac; elle opère d'autres révolutions encore; et le physiologiste qui les observe, prenant l'effet pour la cause, dit : Cette irritabilité rend la membrane susceptible de recevoir et de transmettre à l'ame les impressions du dehors; tandis que le philosophe, voyant une prodigieuse intensité d'énergie dans l'ame, et n'ayant pas de raison pour en supposer une semblable aux organes intérieurs, dit : L'ame irrite la membrane, et n'en est point irritée. C'est ainsi que l'eau, après avoir circulé sous terre, se fraye enfin une issue, et vient serpenter sur la surface, avec plus ou moins de rapidité, dans le lit plus ou moins resserré qu'elle décrit. L'hydrographe et le mécanicien attribuent au resserrement du lit la rapidité de l'eau. Élargissez le lit, disent-ils, et l'eau coulera lentement. Et cependant c'est l'action spontanée de l'eau qui, après avoir surmonté les obstacles avec plus ou moins de succès, s'est frayé une nouvelle route en raison de son énergie : la rapidité est donc la cause, le resserrement l'effet. Toutefois le maintien du resserrement sera désormais une condition de la rapidité.

On rétorque mes argumens par le même exemple : Resserrez l'eau, sa rapidité deviendra plus grande; assoupissez les organes externes, les internes en deviendront plus actifs. La première conséquence est juste : elle est le résultat immédiat du resserrement; et c'est ainsi que l'énergie concentrée de l'ame est la suite immédiate et nécessaire de l'assoupissement progressif des organes externes, vu la liaison intime de l'esprit et du corps. Mais la seconde conséquence n'est pas juste. Pourquoi l'action des organes internes ne resterait-elle pas la même, tandis que celle des organes externes diminuerait ou s'assoupirait tout-à-fait, et *vice versa*? On perd la vue, l'ouïe, l'odorat, etc., sans que l'ensemble du corps en souffre.

nion est appuyée sur le témoignage de nos livres sacrés. Dieu apparut à Moïse sur le Mont-Sinaï, au

---

Cet ensemble ne dépend donc pas toujours de l'action locale et particulière des organes externes. On n'est donc pas en droit de dire : les organes externes sont affaiblis, inactifs ; donc les organes internes ont nécessairement acquis plus de force et d'action. Mais on est en droit de soutenir que, dans la faiblesse et l'inertie des organes, soit internes soit externes, l'ame acquiert toujours une plus grande intensité de force et d'activité, parce qu'elle est abandonnée à elle-même.

Ce n'est pas que je veuille soutenir, contre ce que j'ai déjà dit (chap. XIII, §. 220-226, et chap. XX, §. 384), que les organes internes ne puissent acquérir un accroissement de force et d'énergie au préjudice des organes externes, c'est-à-dire, *qu'ils ne puissent absorber seuls toute l'attention de l'ame*. Mais jamais la force des uns ne produira la faiblesse des autres, et *vice versa ;* car une cause ne saurait produire un effet diamétralement contraire à sa nature : le mouvement, par exemple, ne produira jamais le repos ; l'être ne produira jamais le néant, etc. Par la raison inverse, l'affaiblissement de quelques organes, loin d'en fortifier d'autres, doit les affaiblir de toute nécessité. Je vois ici, non des forces ajoutées, mais soustraites : aussi la *concentration* de celles de l'ame n'en est-elle pas l'*augmentation* proprement dite. Il se peut que les organes, soit internes, soit externes, obtiennent plus d'activité par leur propre développement ou par une impulsion étrangère, et qu'alors ils absorbent tour à tour l'attention de l'ame : mais que la faiblesse des organes internes produise la force des externes, et *vice versa*, c'est tout-à-fait absurde. Si donc les organes externes sont assoupis, et que les organes internes soient plus irrités qu'à l'ordinaire, cet accroissement d'énergie doit avoir été causé, non par les organes assoupis, mais par une impulsion étrangère, ou par l'ame même. Ce n'est point par la première ; car l'état de l'atmosphère et les fonctions vitales dans les parties non engourdies restent à peu près les mêmes durant la crise du somnambulisme magnétique : c'est donc par la seconde, par l'ame ; elle irrite, elle prépare ces parties, et se prépare elle-même à recevoir l'influence magnétique d'une autre ame. Je poursuis.

milieu des nuages, de la foudre et des éclairs : il daigna donc former des agrégats pour se manifester à l'homme.

Les spiritualistes approcheraient plus de la vérité que les empiriques dans l'analyse du magnétisme ; car, selon eux, c'est l'ame qui agit directement sur l'ame dans le magnétisme : mais la distinction qu'ils font entre l'esprit et la matière, rend impossibles les phénomènes magnétiques. Un esprit inétendu agissant sur une matière étendue ! Ce n'est point là, ne nous lassons pas de le répéter, une chose incompréhensible, mais une franche absurdité. Comment expliquer dans l'hypothèse des spiritualistes cette espèce de fluide élémentaire, léger, subtil, blanchâtre ; cette émanation de notre corps qui, vivement agitée, devient brillante ? Ce fluide est une vérité de fait, et par conséquent indubitable. Elle est cependant contredite par le spiritualisme ; car, dans l'action d'une ame immatérielle sur une autre ame immatérielle, rien de blanchâtre et de brillant ne peut se manifester. D'ailleurs, malgré la spontanéité de l'esprit, il a besoin d'organes dont le mécanisme soit propre, non à produire, mais à modifier l'exercice de ses facultés, comme l'œil a besoin d'un télescope pour voir les astres les plus éloignés ; comme un fleuve a besoin d'un lit pour serpenter dans la prairie. Il ne faut pas non plus rejeter complétement les explications physiologiques : tout doit être réduit à ses véritables bornes.

Dans cette mer d'opinions diverses, tâchons d'éviter les écueils ; jetons l'ancre, pour ralentir la marche du vaisseau qu'emportent les vagues écumantes, et cherchons à gagner le port. Ce port salutaire, objet de tous nos vœux, nous est offert par les faits actuels, et leurs conséquences immédiates et nécessaires.

Du fait actuel de la composition j'ai déduit l'existence des principes incomposés. Les composans sont étendus : donc les composés le sont aussi. L'ame fait partie de la composition : donc elle est incomposée, simple, indivisible ; mais nécessairement étendue, et comme telle devant renfermer toutes les propriétés de l'étendue. (Chap. XVIII.)

La composition ne saurait avoir lieu sans activité spontanée dans les principes composans (chap. XVIII) ; car, sans une pareille acti-

L'explication que je viens de donner sur l'impossibilité d'apercevoir des esprits dans notre état actuel,

vité, il est possible d'en produire la réunion : mais on n'en produira jamais la combinaison, l'amalgame. Donc l'ame ou le moi est spontanément actif. J'ai exposé ces vérités ailleurs; mais il faut bien y revenir ici.

On s'aperçoit déjà que deux ames étendues, mais indivisibles, actives par elles-mêmes, établissant une correspondance directe entre elles, peuvent y manifester les facultés et les propriétés communes à l'esprit comme au corps, aux composans comme aux composés. Toutes les observations des physiologistes et tous les raisonnemens des spiritualistes s'accorderont ensemble par l'admission d'une semblable substance étendue, mais indivisible. Ce prétendu fluide universel ou magnétique, élémentaire, blanchâtre, etc., ne sera que l'expansion de l'ame répandue dans tout le corps et s'élançant hors de lui dans certaines crises de la nature : crises qui sont l'*occasion*, mais non la *cause* de cette expansion. L'ame aura de l'ascendant et de l'influence sur l'ame et le corps d'autrui. Principe simple, pourquoi n'agirait-elle pas sur d'autres principes simples ou composés, mais toujours de même nature qu'elle? Toutes les absurdités disparaissent : la *possibilité* existe déjà; un pas de plus, et nous obtiendrons la *réalité*.

Dans le magnétisme dit animal, l'ame étendue, mais indivisible (car il ne faut pas perdre de vue ces qualités nécessaires), se communique-t-elle à une autre ame de même nature, par le contact immédiat, ou par la voie de quelque substance intermédiaire? En termes plus courts, cette correspondance est-elle directe ou indirecte? C'est à quoi se réduit la question.

Je suis pour le rapport direct; et voici mes raisons physiques et morales, déjà connues au lecteur, mais appliquées ici au magnétisme.

Pour voir un objet, il faut de deux choses l'une : ou que l'objet s'applique à mon ame, ou que mon ame s'applique à l'objet par certains points dont le nombre et la disposition suffisent pour en donner une connaissance complète (chap. I, §. 30, et chap. III, §. 57-73). Or l'objet, beaucoup plus grand que les issues formées par les organes intérieurs ou extérieurs, dans l'état de veille ou dans celui du somnambulisme magnétique, quand la translation des sens n'est ni physique, ni rationnelle ; elle est dynamique : elle indique une force simple et des forces composées,

---

se fait à l'épigastre, ne peut se communiquer à l'ame ; c'est donc l'ame qui se communique à l'objet : de là son expansion élémentaire, blanchâtre, brillante, odorante, etc., vers cet objet; et, comme l'ame est étendue, il n'est plus absurde de croire que le mouvement des bras facilite et dirige cette expansion vers telle ou telle autre partie du corps malade, ou qu'elle en opère la guérison par le contact.

Quant aux preuves morales, les voici :

Il est de fait que, pour produire des effets curatifs, il faut dans le magnétiseur le concours de la volonté, de la croyance et du désir de soulager le malade magnétisé.

Celui-ci doit donc connaître cette volonté, cette croyance et ce désir du magnétiseur.

Il ne peut les connaître que par des signes, ou par une communication directe de son ame avec celle du magnétiseur, communication qui soit à la fois signe et sentiment. Le premier moyen suppose une convention préalable, tacite ou formelle, entre le magnétiseur et le magnétisé : convention impossible avant, durant, comme après le magnétisme.

Reste le second moyen, la communication directe. Ainsi, dans le magnétisme animal, c'est l'ame qui s'élance vers une autre ame et vers le corps de celle-ci. Dirigée sur les parties malades, elle en opère la guérison : la concentration des facultés intellectuelles en explique l'intensité comme la lucidité. Au sortir du sommeil magnétique, l'homme perd, sous le rapport de l'énergie de ses connaissances, ce qu'il va gagner sous celui de leur nombre, de leur variété et de leur nouveauté. A tous ces raisonnemens si vous ajoutez ceux que j'ai déjà faits sur la prévision dans une de mes précédentes notes, vous vous persuaderez que l'ensemble des phénomènes du magnétisme ne saurait s'expliquer que par quatre raisons principales : 1.º l'étendue et l'indivisibilité élémentaires de l'ame; 2.º les modifications qu'éprouvent ses organes dans l'état de somnambulisme, et qui sont non la cause, mais l'occasion du sommeil magnétique ; 3.º la concentration de ses facultés intellectuelles : de là leur énergie; 4.º sa préexistence ou son éternité : de là des connaissances, dans le somnambule, que la seule prévision sans réminiscence ne peut expliquer.

les unes plus petites, les autres plus grandes, sans aucune distinction d'esprit ni de matière.

§. 406. Mes démonstrations diffèrent de toutes celles que je connais sur l'immortalité ou plutôt sur l'éternité de l'ame; car j'étends la nécessité métaphysique, bornée jusqu'à présent à l'existence, sur toutes ses perceptions et modifications. Je les crois aussi évidentes, aussi fortes, que toutes les preuves mathématiques. Si l'on peut réduire celles-ci à l'axiome arithmétique, *deux et deux font quatre*, on peut réduire les miennes à l'axiome métaphysique : *ce qui est, est, et ne peut ne pas être*. Chaque homme raisonnable, de quelque opinion, religion, secte, parti qu'il soit d'ailleurs, doit les adopter, si, comme je m'en flatte, elles sont bien déduites de ce fameux axiome.

§. 407. Cependant il est impossible de donner à la preuve de notre existence éternelle, c'est-à-dire à une vérité de raison, quoique rigoureusement démontrée, l'évidence intuitive, la force et l'énergie d'une vérité de fait. Qui croirait que de cette impossibilité même découle le plus haut degré de vertu et de perfection morale[1]? En effet, si nous étions

---

[1] Les organes, soit internes, soit externes, facilitent à l'ame l'acquisition de connaissances aussi nombreuses que variées. A mesure que les externes s'affaiblissent ou se détruisent, lorsque les objets, n'agissant plus par leur voie sur l'ame, ne peuvent plus distraire son attention, elle gagne du côté de la lucidité et de l'intensité des connaissances acquises ce qu'elle perd du côté de leur nombre, de leur

convaincus de l'existence éternelle par le fait, comme nous le sommes de notre existence actuelle, quel mérite aurions-nous à braver la mort ? On irait dans l'autre monde comme on va dans un autre pays. Mais la conviction de la vie future est théorique ; elle n'est point pratique. Voilà pourquoi il nous est impossible de dissiper entièrement l'inquiétude, le trouble, la répugnance, la crainte que la mort inspire même aux plus intrépides : de là sacrifice, efforts, vertu, perfection morale. La faiblesse de l'esprit produit la force de l'ame ! Quel contraste, et pourtant quel accord merveilleux !

Si Christophe Colomb avait entrepris la découverte d'un nouvel hémisphère sans que son génie en eût auparavant prouvé l'existence, son entreprise, dénuée de fondement, n'eût été que celle d'un téméraire et d'un insensé. Si la conviction qu'il avait de cette existence, avait été aussi vive, aussi forte que la conviction produite par la réalité et l'action des

---

variété et de leur nouveauté. Ainsi, quelle que soit la situation de l'ame, dans l'état de santé ou de maladie, dans la vie ordinaire ou durant les phénomènes du somnambulisme magnétique, dans l'énergie ou la faiblesse des sens, au dedans comme au dehors, revêtue ou privée d'organes, sa perfectibilité morale marche toujours avec sa perfectibilité intellectuelle et physique. Les phénomènes du magnétisme animal confirment ma philosophie, loin de la contredire.

Je dis, *revêtue ou privée d'organes :* car, si le seul affaiblissement des organes externes produit déjà un plus haut degré d'énergie, d'intensité et de clarté dans les opérations de l'ame, leur destruction totale doit en produire un bien plus haut encore, vu la loi de l'analogie qui, supposant une plus grande force dans la cause, doit en supposer une plus grande dans l'effet.

objets, son voyage n'eût été qu'un voyage ordinaire, comme tous ceux que l'on fait de nos jours en Amérique. Mais les preuves les plus fortes, dès qu'on ne peut les convertir en faits actuels, laissent toujours des appréhensions insurmontables. Les choses extraordinaires effarouchent toujours plus ou moins l'homme; l'effort qu'il fait pour surmonter ces dispositions timides et pusillanimes, produit des actes de courage, de valeur, d'intrépidité, etc. De là vient que l'entreprise de Colomb, quoique parfaitement démontrée d'avance, nous paraît un trait sublime de génie et de hardiesse, indépendamment de tous les obstacles que son projet a rencontrés. Un homme s'élance à travers l'océan, pour reconnaître des terres qui doivent exister, mais où jamais Européen n'a mis le pied avant lui ! On ne sait ce que l'on doit le plus admirer, de la conception ou de l'exécution de ce fameux projet. Je reviens à mon sujet.

§. 408. Outre les preuves métaphysiques, la religion et la morale en fournissent d'autres, non moins certaines, sur l'éternité de notre existence. Que ne puis-je les épuiser toutes !

Dieu existe. Sa puissance et sa bonté sont infinies ; témoin ses œuvres et ses bienfaits. Je lui adresse cette humble et fervente prière.

Toi, dont la sagesse et la bienfaisance se manifestent en tout et partout, tu m'as placé dans ce monde, qui est ton ouvrage ; tu m'as donné une organisation, et avec elle des désirs : ils sont justes et raisonnables ; daigne les remplir : ta propre gloire en exige l'accomplissement. Rends-moi, ô mon Dieu, ce qui m'est plus cher que moi-même. Tu m'en as privé [1] par des raisons dignes de toi, sans doute:

---

[1] Si la mort est inévitable, du moins dans l'état actuel de nos lumières, qu'elle arrive un peu plus tôt, un peu plus tard, il n'importe ; elle nous privera toujours d'autant de peines que de plaisirs. L'instant de la mort et la mort même sont donc indifférens. Pourquoi les redouter ?

Dira-t-on qu'elle est la compagne de la douleur? Mais, la mort étant la destruction de notre mode d'existence actuel, toutes les douleurs que ce mode renferme disparaissent avec lui ; avec le contenant disparaît le contenu. La mort n'est donc pas la compagne, mais l'ennemie destructive de la douleur.

Prompte, la mort est insensible; lente, elle fait fuir la douleur devant elle. Le malade qui meurt, soulagé dans ses souffrances, croit guérir et renaître à la vie.

La mort est-elle le néant, c'est un sommeil profond : qui se plaignit jamais d'un profond sommeil ? Est-elle une autre vie, dégagée du souvenir de celle-ci ; les plaisirs, les peines ne viendront plus exciter en moi des regrets ou me fournir des consolations. Mais si, comme je viens de le prouver, la mort est accompagnée de souvenir, Dieu! avec quels sentimens doux et tendres je me rappellerai les objets de mes affections les plus délicieuses ! Je leur préparerai des places à côté de moi : mon esprit, doué de la faculté de voir des corps, puisqu'il voit son propre corps (§. 401), mon esprit, sur les ailes de l'amour et de l'amitié, ira planer dans leurs demeures. Témoin de leurs plaisirs et de leurs peines, il sourit aux uns comme aux autres. Tout n'est-il point passager ici-bas? Ne viendront-ils pas se réunir bientôt à moi, plus contens, plus heureux que jamais, riant de leurs malheurs comme on rit des peines de l'enfance ?

Mais la nuit vient d'étendre ses voiles sombres sur toute la nature. j'entends des chants plaintifs ; un char funèbre s'arrête aux portes d'un couvent antique; des moines, couverts de vêtemens de deuil, avec des flambeaux à la main, reçoivent le cercueil : réception auguste et solennelle ! On le porte au temple. Là des prières, des larmes, des

je ne puis les saisir ; mais je n'en suis pas moins persuadé que des désirs, avec des privations conti-

---

gémissemens, des sanglots sont prodigués aux restes insensibles de la personne adorée, qui ne les entend plus. Bientôt on les descend dans la fosse ; on jette sur la tombe des pelletées de terre, qui retentissent sourdement : le cœur en est profondément ému. Déjà la fosse est comblée : un aride et triste monticule s'élève, seul indice de la tombe et du corps. Bientôt la dissolution s'empare de tout : des vers affreux rongent le visage et le cœur.... Hideuse image de la mort, comment ne pas reculer à ton aspect ?

Vains fantômes d'une imagination effrayée ! (Chap. XIII, §§. 206, 207 et 217.) La décomposition n'est pas la mort : c'est une nouvelle modification de la vie. Comme si une vile fosse pouvait tenir captif un esprit, un élément susceptible de contraction et de dilatation à l'infini (chap. XVIII, §. 329 - 335), et pouvant, comme la lumière, comme le son, comme la puissance électrique et magnétique, comme le feu, symbole de l'ame vivante, se frayer avec la rapidité de l'éclair une route libre à travers les corps les plus opaques ! Ces corps ne sont-ils pas des agrégats, composés de particules élémentaires ? Ces particules s'attirent et se repoussent sans cesse : de là le libre passage des esprits, des ames ou des élémens, termes synonymes, à travers tous les agrégats.

D'ailleurs, la mort étant la séparation de l'ame d'avec le corps, la première, spécifiquement plus légère que le dernier, puisqu'elle est simple et qu'il est composé, s'élance vers le ciel au moment même de la séparation et bien avant la déposition du corps dans la terre. Les particules mêmes dont le corps et le cercueil sont composés, particules élémentaires, se détachent les unes des autres, s'évaporent, vont partout former de nouvelles combinaisons. Après un certain laps de temps, on ne trouve dans la fosse ni cadavre, ni cercueil; rien. Quoique le cadavre ne soit que la dépouille mortelle de l'ame, il n'en inspire pas moins un respect involontaire, un intérêt irrésistible : c'est que la liaison entre le corps et l'ame a été si intime, que le corps reste, pour ainsi dire, le représentant de l'ame lorsqu'elle a cessé de l'habiter. Le mort, par la conservation de ses traits, tient encore à l'espèce humaine ; et par son attitude immobile il

nuelles, seraient contraires à ta bonté, à ta justice, à ta providence. *A ta bonté :* pourrais-tu te com-

---

semble tenir à l'éternité, immobile comme lui. Voilà pourquoi les corps morts nous sont toujours chers et sacrés. Qui les dédaigne a sûrement une ame féroce.

Mais, en rendant à la dépouille le tribut de respect et de sensibilité qu'elle réclame, ne la confondons pas avec l'esprit qu'elle renfermait. J'abaisse mes regards vers la tombe, et je me dis : Voilà donc le terme de nos efforts ! Pourquoi tant s'agiter ? Je les élève vers le ciel. Voilà, dis-je, ma véritable patrie ; c'est là que mon ame habitera : une tombe froide et triste n'est pas faite pour la contenir, et ne doit pas l'intimider. Le néant des choses de ce monde me calme ; le souvenir des amis que j'ai perdus me touche ; l'espoir, que dis-je ? la certitude de l'éternelle existence me console et me ranime ; un sentiment religieux, mêlé de sérénité, de calme et de mélancolie, s'empare de moi toutes les fois que j'assiste à des funérailles ou que je visite des tombeaux : le printemps va me ramener sur celui de mon ami B......n.

Un jour.... sublime pensée ! objet de nos travaux !.... un jour la civilisation, dont la marche progressive est infinie, sera portée si loin que les puissances les plus secrètes de la nature, ainsi que leurs combinaisons innombrables, nous seront dévoilées. Nous pourrons prolonger alors notre existence à volonté. Qu'en arrivera-t-il ? Convaincus plus que jamais de la vie future et des nouvelles jouissances qu'elle doit procurer, las des vanités de ce monde, nous ne voudrons plus y rester ; nous passerons dans un monde plus beau. C'est ainsi que dans la vieillesse, malgré les habitudes contractées, on quitte une région froide, pour aller sous un beau ciel jouir des douceurs de la nature.

Lecteur, qui que tu sois, sache que la mort, existence ou néant, n'est jamais un mal pour celui qui la subit ; elle n'en est un que pour ceux qu'elle n'atteint pas : elle n'est un véritable mal, un mal insupportable, et dont le ciel me préserve, que dans la perte des personnes que nous aimons. Mais alors le matérialiste et le sceptique n'ont pour toute ressource que la fosse et le désespoir, tandis que le ciel s'ouvre aux yeux du chrétien : la résignation s'empare de l'ame

plaire à mes douleurs ? *A ta justice:* ne dois-tu pas satisfaire les désirs que tu fis naître ? ne sont-ils pas de véritables promesses ? Enfin *à ta providence :* INTELLIGENCE INFINIE, tu dois avoir prévu mes peines ; un cheveu ne peut tomber de ma tête sans ta volonté. Tu les as permises : ta bonté est sans bornes, comme ton pouvoir ; il faut que le mal produise un bien infiniment plus grand, mais que je ne puis reconnaître à présent dans toute son évidence et son étendue. Donc ma prière sera tôt ou tard exaucée ; et mon espérance la plus précieuse, ma conviction la plus importante, sont inséparablement liées à l'existence de l'Être suprême.

§. 409. Déjà cette prière verse dans mon ame le baume de la consolation ; le calme et la tranquillité s'y rétablissent peu à peu ; j'éprouve le salutaire effet de ces paroles divines : *Invoque-moi au jour de ton affliction, et je te soulagerai.* Bientôt la résignation aux volontés du ciel reprend toute sa force, et je m'écrie avec Job : *l'Éternel a donné, l'Éternel a ôté ; béni soit le nom de l'Éternel !*

---

de ce dernier ; sa douleur s'adoucit par l'espérance ; les larmes d'une sensibilité calme et profonde coulent le long de ses joues, et il est soulagé.

Heureusement nos affections suivent la ligne descendante plus que la ligne ascendante ; la mort enlève d'ordinaire celui qui aime plus avant celui qui aime moins, le père, par exemple, avant les enfans : loi bienfaisante de la divinité, toujours attentive à nous procurer des jouissances, comme à nous épargner des peines, autant que cela se concilie avec la nature des choses.

§. 410. Oui, je reverrai mon épouse, la mère de mes enfans; je reverrai T....sch, mon ami, le compagnon de ma jeunesse. Et toi, cher et brave B......n, je te reverrai aussi : tu me l'as dit à ton heure dernière. J'irai vous rejoindre tous dans ces régions où l'on ne voit ni maladies ni peines ni soupirs, mais où règnent la vie et la félicité éternelles. Et quand je les aurai rejoints, si Catherine, ma sœur et mon amie de cœur; si mes enfans, que je chéris plus que moi-même, viennent à lire ces lignes, convaincus de mes opinions, pénétrés de mes sentimens, qu'ils répandent quelques larmes sur ma tombe; mais qu'ils se hâtent de les essuyer : NOUS NOUS REVERRONS DANS L'ÉTERNITÉ.

CHAPITRE XXI.
Des récompenses et des peines; du bonheur éternel.

§. 411. Mais à quoi servirait l'existence reconnue dans l'éternité, si elle était malheureuse? Triste éternité, le néant te serait préférable! Ici la vertu est aux prises avec le devoir, avec le vice et l'adversité: ici le juste succombe, et le méchant triomphe. Cette défaite humiliante, ce triomphe indigne, cette affreuse contradiction entre le bonheur et le devoir, dureront-ils éternellement? Un nouveau mode d'existence ne m'apportera-t-il pas de nouvelles peines avec de nouvelles jouissances? Existerai-je dans des combats perpétuels?

§. 412. Pour résoudre ces questions, pour apaiser ces plaintes, j'ai besoin de m'examiner moi-même. Doué d'intelligence et de volonté, je suis essentiellement libre; je suis inaccessible à toute influence *nécessaire* au dehors, excepté à celle de Dieu; et si les autres êtres en exercent une sur moi, c'est parce que je le veux : leur influence me devient-elle désagréable, je puis m'y soustraire; elle me fait sans doute éprouver un mal, mais il est passager. Le fond de mes affections est l'amour du moi: toutes les fois qu'il s'épanche au dehors, il augmente mes jouissances; toutes les fois qu'il se concentre, il les diminue. L'expansion produit des actes de vertu et de générosité; la concentration, des actes de faiblesse et de tyrannie : l'une attire l'éloge, l'autre le blâme de la conscience : l'une est la source des plus nobles plaisirs, l'autre est le germe des peines les plus cuisantes. Plus l'amour du moi se perfectionne par l'expansion, plus le bonheur se ramifie. Or, la perfectibilité de l'ame n'a point de bornes. Je serai donc essentiellement heureux, parce que je suis essentiellement doué de liberté, d'amour, d'expansion et de perfectibilité.

§. 413. Je le suis déjà dans ce monde, malgré les contrariétés, les chagrins et les malheurs que j'endure; malgré la disproportion que je vois entre mes désirs et mes moyens : car, si je demeure dans cet état de choses, c'est par un pur effet de ma volonté. S'il m'était insupportable, rien ne m'empêcherait d'en sortir, de terminer le cours d'une vie triste et misérable; mais le plaisir attaché à ce mode d'existence l'emporte de beaucoup sur la peine, et je vis. N'écoutez donc pas ces détracteurs de la vie, ces apologistes de la mort; ils en imposent à eux-mêmes, ainsi qu'aux autres : leur conduite dément leur langage; ils peuvent se donner la mort, et ils vivent.[1]

§. 414. Si la douleur et la peine sont trop vio-

---

[1] On conçoit qu'il n'est ici question que de ceux qui ne regardent pas le suicide comme un crime, et non de ceux qui, par religion ou par philosophie, ont embrassé le sentiment contraire.

lentes, elles accablent l'homme; il meurt: une nouvelle existence s'ouvre pour lui. Il sera maître de la changer encore, en cas de nouvelles disgraces, comme il est maître de changer son existence actuelle; car il est, je l'ai dit, essentiellement libre. Mais, si les maux qu'il éprouve ne sont pas trop cruels, le temps, ce grand consolateur, les calme et les adoucit à la longue; il verse dans les plaies son baume salutaire: la raison reprend son empire, les forces morales se développent, et l'homme guérit; il renaît au plaisir.[1] Il en est de même de toutes les privations; dès qu'elles sont supportables, elles deviennent peu à peu insensibles. Combien de gens, nés dans la pauvreté, regrettent leur premier état au sein des richesses!

§. 415. Souvent la douleur, la peine, les privations se convertissent par le temps en souvenirs agréables et touchans:

.... *Et hæc olim meminisse juvabit.*

---

[1] O penchant plus flatteur, plus doux que la folie !
Bonheur des malheureux, tendre mélancolie,
Trouverai-je pour toi d'assez douces couleurs?
Que ton souris me plaît, et que j'aime tes pleurs !
Que sous tes traits touchans la douleur a de charmes !
Dès que le désespoir peut retrouver des larmes,
A la mélancolie il vient les confier,
Pour adoucir sa peine, et non pour l'oublier.
C'est elle qui, bien mieux que la joie importune,
Au sortir des tourmens accueille l'infortune;
Qui, d'un air triste et doux, vient sourire au malheur,
Assoupit les chagrins, émousse la douleur.
DELILLE.

§. 416. Mais pourquoi faut-il toujours de la peine à côté du plaisir? Pourquoi faut-il que l'imagination me retrace, pour mon tourment, un état dénué de peines, rempli de plaisirs ; cette parfaite béatitude, qui semble n'être pas mon partage ?

§. 417. Consultez l'expérience et la raison. L'une vous dira que la satiété et le dégoût suivent de près les jouissances continuelles, de quelque nature qu'elles soient, intellectuelles ou physiques. L'autre vous montrera que l'homme, éprouvant et satisfaisant des désirs continuels et non interrompus, ne serait plus un être doué d'intelligence et de volonté, mais une machine mue par une force étrangère : que, sans peine, sans effort, sans vertu, tous les plaisirs peuvent exister, excepté le plus grand de tous, celui qui naît du sentiment de notre dignité et de notre liberté, c'est-à-dire du perfectionnement de nos facultés morales ; celui qui naît du témoignage de notre conscience, de l'approbation que Dieu daigne accorder à nos bonnes œuvres.

§. 418. C'est là ce qui distingue, même dans ce monde, le juste du méchant. C'est la conscience qui donne des consolations et des jouissances à l'un, tandis qu'elle répand sur l'autre l'inquiétude, le trouble, les chagrins cuisans et l'affreux remords ; c'est la conscience qui met seule un poids de plus ou de moins dans la balance des biens et des maux, répartis d'ailleurs avec tant d'égalité que les uns ne sont guère plus heureux ou plus malheureux que les autres :

vérités de tous les temps et de tous les lieux ; vérités qui ne sont méconnues que faute d'une juste appréciation des divers états où se trouvent les hommes.

§. 419. Mais le vice triomphe, dit-on, et la vertu gémit. Oui, en apparence ; mais non dans la réalité. Examinez cet homme superbe, qui doit au crime ses succès et sa prétendue gloire. Le faste et la magnificence l'environnent de toutes parts ; le monde l'admire, le redoute, plie sous lui : mais le malheureux n'ose sortir seul, ni coucher deux nuits dans la même chambre ; il redoute sans cesse un poignard vengeur. Voyez, en revanche, cet homme modeste et vertueux qui lutte avec le mépris et la pauvreté. Content de pourvoir à ses besoins, il ne se reproche rien, il ne craint rien : le sommeil verse sur lui ses pavots bienfaisans ; il vit et meurt dans la plus profonde sécurité.

§. 420. Si déjà dans ce monde, malgré les chagrins et les passions qui s'efforcent d'étouffer la voix de la conscience, dispensatrice de l'éloge et du blâme, et qui mettent plus ou moins d'entraves à la perfectibilité morale ; si déjà dans ce monde, dis-je, la vertu est récompensée et le vice puni, combien la récompense de l'une et la punition de l'autre ne seront-elles pas plus éclatantes, lorsque, la mort ou les différens modes d'existence qui peuvent lui succéder ayant perfectionné de plus en plus toutes les facultés (perfectionnement dont je n'ai plus besoin de prouver la nécessité), la vertu, délivrée de ses peines, jouira pleinement de ses triomphes ; la raison, de ses découvertes ; le sentiment, de ses affections : tandis que le vice se verra, vis-à-vis de lui-même, dans toute sa laideur, privé de ses succès, dépouillé de son audace, déchiré par le remords ! C'est alors qu'il sera complétement puni et confondu.

§. 421. Mais cette peine légitime, si elle devait être éternelle, se convertirait en contrainte illégitime, en violence. Or Dieu, ce juge suprême, en est incapable. Il ne peut d'ailleurs agir contre des lois de la perfectibilité infinie, qui épure à la fois les facultés et les jouissances, produisant un bonheur infini, comme elle l'est elle-même. Il faut donc que le juste et le méchant, que tous les êtres participent un jour à l'éternelle félicité, comme ils participent à l'éternelle existence.[1]

---

[1] Kant, après avoir fait voir que la raison *spéculative* ne peut nous fournir aucune connaissance des choses hors de la sphère de l'expérience actuelle, cherche cependant à prouver par la raison pratique, c'est-à-dire, par celle qui se rapporte à nos actions morales, l'existence de Dieu, l'immortalité de l'ame, le bonheur suprême. Si l'on oppose l'une de ces raisons à l'autre, il est clair que Kant est réfuté par Kant lui-même ; car, enfin, pourquoi *croirais-je* ce qui ne peut pas être *démontré ?* Un génie comme le sien devait sentir cette contradiction. Aussi voulut-il la lever ; mais ses efforts à cet égard me paraissent infructueux : quel génie pourrait concilier des choses inconciliables en elles-mêmes ? Voici la série de ses argumens, présentés avec autant de concision que de simplicité. Je ne cite pas ses propres paroles : il faudrait rapporter des chapitres entiers.

Pour agir *raisonnablement*, je ne consulterai que *mon devoir* (sauf à déterminer en quoi il consiste), sans aucun motif d'intérêt, quelque *noble* qu'il soit d'ailleurs.

Mais je ne puis m'empêcher de désirer le bonheur suprême : désir

§. 422. Cette félicité, l'imagination la plus vive et la plus brillante ne saurait en concevoir l'étendue, la

---

trop souvent contrarié dans ce monde-ci par mon devoir, par ma nature, et par celle des choses qui m'environnent et dont j'éprouve l'influence nécessaire.

Il faut donc que ces deux buts, le devoir et le bonheur, finissent tôt ou tard par s'accorder parfaitement. Cet accord, n'étant pas réalisé dans ce monde-ci, le doit être dans l'autre. Or, il ne peut l'être que par une puissance illimitée, souveraine de toute la nature, et capable de la faire concourir à l'accomplissement du bonheur le plus parfait de tous les individus. De là *l'immortalité*; de là Dieu avec des attributs sans bornes, comme sa puissance.

J'observe d'abord que cette démonstration n'est pas nouvelle : ce n'est pas depuis Kant que l'on cherche à prouver par la contradiction entre le devoir et le bonheur, ainsi que par la puissance et la bonté infinies de l'Être suprême, l'immortalité de l'ame, la rémunération des bonnes œuvres et la punition des mauvaises. Cependant la preuve, pour n'être pas nouvelle, n'en serait que meilleure, après avoir passé par le creuset du temps, qui confirme les vérités et détruit les erreurs, si elle pouvait résister à de fortes objections tirées du système même de Kant et d'autres systèmes de philosophie.

Une idée est une vue particulière de l'esprit, c'est la plus haute abstraction. Si, du fait de l'ordre que l'on remarque dans l'univers, on a le droit de conclure l'existence d'un ordonnateur, on ne l'a point de conclure d'une abstraction sa réalité objective, c'est-à-dire, l'existence externe d'un être formé de pareilles abstractions. Personne n'a relevé avec plus de force que Kant lui-même, le néant de ces espèces de personnifications. Or, le devoir absolu, le bonheur suprême, la puissance sans bornes, etc., étant des idées, des abstractions, n'ont pas d'existence externe : elles ne sont hors de nous que des chimères. Pourquoi poursuivrais-je des chimères ?

La contradiction entre le devoir et le bonheur n'est qu'apparente.[1] Sans m'arrêter à des preuves de fait à cet égard, je me borne à la remarque suivante. La contradiction, *impossible dans la nature*, doit l'être par conséquent entre le devoir et le bonheur : l'un et

[1] Voy. chap. XVI, §. 272.

variété, les charmes et les délices ; toutes les descriptions poétiques les plus ravissantes, fussent-elles d'Ho-

---

l'autre sont des parties de cette même nature prise dans le sens le plus étendu. Si les poëtes, les romanciers, les historiens et les philosophes eussent développé sous mille et mille formes intéressantes cette grande vérité, que *la vertu, même ici-bas, est toujours récompensée et le vice toujours puni* ; comme l'intérêt présent agit plus fortement sur nous que l'intérêt futur, bien que celui-ci soit plus considérable que l'autre, je pense que le genre humain serait meilleur : ceux qui croient *tout* et ceux qui ne croient *rien*, sans trop savoir pourquoi, viendraient se rallier autour d'un principe sans lequel ils ne peuvent atteindre le but de leurs efforts communs, la félicité.

Mais la contradiction entre le devoir et le bonheur est-elle véritable et nullement apparente, alors il se présente une très-grande difficulté. La contradiction existant ici-bas, pourquoi n'existerait-elle pas dans un autre monde et dans tous les mondes ? Si l'Être suprême, souverainement bon et souverainement puissant, la permet ici, pourquoi ne la permettrait-il pas ailleurs ? Ses vues sont impénétrables : bornez-vous à les respecter, sans rien avancer ni pour ni contre la réunion du devoir au bonheur.

C'est assez montrer, ce me semble, que la preuve tirée de la *prétendue* contradiction entre ces deux objets, lors même que l'on suppose cette contradiction *réelle*, n'est tout au plus qu'une présomption, une conjecture dénuée de nécessité rigoureuse et métaphysique.

Ainsi la raison spéculative de Kant ne prouve *rien* ; il ne s'en cache pas lui-même : et sa raison pratique prouve *mal* ; je crois l'avoir démontré.

Le résultat de sa philosophie me semble être un mélange d'idéalisme et de scepticisme bien voilé.

Je n'en regarde pas moins Kant comme l'un des plus grands philosophes que l'on connaisse depuis Platon et Aristote. S'il n'est pas créateur comme l'un, il est systématique comme l'autre, et beaucoup plus savant que tous les deux. Et quoi d'étonnant ? Il est venu longtemps après ces premiers génies de l'antiquité. Fontenelle a dit :

mère, de Virgile, de Milton, de Fénélon, n'en peuvent donner la plus légère idée : tant la poésie, prompte ailleurs à devancer la réalité, se trouve ici au-dessous d'elle. L'homme conçoit aussi peu le bonheur d'un ange, que la brute conçoit le bonheur de l'homme. Ame sensible et pieuse, femme respectable et digne d'un meilleur sort, vous qui avez à peine une pierre pour reposer votre tête, et dont le cœur aimant ne connut presque jamais que les sentimens pénibles et douloureux ; infortunée princesse G..n, née de C.....dy, livrée à la contemplation des choses divines, et n'ayant qu'elles pour toute consolation, les jouissances que vous goûterez dans le ciel, juste prix de votre piété, surpasseront votre espoir et combleront tous vos souhaits. C'est dans le sein de l'Éternel que se calmera enfin ce cœur trop agité.

Et vous, mère excellente, dont la bonté, la douceur et l'égalité d'ame sont autant de modèles, sainte

---

« Ce n'est que montés sur les épaules les uns des autres, que nous « pouvons voir d'un peu loin. »

Que le système de Kant soit vrai ou faux dans l'ensemble ou dans les détails, il renferme les objections les plus profondes : il suffit de les émettre, pour rendre un grand service à la science. Ces objections sont-elles si fortes qu'on ne puisse les résoudre, elles deviennent des vérités. Quel droit aurait-on de les rejeter ? Mais le problème est-il résolu, c'est un nouvel appui que l'on donne à la science. L'esprit y gagne toujours : il marche en avant. Aucun système de philosophie n'est donc véritablement nuisible ; car les erreurs mêmes finissent tôt ou tard par assurer le triomphe de la vérité.

Envisagez tous les systèmes comme des vérités ou des objections : adoptez les premières, tâchez de résoudre les secondes ; mais ne haïssez et surtout ne persécutez personne.

sur la terre comme vous le serez un jour dans le ciel, le calme et la sérénité qui respirent sur votre visage, sont les avant-coureurs de cette ineffable béatitude, noble objet de vos prières et digne récompense de vos vertus.

§. 423. Ici je ne puis m'empêcher d'observer combien la saine religion se rapproche de la philosophie. L'une reconnaît l'existence de Dieu et l'immortalité de l'ame; l'autre les reconnaît aussi : la religion annonce des peines et des récompenses ; la philosophie les proclame aussi : la première les puise dans la bonté et la justice de Dieu ; la seconde, à ces preuves irrécusables, ajoute encore celles qui sont tirées de la perfectibilité de l'homme : l'une et l'autre ont des mystères ; mais ceux de la religion reposent sur le témoignage des hommes, tandis que ceux de la philosophie reposent sur le témoignage de la nature, sur des faits inconcevables, mais existans et prouvés par eux-mêmes. Sans cette différence, qui ne porte point au reste sur les dogmes ni sur les vérités essentielles à notre bonheur présent et futur, la religion et la philosophie, déjà liées ensemble par tant de nœuds, ne formeraient qu'une seule et même science, du moins quant au christianisme. Que dis-je ? cette science existe déjà. Je vais en indiquer les principaux fondemens : je serai fidèle à mon critérium.

CHAPITRE XXII.

Accord de la philosophie avec le christianisme.

§. 424. La vie et la mort de Jésus-Christ sont sans exemple. Personne ne dit ce qu'il a dit ; personne ne remplit ce qu'il a rempli. Il poussa la perfection morale au plus haut point ; au plus fort des souffrances les plus horribles, il pria pour ses bourreaux : Dieu lui-même n'en ferait pas davantage. Jésus-Christ est donc Dieu, puisqu'il en a déployé *toute la puissance morale*.

§. 425. Ici les théologiens, avec les philosophes, prétendront sans doute que la conclusion n'est pas juste. Pouvons-nous fixer, diront-ils, le terme de la perfectibilité morale, le point qui la rend *perfection absolue ?* Et dans la supposition de la perfectibilité infinie, il est même impossible, il est absurde de vouloir désigner ce terme. Si quelque être humain venait un jour à montrer la même force morale que Jésus-Christ a montrée, il serait donc Dieu comme lui ? S'il en montrait davantage, il serait donc plus que Dieu ? En un mot, la preuve morale de la divinité de Jésus-Christ est-elle satisfaisante ?

Voilà l'objection : il faut y répondre.

§. 426. On a vu, dans tout le cours de cet ouvrage, que l'existence et la perfectibilité du moi sont infinies. Si le lecteur, malgré les plus fortes preuves de fait et de raison, n'est pas convaincu de cette vérité, je n'ai plus rien à lui dire ; mais s'il l'est, je le prie d'observer que, là où s'arrête la perfectibilité, commence la perfection. Or la perfection n'est pas notre partage, précisément parce que nous sommes doués de perfectibilité. Pour se convaincre d'une perfection plus grande que celle de Jésus-Christ, notre esprit, d'ailleurs si fertile en inventions et créations de tout genre, ferait d'inutiles efforts ; il en éprouve en lui-même l'impossibilité : tandis qu'après une découverte quelconque il conçoit la possibilité d'une découverte encore plus parfaite ; il l'imagine, il l'indique. Si l'on pouvait, par exemple, diriger le ballon aérostatique, il deviendrait d'une grande utilité ; s'il était à l'épreuve de tout air, cette utilité serait encore plus grande. Un tableau qui réunirait au dessin de Raphaël le coloris du Titien, serait plus parfait que les tableaux de ces grands maîtres.

§. 427. Mais d'où vient que nous ne pouvons absolument imaginer ni faire une action plus morale et plus belle que l'action de Jésus-Christ ? Cette impossibilité n'est-elle que momentanée, ou bien est-elle invincible, éternelle ?

Pour résoudre cette question, il faut distinguer l'impossibilité subjective de l'impossibilité objective. L'une tient à l'être intelligent, qui veut, sent, existe par lui-même de toute éternité, et qui par cette raison est indépendant et libre : l'autre tient à la nature des organes dont ce même être se voit revêtu, aux circonstances où il se trouve, aux expériences qu'il a déjà faites et qu'il peut encore faire à l'avenir. La première impossibilité, dès qu'elle est aperçue et sentie, existe; elle a existé, elle existera toujours, par cela même qu'elle est aperçue, qu'elle est sentie par un être intelligent et libre : il ne le serait pas, s'il n'avait la disposition, le sentiment et la conscience intime de sa puissance ou de son impuissance. Cette espèce d'impossibilité est invincible, éternelle, parce que, l'être lui-même étant éternel, toutes ses facultés, avec leurs divers caractères de force et de faiblesse, sont éternelles comme lui : elles composent son essence, une, indivisible, impérissable, quoique variable dans son unité et son indivisibilité. Donc, dès qu'un pareil être conçoit en lui-même une chose possible ou impossible [1], indépendamment de toute action externe, elle sera telle à présent et dans toute l'éternité, parce que le même est le même : la même cause produit toujours le même effet. Les principes de l'identité et de la contradiction, comme celui de la causalité, s'accordent ensemble pour attester la durée infinie d'une pareille impossibilité : aucune nouvelle expérience n'est ici nécessaire.

Il n'en est pas ainsi de l'impossibilité objective. Comme elle est produite, soit par nos organes considérés comme objets, soit par les objets proprement dits, nous ne pouvons jamais en garantir d'avance la durée éternelle ; car l'être pensant, le moi, ne juge

---

[1] Voy. chap. II, §. 41.

plus ici de sa propre activité : il n'a plus ici la disposition, le sentiment et la conscience intime de sa force ou de sa faiblesse ; mais il considère l'action des objets sur lui, et les divers modes qu'ils produisent en lui et hors de lui. Or, le nombre des objets et des modes est infini : la perfectibilité humaine est donc soumise à une influence infinie ; elle doit faire des progrès infinis. Ici, l'imagination la plus hardie ne lui peut assigner aucun terme. Il est possible, par exemple, que les sciences en général et la chimie en particulier soient un jour portées à tel point que l'on aura trouvé le moyen de restaurer notre corps ou nos organes avec la même facilité qu'on restaure un édifice. Alors on prolongerait notre existence dans ce monde à l'infini, du moins bien au-delà du terme ordinaire de la vie. Que cette idée se réalise un jour ou non, la conception n'en est pas absurde ; on ne peut pas démontrer le contraire.

§. 428. Maintenant, à laquelle de ces deux impossibilités appartient celle de pousser la perfection plus loin que Jésus-Christ ne l'a fait ? Si cet effort était possible, nous pourrions, je ne dis pas le remplir d'abord (nos passions y mettent trop d'obstacles) ; mais du moins en former la conception, qu'aucun obstacle, soit interne soit externe, ne saurait empêcher. Or, nous ne le pouvons pas à présent : donc, nous ne le pourrons jamais. L'impossibilité tient à notre nature subjective ; elle ne provient ni de nos organes ni des objets : elle est donc invincible, elle est éternelle ; le terme de la perfectibilité morale est trouvé. Celui donc qui conçut, imagina, exécuta ce que Jésus-Christ conçut, imagina, exécuta sur la croix, n'est pas un simple homme, il est Dieu; et lors même qu'à l'exemple de Jésus-Christ il serait possible qu'un homme en proie aux plus affreux tourmens priât pour ses bourreaux, cet homme ne serait après tout que simple imitateur : la distance de lui à l'inventeur serait toujours infinie. Mais qu'un homme en fasse davantage, c'est impossible; car, avant de faire une chose, il faut l'imaginer, et nous venons de voir qu'il ne le peut absolument pas. Donc la preuve morale de la divinité de Jésus-Christ est satisfaisante, et plus que satisfaisante.

§. 429. Un Dieu, voulant se manifester à des êtres revêtus d'organes, pour leur en apprendre le véritable usage, pour les rendre moralement parfaits et par conséquent heureux, devait lui-même se revêtir d'organes : car d'abord un esprit ne peut se communiquer à un autre esprit, s'ils ne sont l'un et l'autre munis ou dépourvus d'organes; et de plus, que diriez-vous d'un maître qui voudrait vous enseigner la peinture sans jamais prendre lui-même le pinceau?

§. 430. Quoi! s'écriera-t-on, Dieu, le maître des mondes, descendra sur une planète qui se perd comme un atome dans l'immensité de l'espace, et se revêtira dans le sein d'une femme des organes de faibles créatures, pour leur en faire connaître le véritable usage? Notre organisation terrestre peut-elle se combiner avec l'idée que nous devons nous former des perfections de cet être tout-puissant? Aura-t-il donc tout fait pour nous, et rien pour les autres? Serions-nous les seuls êtres par excellence, les élus? Si un habitant de Saturne, instruit de nos opinions présomptueuses, nous accusait d'un puéril orgueil, quelle réponse aurions-nous à lui faire?

Mais supposons pour un instant la nécessité où se trouvait Dieu de se revêtir de nos organes. Cet acte une fois nécessaire, pourquoi ne l'a-t-il pas fait de toute éternité? Pourquoi du moins ne l'a-t-il pas fait plus tôt? Les générations qui ont précédé la naissance de Jésus-Christ, ne le réclamaient-elles pas également? Jamais, non jamais la raison ne pourra prouver la nécessité d'un pareil acte : c'est un point qu'il faut abandonner à la religion.

Je crois le contraire; et l'on en va juger.

§. 431. Si notre bonheur tient au bon usage de nos facultés, si personne ne peut mieux nous enseigner cet usage que la suprême intelligence, il n'est pas au-dessous d'elle, que dis-je? il est digne d'elle de descendre dans le sein maternel, pour assurer non-seulement le bonheur de l'homme, mais encore celui du dernier vermisseau qui rampe sur la terre ; car rien n'est trop grand, rien n'est trop petit pour Dieu.

Sans doute, puisque Dieu existe, il doit occuper un espace, il doit être étendu; et comme d'autres réalités existent en même temps que lui, son étendue doit être bornée. Mais l'étendue plus ou moins bornée ne prouve ni pour ni contre l'intelligence plus ou moins développée, ni pour ni contre l'intelligence infinie [1] : ce sont deux qualités différentes, et qui n'ont de commun que l'existence dans un seul et même sujet. Ainsi un homme grand peut avoir moins d'esprit qu'un homme petit, et *vice versa*. Juger de leur intelligence par la taille, ce serait vouloir mesurer l'esprit à l'aune. La même observation doit s'appliquer à l'Être suprême. Resserré dans le sein étroit d'une femme, étendu sur tout l'univers, ni l'état de contraction ni celui de dilatation indéfinies n'ajouteraient rien à sa sagesse, à sa bonté, à sa puissance sans bornes : il n'en combinerait pas moins à son gré les élémens d'une manière merveilleuse ; il n'en serait pas moins l'auteur et le maître de l'univers.

Si Dieu ne s'est pas revêtu plus tôt de nos organes, c'est que le genre humain n'était pas mûr pour recevoir ses préceptes ; c'est que la perfectibilité a sa marche graduelle dont nul être ne peut s'écarter, et ses lois naturelles que nul être ne saurait enfreindre. Dieu, dans un autre monde, se sera manifesté d'une autre manière aux hommes qui vécurent et moururent avant Jésus-Christ ; il leur aura donné, comme à nous, des moyens de perfectionnement : et quant aux habitans des corps célestes, j'ignore et leur existence, et leur condition et leur sort ; ils ne m'intéressent nullement.

§. 432. La leçon sur le véritable emploi de nos facultés et de nos organes, a-t-elle fructifié ? Le genre humain est-il devenu meilleur depuis Jésus-Christ ?

---

[1] Voy. chap. XVIII, §. 339.

L'histoire semble prouver le contraire. Les persécutions de tout genre, les guerres de religion, la dépopulation de l'Amérique, les auto-da-fé, les maux révolutionnaires, voilà un bel usage de nos moyens intellectuels, moraux et physiques! voilà un beau perfectionnement! Un Dieu sous la forme humaine n'a donc pas extirpé ces maux? Pourquoi cette métamorphose, si le mal est toujours là, toujours au même point, avant comme après?

Si par les préceptes de Jésus-Christ, répondrai-je, un *seul* homme était devenu aussi bon que le comporte la nature humaine, sa venue serait toute justifiée.[1]

Le mal est indestructible comme notre essence même : il existera toujours en nous *virtuellement*, si même il n'existe pas *actuellement*. Dieu ne peut donc pas le détruire, l'anéantir; mais il peut le diriger vers le plus grand bien possible, vers le meilleur développement des vertus[2]; et c'est ce que Jésus-Christ a fait.

Nous sommes frappés des maux occasionés par l'établissement même du christianisme, parce qu'ils se présentent à nous, pour ainsi dire, en masse; mais nous ne le sommes pas du bien qu'il a produit, parce qu'il est disséminé sur toute la terre. Le mal, comme un ouragan, est passager; le bien, comme une belle saison qui fait germer les plantes, exerce une influence continuelle, incalculable. Tous les jours, à chaque heure, à chaque seconde, le nom de Jésus-Christ fait

---

[1] Voy. §. 431.
[2] Voy. chap. XIX, §§. 364 et 365.

éclore mille traits de vertu et de bienfaisance qui, sans lui, n'eussent pas existé; cet encens fume et s'élève perpétuellement vers le ciel. Voilà l'œuvre de Jésus-Christ. Après cela, demandez pourquoi il a daigné venir dans ce monde et se revêtir de nos organes?

§. 433. Dieu, dira-t-on encore, a donc souffert sur la croix? Oui, il a souffert; et pourquoi ne serait-il pas assujetti, quoique suprême intelligence, à la peine et au plaisir, comme nous, intelligences inférieures? L'analogie est toujours là. Cette assertion, d'ailleurs, n'offre rien d'absurde ni de contraire à sa puissance. Je dis plus : quelle idée ne donne-t-elle pas de sa bonté! Par compassion pour l'homme faible et mortel, déposant sa grandeur et sa majesté, ou plutôt faisant le plus sublime usage de l'une et de l'autre, il daigne se revêtir d'organes, se soumettre à la condition humaine, en supporter les souffrances. C'est ainsi qu'un monarque, vrai pasteur de ses peuples et jaloux de les défendre, soutient les travaux, les dangers et les horreurs de la guerre. Il dépend de lui de les éviter : il ne le veut pas; car qui pourrait mieux que lui défendre ses sujets? Il souffre, à la vérité; mais ses peines n'ôtent rien de son pouvoir.

§. 434. Tout ce que je viens de dire par rapport à Dieu, n'est pas déduit de l'homme, mais de l'existence et des propriétés inséparables de l'existence. Cette œuvre est donc le fruit du raisonnement[1]. Combattez-

---

[1] Voy. chap. XVIII, §. 339.

le, si vous voulez : mais ne lui prêtez pour bases ni l'anthropomorphisme ni l'abstraction ; deux sources d'erreurs, deux pierres d'achoppement, dans tout ce que l'on dit en général sur la divinité.

§. 435. De l'intelligence et de la puissance infinie de Dieu résulte une autre objection contre l'effort sublime de Jésus-Christ priant pour ses bourreaux. Des misérables que Dieu eût écrasés d'un seul mot, s'il l'avait voulu, pouvaient-ils exciter sa colère et sa vengeance ? Supposez un monarque que des rustres maltraitent sans le connaître. Il sait bien qu'il peut, quand il le voudra, se soustraire à leur pouvoir et les châtier tous. Mais aurait-il bonne grâce de se livrer au courroux ? Ses ministres ne seraient-ils pas en droit de lui dire : « Pourquoi ne pas vous être fait connaître à « ces malheureux ? Leur méprise est plus digne de « pitié que de châtiment. » Ce monarque, à moins qu'il ne fût un imbécille, leur pardonnerait à coup sûr ; et si quelque courtisan lâche, trouvant la majesté souveraine offensée, réclamait une punition éclatante, il lui dirait à son tour : « Ces gens ne savaient « ce qu'ils faisaient. » Jésus-Christ ne devient donc véritablement sublime, que lorsqu'on le considère comme un homme qui, sur l'article de l'immortalité, malgré les plus fortes preuves de la raison [1], ne peut cependant pas avoir cette conviction irrésistible, cette pleine certitude que nous inspirent les preuves de fait intuitivement perçues ; comme un homme qui,

---

[1] Voy. chap. XX, §. 407.

prêt à perdre la vie dans les plus horribles souffrances, éprouvant déjà les approches de la mort, de cette mort si terrible parce qu'elle est environnée de tant de ténèbres, s'élève au-dessus d'elle et de sa propre faiblesse, et pardonne à ses meurtriers. Mais, considérez-le comme Dieu, l'effort disparaît; et dèslors plus de vertu sublime, plus de perfection morale : la puissance seule reste. Celui qui peut tout, a dit un auteur célèbre, ne saurait faire de mal. Ajoutons qu'il ne peut avoir non plus le mérite du bien; car ce mérite suppose nécessairement l'effort; et l'effort suppose, non la puissance, mais la faiblesse, ou plutôt un combat entre l'une et l'autre. Ainsi point de milieu : si Jésus-Christ est Dieu, il n'a point déployé la vertu la plus sublime; s'il l'a fait, il n'est pas Dieu, il est homme. Comment concilier dans la divinité la puissance avec la faiblesse, la nature divine avec la nature humaine ?

§. 436. On se rappelle l'*analogie* que nous avons établie entre Dieu, suprême intelligence, et les ames ou les moi, intelligences inférieures [1]; analogie proclamée d'ailleurs par les livres saints : *Faisons l'homme à notre image* (Genèse, 1, v. 26). Donc, en daignant se revêtir des organes de l'homme, Dieu, par suite de cette analogie, dut en subir les conditions, en adopter les bornes. Parmi ces conditions nécessaires, dérivant de la nature immuable, éternelle, des choses [2],

---

[1] Voy. chap. XIX, §. 368.
[2] Voy. chap. XVIII, §. 294—298.

se trouve l'*oubli momentané*, produit par l'énergie des organes; ou, plutôt, c'est l'attention autrement dirigée.¹ Ainsi Dieu devait se soumettre à cet oubli, ou le revêtement d'organes, étant contraire à ces lois éternelles de la nature, devenait impossible. Cet oubli, d'ailleurs, ne contredit pas plus son pouvoir illimité que ne le contredit la douleur, autre condition de notre existence actuelle. Malgré la peine et l'oubli, deux points de similitude, l'intervalle entre la nature de Dieu et celle de l'homme reste toujours infini, comme l'est aussi la distance entre l'homme et la brute, malgré l'oubli qui leur est commun avec bien d'autres états, de santé, de maladie, de veille, de songe, etc. Ce raisonnement : tel souverain *dort* comme le dernier de ses sujets, donc *il n'a pas plus de pouvoir que lui*, ne serait pas plus concluant que ce raisonnement-ci : l'architecte de cet édifice immense a déployé un génie, un goût, une variété étonnante de richesses et de reliefs; donc il ne doit pas être sujet à l'*oubli*. Dès que, sortant des faits et de leurs conséquences immédiates, nous voulons caractériser un être par des abstractions, nous sommes sûrs de caractériser une chimère. ²

§. 437. L'univers existe; l'univers est admirable. De ces deux faits je déduis les conséquences suivantes : Si Dieu, auteur de l'univers, existe³, il doit

---

¹ Voy. chap. XIX, §. 381 — 384.
² Voy. chap. XIX, §. 359.
³ Voy. chap. XVIII, §. 349.

avoir des rapports analogiques avec d'autres êtres. Dans son intelligence infinie [1], il doit avoir prévu qu'en adoptant les formes de la nature humaine, sans en adopter les conditions, s'il est même permis pour un moment de supposer la possibilité d'une subversion semblable des lois naturelles, il ferait preuve de puissance, et non de moralité; il laisserait toujours cette excuse aux hommes : Que sommes-nous, faibles mortels, pour oser entreprendre ce que pouvait exécuter la seule divinité ? Dès-lors les exemples divins de toutes les vertus eussent été perdus pour l'humanité. Il fallait donc nécessairement que Dieu subît toutes les conditions de notre nature, et par conséquent celle de l'oubli.

§. 438. Mais, la nature divine étant parfaite, elle s'est manifestée telle dans l'organisation humaine, comme l'ame ou le moi, plus développé dans l'existence antérieure à cette vie, montre dans celle-ci plus de perfectibilité que les autres ames ou les autres moi, malgré la parité d'organisation [2]; comme l'homme, enfin, au plus haut degré de la folie ou de l'ivresse, montre quelquefois plus d'intelligence que la brute jouissant de la plus parfaite santé.

§. 439. C'est ainsi que la nature divine se combine avec la nature humaine : combinaison que toutes les églises chrétiennes ont reconnue, en abjurant l'erreur d'Eutichès, qui n'admettait en Jésus-Christ

---

[1] Voy. chap. XIX, §§. 358 et 359.
[2] Voy. chap. XII, §. 198.

qu'une seule et même nature. C'est ainsi que, devenu Homme-Dieu, Jésus-Christ a porté la vertu humaine au plus haut degré de perfection possible, sans rien faire perdre à la puissance divine, ni de son étendue, ni de sa dignité.

§. 440. Toutes ces preuves, qui sont possibles dans un système de métaphysique admettant, sans distinction d'esprit et de matière, des principes analogues, éternels, qui se combinent par eux-mêmes et par la volonté d'un tiers de mille manières différentes; toutes ces preuves, dis-je, deviennent impossibles dans le système de la création et du spiritualisme. En effet, Dieu qui peut *tout* tirer du néant, en tire cependant des êtres imparfaits[1] : absurdité. Dieu n'est point étendu, il n'occupe aucune place; il existe pourtant, et remplit l'immensité de l'univers : autre absurdité. Dieu, être immatériel, vient se transformer en matière : nouvelle absurdité. On pourrait en compter bien d'autres. Je cite celles-ci, non pour faire l'esprit fort, mais pour caractériser mon système : c'est le seul en philosophie qui soit compatible avec le christianisme, tel qu'il existe de nos jours.

§. 441. Chrétiens intolérans qui, peut-être, après avoir lu mes écrits dictés par la vérité ou par *ce que je crois elle*, appellerez sur moi les vengeances divines et humaines, prêts à livrer mes ouvrages et ma personne aux flammes dévorantes; persécuteurs insensés

---

[1] Voy. chap. XIX, §. 363.

et cruels, avez-vous oublié les paroles de notre divin Sauveur : *Rendez à Dieu ce qui appartient à Dieu, et à César ce qui appartient à César?* (Luc. 20, v. 25.) Ainsi nul ne doit s'interposer entre Dieu et moi, pas même César. Tous mes semblables ont le même droit d'empêcher la même interposition : il est donc universel. De là vient la liberté *sans bornes* des cultes et des opinions, proclamée par Jésus-Christ lui-même. Mais laissons-là les cris des fanatiques.

§. 442. Dieu, existence éternelle, intelligence infinie, est le Père ; Dieu, se manifestant par la nature humaine, est le Fils ; Dieu, embrassant l'univers dans la pensée, est le Saint-Esprit (*Spiritus veritatis*) : trois modifications principales, trois personnes distinctes, et cependant réunies dans une seule ; c'est la très-sainte et indivisible Trinité. [1]

---

[1] *Donc tout procède de Dieu*, c'est-à-dire, *du Père*. Qu'on me permette quelques développemens de ce principe en faveur de l'Église grecque contre la catholique.

Si l'on ne trouve dans la nature que substance et modification, si toute modification émane de la substance, et que l'inverse soit impossible ; si telle modification dans la substance peut être produite par une cause externe ; si, placés dans l'espace, nous devons être en contact perpétuel avec une chose quelconque et, par conséquent, éprouver toujours l'influence des causes externes : il s'ensuit qu'en faisant dériver la volonté, de la substance et de la modification conjointes, et non de la première seulement, on la rendrait esclave d'une cause étrangère ; l'âme ne serait plus qu'une machine mue par des causes externes, et dès-lors plus de spontanéité, plus de moralité.

Je vois un objet : il me plaît ; le plaisir qu'il me cause, est une modification. Si, pour le posséder, je ne suivais que ce plaisir, cette

Toute autre explication contredirait un des points fondamentaux de ce dogme. Admettez trois individus

---

modification agréable, être passif, jouet de ma passion, je ne serais qu'une machine mue par elle. Mais, réfléchissant sur la nature de cet objet, je trouve que le plaisir momentané qu'il peut me procurer, sera suivi de regrets longs et amers : je renonce à sa possession, je ne veux pas l'avoir. Cet acte de la volonté, cette détermination, provient-elle du plaisir, c'est-à-dire de la modification agréable, du sujet agréablement modifié, ou du sujet qui raisonne et qui veut, indépendamment de cette modification et de toute autre ?

Appliquez ce raisonnement au passage de S. Augustin, où ce Père de l'Église explique la Trinité par une image tirée des opérations intellectuelles, de l'ame même; et vous verrez qu'elle s'accorde avec ce que je viens d'avancer, à cette différence près, qu'il considère le Fils comme une modification purement interne, et que moi je l'envisage comme une modification interne et externe tout à la fois, c'est-à-dire, comme la substance ou le Père voulant se revêtir et se revêtant aussitôt d'organes par cet acte même de sa volonté.

La connaissance ou la cognition (*cognitio*) est le Père.

Le Verbe ou la pensée (*cogitatio*) est le Fils. (Dans une édition publiée à Venise en 1552, on lit que d'anciens manuscrits portent le mot de *cognitio* à la place de *cogitatio* (*Vetera interim loco cogitationis habent cognitionis*).

La volonté ou l'amour est l'Esprit.

Donc la volonté procède du Père, de la substance, et non du Fils, c'est-à-dire du Verbe, qui n'est que la modification particulière du Père.

Il est facile, me dira-t-on, de vous réfuter par vos propres argumens, de vous battre avec vos propres armes.

Vous dites, au chap. XV, §. 259 : « Toute cause elle-même est-
« elle l'effet d'une cause antécédente, et de telle sorte à l'infini ? Je
« réponds que, les choses, existant, apercevant, agissant par elles-
« mêmes, peuvent être elles-mêmes des causes et des effets primi-
« tifs, qui dispensent de remonter à de plus élevés. Ces percep-
« tions, ces actes, sont des modifications d'une seule et même subs-
« tance, et par conséquent des effets dont la raison suffisante est
« dans la substance même. Et, *comme celle-ci doit toujours se*

tout-à-fait distincts et séparés l'un de l'autre, comme le sont, par exemple, trois hommes ; vous détruisez

« *trouver dans un état quelconque*, il s'ensuit que la substance et
« la modification, la cause et l'effet, *se supposent mutuellement et*
« *nécessairement*, comme le moi et le hors de moi ; il s'ensuit
« que toute action est à elle-même *cause et effet : nulle action*
« *n'est même possible sans ce double rapport, comme nulle subs-*
« *tance ne l'est sans modification.*" Et plus bas, §. 260 : « Mais
« l'effet se prolonge-t-il à l'infini ? Je réponds : oui ; car l'action
« ne saurait produire le repos, et *vice versa*. Mais elle peut éprouver
« divers degrés d'intensité provenant des obstacles qu'elle rencontre :
« elle peut devenir insensible, sans jamais cesser tout-à-fait. Lors-
« qu'on dit que tout commencement doit avoir une fin, on ne dit
« autre chose si ce n'est que toute modification doit être suivie
« d'une autre modification, sans que l'activité qui les produit toutes
« puisse cesser un seul instant." (Ici l'activité est prise pour la substance active, et celle-ci doit nécessairement se trouver dans un certain état, éprouver une modification quelconque : voy. §. 259.)
« Un objet en repos est par conséquent celui dont nous ne pouvons
« pas observer l'activité avec nos organes actuels, ou celui qui, se
« trouvant entre deux forces égales et contraires, oppose de la résis-
« tance à toutes les deux. Or, cette résistance est aussi une action.
« Dans ce sens (§. 261), la *cause* est la modification rempla-
« çant une autre modification simultanée, c'est-à-dire un effet, etc."
Et plus bas encore (chap. XX, §. 383), vous vous exprimez ainsi : « L'oubli momentané, nécessaire aux modifications, l'est à
« l'existence même, qui en a trop été séparée. La substance, dit-on,
« reste toujours la même, et la modification ne cesse de changer ;
« sans l'idée d'une substance absolue, permanente, nulle modification
« passagère n'est possible. Mais, si l'on se rappelle ce que j'ai dit
« ailleurs, cet argument est facile à rétorquer. Sans modification
« passagère, nulle substance absolue et permanente n'est possible ;
« quelle que soit la manière dont vous vous la représentiez, elle
« sera toujours plus ou moins active, éprouvant du plaisir ou de la
« peine, se trouvant dans un état quelconque. Or, cet état est une
« modification. De ces divers états ou modes on a tiré par abs-

l'*unité*. Admettez un Être simple, indivisible, sans modification quelconque ; vous détruisez la *Trinité*.

« traction la *substance*, l'*être*, l'*essence*, autant de vues de notre
« entendement, privées de réalité externe. Ainsi les modifications
« sont dans la nature, et les essences dans l'esprit : la modification
« est à l'essence ce que la notion de l'homme est à Pierre ou à
« Jacques. Les modifications existent, les essences sont des chimères,
« ou, plutôt, les unes et les autres *ne forment qu'une seule et même*
« *substance*. »

Ces passages sont cités en entier, poursuivra-t-on, pour que vous ne prétendiez pas qu'on vous prête de fausses interprétations en présentant quelques phrases isolées.

Si donc toute action est à elle-même cause et effet, et que nulle action ne soit même possible sans ce double rapport, comme nulle substance ne l'est sans modification ; si le commencement et la fin ne sont autre chose qu'une modification suivie d'une autre modification ; enfin, si les modifications existent et que les essences soient des chimères, ou plutôt, si les unes et les autres ne sont qu'une seule et même substance, il s'ensuit que Dieu le Père, qui est aussi une substance, quoique divine, est inséparable de Dieu le Fils, sa modification : l'un suppose l'autre, et *vice versa*. Il s'ensuit encore que le Saint-Esprit doit nécessairement procéder de l'un et de l'autre, comme une modification provenant d'une modification antécédente.

C'est ainsi que l'ame ou le moi, dont les facultés principales ou génériques sont l'intelligence, le sentiment et la volonté, ne peuvent jamais se mettre en action sans que ces trois facultés ne s'y manifestent d'abord spontanément et simultanément.

Ainsi la procession du Saint-Esprit, comme effet, ne vient pas d'une cause simple, dont l'existence est impossible, mais d'une cause antérieurement modifiée, c'est-à-dire, du Père et du Fils conjoints. Voilà pourquoi l'on dit que le Fils est coéternel au Père, comme une modification est toujours coéternelle à l'existence.

Dans l'exemple que vous avez cité, le sujet raisonnant et voulant, c'est-à-dire, modifié par l'argumentation et la volition, rejette le sujet agréablement affecté, la modification agréable, l'objet désiré ; en d'autres termes : une modification interne, libre et spontanée,

§. 443. **On me dira : c'est un mystère, il confond l'esprit humain ; il faut le croire, sans chercher à l'expliquer, car il est inconcevable.**

---

repousse une modification externe, involontaire et forcée. Donc la succession continuelle et non interrompue des modes ne contredit ni la spontanéité ni la moralité; et le dogme des catholiques est justifié.

Je soutiens le contraire. Il est sans doute impossible de voir la substance hors de la modification; car ce serait voir une abstraction, une simple vue de l'esprit, dépourvue de réalité isolée. Mais la substance n'en existe pas moins dans l'état concret : c'est, comme je l'ai dit chap. XVIII, §. 307, l'être pensant lui-même, ayant la conscience de son identité dans tous les temps et dans toutes les variations : c'est l'âme distincte de ses affections.

Or, l'état concret n'empêche pas que cette âme ne soit toujours. Sans elle, point d'affection particulière; tandis qu'elle-même existe toujours indépendamment de telle ou telle affection, quoiqu'elle ne puisse exister sans une affection ou modification quelconque; et c'est dans ce sens, comme mon antagoniste l'observe très-bien, que le Fils et le Saint-Esprit sont coëternels à Dieu. Cette âme est donc le fondement, l'origine, la source de toutes les modifications ; celles-ci proviennent d'elle, tandis qu'elle-même, toujours présente, toujours inséparable de toutes, ne changeant jamais, ne saurait en provenir.

Donc la procession du Saint-Esprit, envisagée comme un mode de la divinité, peut *succéder* à une autre modification divine, mais n'en saurait *provenir*. Elle ne peut provenir que de la substance, du sujet toujours concret, il est vrai, mais non moins sujet distinct. Donc le Saint-Esprit ne provient pas du Fils, mais du Père, substance servant de fondement et d'origine au Fils comme au Saint-Esprit : ceux-ci, succédant l'un à l'autre, proviennent tous les deux du Père, essence divine, constamment la même, identique à elle-même dans tous les temps, comme le moi est identique à lui-même dans la variété de ses affections.

D'ailleurs, si le Fils procède simplement du Père, pourquoi le Saint-Esprit n'en procéderait-il pas? Celui-ci procédant *nécessairement* du Père et du Fils, la même nécessité devrait exister pour le Fils, il

Je réponds par une observation souvent répétée : l'inconcevable est dans la nature ; des faits certains l'attestent ; il faut bien l'admettre. Mais rien, absolu-

---

devrait aussi procéder du Père et du Saint-Esprit. Enfin, pourquoi cette double procession, dont l'une simple pour le Fils, et l'autre composée pour le Saint-Esprit ? Ne contredit-elle pas l'unité, caractère essentiel et fondamental de la Trinité ? Poser de pareilles questions, c'est les résoudre.

Ainsi, philosophiquement parlant, cette fameuse dispute ne roule que sur le sens mal interprété des mots *succéder* et *provenir*. Pour que les catholiques aient raison, il faut de toute nécessité que ces deux termes soient synonymes : il faut, par exemple, que ma table procède de ma chaise, parce que je viens de mettre ma table à la place où se trouvait ma chaise ; translocation qui ne provient que de moi, et non pas de ma chaise.

C'est à quoi se réduit la difficulté. Revenant à mes premières assertions, je soutiens que le dogme catholique, comme procédé intellectuel, est en opposition avec la morale envisagée sous le même rapport de procédé intellectuel ; car l'esprit humain doit suivre la même marche, en religion comme en morale, en théorie comme en pratique. Or, l'intellectuel et le moral étant inséparablement liés ensemble, l'un devant diriger l'autre, une fausse opinion peut et doit donner lieu à des actions injustes, où l'on se contredit soi-même. En adoptant le dogme de la procession du Saint-Esprit, tel que les catholiques l'enseignent ; en reconnaissant la *nécessité* de cette procession qui, dans Dieu, comme dans les opérations intellectuelles de notre ame, provient, dit-on, de la substance et de la modification conjointes, c'est-à-dire, du Père et du Fils, et non de la substance seulement, c'est-à-dire, du Père seul, comme les Grecs le professent, nous devrions conformer à cette croyance toutes nos actions, et, par conséquent, les faire dépendre de nos modifications agréables, suivre nos goûts, nos penchans, nos passions, causes nécessaires et déterminatives de nos actions. Dire que la modification libre et spontanée repousse la modification involontaire et forcée, c'est soutenir que le juge et l'accusé sont la même chose, parce qu'ils se trouvent dans

ment rien, n'atteste l'absurde ; et rien n'oblige à l'admettre. (Voy. chap. X.)

la même chambre. La même différence se trouve entre le sujet et le mode dans l'état de concrétion : malgré cet état, ils n'en sont pas moins distincts l'un de l'autre. Les catholiques ne suivent pas aveuglément leurs modifications agréables ou leurs passions : leur conduite morale n'est point déterminée par elles ; mais par l'esprit, l'être pensant, le sujet qui les juge toutes, et dont proviennent directement tous les arrêts. Leur conduite morale est donc en opposition avec la marche *dogmatique* de leur intelligence. S'ils sont vertueux, c'est qu'ils ne suivent pas leur *dogme* ; car, si ce dogme était *nécessaire*, la volonté, dérivant de la substance modifiée, obéirait à cette modification ; et dès-lors plus de choix, plus d'effort, plus de vertu : la passibilité la plus aveugle règnerait seule. Si donc quelques catholiques sont vertueux, c'est parce que leur dogme, contraire à l'Église grecque, ainsi qu'à la saine philosophie, est dénué de nécessité intellectuelle et morale. Et qu'est-ce qu'un dogme qui n'est pas *nécessairement* vrai, au moral comme à l'intellectuel ? A-t-il les deux principaux caractères de toute vérité, les seuls qui la distinguent de l'erreur, savoir, *la nécessité* et *l'universalité ?*

Laquelle maintenant des deux Églises se rapproche le plus de la raison, creuset de toutes les opinions dogmatiques et philosophiques ? On envisage le dogme des catholiques, sous le simple rapport de la spéculation, comme une subtilité qui tient plus à l'esprit qu'elle ne tient au cœur ; mais, considéré sous le rapport moral, on en voit d'abord la contradiction et l'absurdité. Il faut alors *agir* d'une façon, et *croire* d'une autre : la raison suivrait deux procédés différens, dont l'un pour l'action et l'autre pour la croyance ; la raison contredirait la raison.

Je me résume. La substance ou le moi, qui se reconnaît identique à lui-même dans tous les temps, sert de base à toutes les modifications. Donc elles en sont produites et ne sauraient produire elles-mêmes ; car le fond sans peinture peut exister, mais non pas la peinture sans fond, quoiqu'une peinture quelconque doive continuellement succéder à une autre peinture. La substance est la cause, la modification est l'effet. Si l'inverse était possible, la cause ne pouvant plus

Des gens qui se complaisent dans l'*absurde*, qui se perdent dans la sublime contemplation de l'*absurde;* qui veulent absolument, pour leur bonheur et leur consolation, qu'une chose soit blanche et noire en même temps ; qui de l'existence de l'*absurde* font dépendre celle de la vérité et de la religion même, ne seront probablement pas de mon avis. J'en suis fâché pour eux ; mais loin de moi toute lâche condescendance pour leurs sottises ou leurs préjugés.

§. 444. Voulant perfectionner des êtres inférieurs, des hommes ignorans ou grossiers, Dieu doit gagner leur pleine confiance. Il ne peut le faire qu'en déployant toute l'étendue de son pouvoir. De là les *miracles*, c'est-à-dire, des faits hors du cours naturel des choses, mais qui ne le dérangent pas; car des miracles contradictoires à la nature sont impossibles.[1]

§. 445. Pour décider que tel miracle particulier est contraire à la nature, il faut avoir embrassé *tous les possibles* dans les combinaisons naturelles : et quand même, par la suite des temps et par une conséquence de notre perfectibilité, tel miracle particulier

---

produire ni par conséquent diriger l'effet, nous serions des machines mues par nos modifications ou nos passions : point de moralité. En appliquant au dogme de la Trinité ces principes de métaphysique, ces lois immuables de toutes les existences, on voit que le Saint-Esprit procède du Père, substance, et non du Fils, modification : croyance avouée par la spéculation, et plus encore par la morale. Ainsi l'Église grecque est triomphante.

[1] Voy. chap. II, §. 42.

deviendrait un fait ordinaire que tout le monde pût exécuter à volonté, cela ne prouverait encore rien contre la divinité de Jésus-Christ; car, pour gagner la pleine confiance d'hommes ignorans et grossiers, il devait opérer des faits extraordinaires, mais naturels, et non pas des faits surnaturels, c'est-à-dire, contradictoires à la nature prise dans le sens le plus illimité, et partant absurdes et impossibles.

Ce n'est donc pas dans tel fait extraordinaire ou dans tel miracle que réside ce caractère divin, mais dans la perfection : le miracle est un moyen, la perfection est l'essence de la divinité. La perfection de Jésus-Christ s'est pleinement manifestée sur la croix. Ainsi l'exégèse, qui donne une explication littérale des livres sacrés; la religion, qui se fonde sur une mission divine suffisamment attestée; et la philosophie, qui vérifie toute croyance au creuset de la raison, peuvent se prêter la main : elles s'accordent parfaitement ensemble.

§. 446. Par une suite du même raisonnement, je soutiens que, si la naissance extraordinaire et la résurrection de Jésus-Christ, qui reposent sur des preuves historiques, en étaient même tout-à-fait dépourvues; si l'on venait à prouver avec la dernière évidence, que Jésus-Christ, physiquement parlant, était fils de Joseph et de Marie, je n'en reconnaîtrais pas moins sa divinité: il n'en serait pas moins pour moi le *fils de Dieu*, ou plutôt *Dieu lui-même* dans toute la réalité possible ; car je n'en verrais pas moins dans ses œuvres la perfection qui manifeste et caractérise la divinité.

Donc ma foi est plus forte que celle des personnes qui, sans miracles et sans témoignages, ne croient à rien.

§. 447. Mais n'est-ce pas là le plus grand des paradoxes, la plus revoltante des absurdités? Dieu engendré par Joseph, mis au monde par Marie! Je vais me justifier.

Si tout ce qui existe dans la nature est principe éternel, étendu, mais indivisible, doué d'intelligence, de sentiment, de volonté et d'activité spontanée [1]; si les principes se combinent par une suite de leur nature et par la volonté d'un tiers ; si Dieu lui-même, quoique suprème intelligence, est pourtant un pareil principe, puisqu'il se manifeste *tel* dans ses œuvres ; si notre corps est un composé de ces mêmes principes, et si notre moi, notre ame est à notre corps ce que Dieu est à l'univers [2]; si Dieu, comme existence, doit occuper une place [3]; si nulle place, nul séjour n'est au-dessous de lui, dès qu'il s'agit du bonheur d'un être, et s'il est même ridicule de supposer que telle place ou tel séjour est plus ou moins honorable ou vil aux yeux de Dieu, comme ils le sont aux yeux des hommes ; si l'étendue bornée peut contenir et contient en effet une intelligence infinie; si les principes développent leurs propriétés mutuelles sans rien se communiquer réciproquement (car, indivisibles, ils restent toujours ce qu'ils sont, toujours

---

[1] Voy. le §. 329, ou plutôt tout le chap. XVIII.
[2] Voy. chap. XIX, §§. 360 et 361.
[3] Voy. chap. II, §. 42.

les mêmes) : si tout cela est vrai, démontré, certain, irrécusable, pourquoi le principe divin ne se serait-il pas uni aux principes composant le corps de Joseph et de Marie ? Je ne vois dans cet acte rien d'absurde, rien d'indigne de la divinité. Ceux qui mesurent l'intelligence comme les arpenteurs mesurent les terres, et qui mettent le savoir et la dignité dans l'espace qu'ils occupent ; ceux qui, sur de pareilles pauvretés, jugent de l'Intelligence suprême ; ceux-là, véritables anthropomorphistes, dénaturent la divinité : ils sont de vrais idolâtres.

§. 448. Mais du possible au réel la distance est infinie ; il ne suffit pas de prouver l'un, il faut encore prouver l'autre : il ne suffit pas d'avancer que l'esprit divin peut avoir séjourné dans le corps de Joseph et celui de Marie, il faudrait démontrer que la chose a *véritablement existé.* — Je réponds que cette dernière preuve, comme je l'ai déjà montré[1], serait dans le *fait de la perfection.* Détruisez ce fait, et vous aurez détruit, non la *possibilité*, mais la *réalité* de tout ce que je viens de dire dans ce chapitre.

§. 449. Dès qu'il est permis d'établir une faible analogie entre Dieu, suprême intelligence, et d'autres intelligences inférieures, il est raisonnable de supposer qu'à l'exemple d'un bon Souverain ou d'un père tendre, il est sensible aux plaisirs comme aux peines de ses sujets ou de ses enfans ; qu'il aime à remplir leurs vœux

---

[1] Voy. §. 445.

légitimes, qu'il arrête avec complaisance ses regards sur la vertu, et les détourne du vice ; que les lieux où il est adoré, lui sont particulièrement agréables : de là les prières, l'invocation et l'intercession des Saints, les temples ; en un mot, tout ce qui constitue le culte religieux.

§. 450. Souvent, après les plus fortes preuves, car telle est notre distraction ou notre inconséquence, on revient aux mêmes objections. On renouvellera peut-être encore celle-ci : que l'homme lui-même, par ses propres forces, peut s'élever au *plus haut point de perfection possible*. Mais on ne fait pas attention qu'un pareil effort serait le plus grand des miracles. La brute s'éleverait donc à la condition de l'homme, et l'homme à celle de Dieu !

Toutefois j'en admets un moment la possibilité. L'homme, au plus haut point de perfection, aurait divinisé sa nature ; il serait une divinité : il mériterait des temples et des autels.

Donc, de quelque manière que vous envisagiez les choses, Dieu daignant s'abaisser jusqu'à l'homme, ou l'homme s'élevant jusqu'à Dieu, j'y vois toujours un mélange de la nature divine et de la nature humaine ; la divinité est toujours là : IL FAUT L'ADORER.

CHAPITRE XXIII.

Conclusion.

§. 451. Le résultat de mes recherches m'inspire une satisfaction calme, touchante et profonde. J'ai puisé dans moi-même le principe et la mesure de mes connaissances, la règle de mes devoirs, la certitude de ma destination.

§. 452. En examinant les opérations de mes facultés, j'ai observé des vérités de fait primitives; en les généralisant par le développement de l'identité, source de toute évidence, ou plutôt évidence elle-même, je les ai converties en principes, et de conséquence en conséquence je suis parvenu à toutes les autres vérités.

§. 453. Par le contact du moi avec ce qui n'est pas moi, j'ai reconnu intuitivement mon existence, celle des autres êtres et de Dieu lui-même[1]. J'ignore quelle est leur nature, je veux dire *toutes les propriétés qu'ils renferment;* mais celles que j'ai découvertes, n'en sont pas moins réelles, certaines, immuables : chaque jour, chaque nouveau mode d'existence peut ajouter à ces découvertes. Qui prétendrait assigner un terme aux progrès de l'homme dans le vaste champ de la science? De là ses hautes destinées.

---

[1] Voy. chap. XVII, §. 287.

§. 454. Mais ce qu'il m'importe essentiellement de connaître d'abord, mes devoirs et mon destin, j'en ai la connaissance réelle, absolue et relative : *réelle*, puisqu'elle est directement puisée dans le moi, la plus grande de toutes les réalités ; *absolue*, puisqu'elle est fondée sur des principes universels et communs à tous les êtres intelligens ; *relative*, puisqu'elle convient parfaitement au mode de mon existence actuelle. C'est tout ce qu'il me faut.

§. 455. S'il restait quelque doute sur ces résultats, chacun pourrait les vérifier soi-même. Le physicien ne s'arrête pas à *prouver* une expérience ; il la fait. De même le philosophe, au lieu de s'amuser à prouver les vérités primitives, dit à l'incrédule : Rentrez en vous-même, et vous les trouverez ; ensuite il vous sera facile d'en déduire toutes les autres.

§. 456. Le système que je viens d'esquisser, diffère de tous les systèmes de métaphysique existans. Ce n'est ni le *matérialisme*, ni le *spiritualisme;* car, dans la nature des choses, on n'admet aucune distinction substantielle. Ce n'est pas *l'idéalisme :* il exclut l'existence des objets, qu'on proclame formellement ici. Ce n'est pas le *dogmatisme :* aucune assertion gratuite n'est avancée. Ce n'est pas *l'athéisme :* Dieu est reconnu. Ce n'est pas le *scepticisme;* car le doute ne tombe ni sur l'existence des choses, ni même sur leurs propriétés. Ce n'est pas le *platonisme :* non-seulement la préexistence du moi ou de l'ame est reconnue, mais encore son existence éternelle ; elle n'est point une émanation de la divinité et ne rentre point dans son sein, mais elle existe par elle-même de toute éternité. Ce n'est pas le *leibnitzianisme* : les monades sont simples, inétendues; les élémens, au contraire, sont étendus, mais indivisibles. Ce n'est pas le *spinosisme* : Dieu est distinct de la nature, mais il en est l'ame ; il est à l'univers ce que le moi est au corps humain. Ce n'est pas le *déterminisme* : la liberté du moi est prouvée par l'activité primitive, et même par le choix des occasions. Enfin, ce n'est pas le *criticisme*, dont le système actuel diffère dans l'ensemble et les détails, au point d'en être la réfutation formelle, bonne ou mauvaise.

§. 457. Quant à la morale, il s'éloigne autant du *rigorisme* que du *sensualisme*. Pour poser la règle de sa conduite, l'homme ne doit plus consulter uniquement son bien-être, ni même ses affections les plus nobles : il doit consulter encore le devoir austère, inflexible, qui n'écoute rien, devant lequel tout doit plier. Mais cette rigidité de principes ne l'empêche pas de prendre le *bonheur* pour but de ses actions, et de considérer la *vertu* comme un des moyens d'y parvenir ; elle ne l'empêche pas de goûter tous les plaisirs, dès qu'ils sont innocens, dès qu'ils s'accordent avec les devoirs.

C'est donc un *éclecticisme*, et c'est peut-être quelque chose de plus.

§. 458. Au reste, il est assez indifférent que le système exposé soit plus ou moins nouveau, pourvu qu'il soit propre à relever la dignité de l'homme. Ce grand objet est rempli. L'homme n'est plus un esclave créé, qu'un mot a tiré du néant, qu'un autre mot peut y faire rentrer : liberté, indépendance, éternité, voilà ses attributs. Élevé, pour ainsi dire, au rang d'une divinité, il se présente devant Dieu, son juge suprême, pour être absous ou condamné, récompensé ou puni, selon une loi commune à tous les deux, puisque l'intelligence est commune à tous les êtres raisonnables.

FIN DES ESSAIS PHILOSOPHIQUES.

OBSERVATIONS SUR LE BEAU.

---

*Tibi suaves dædala tellus
Summittit flores; tibi rident æquora ponti,
Placatumque nitet diffuso lumine cœlum.*
Lucret.

OBSERVATIONS SUR LE BEAU.

§. 1. Dès que le moi se reconnaît, il éprouve de l'amour pour lui-même, et particulièrement pour son existence.

§. 2. Il la sent aux modifications internes et externes, produites par sa propre pensée et par son contact avec les objets.

§. 3. Les modifications externes sont à leur tour produites, soit par les parties intérieures du corps humain, en vertu de leur liaison intime avec le moi ou l'ame, soit par les objets proprement dits.

§. 4. Les modifications, en général, sont agréables ou désagréables. Les premières constituent le BEAU. Il s'agit de savoir ce qu'il est en lui-même, ce qui cause les modifications agréables; je veux dire, qu'il faut indiquer, développer et généraliser les phénomènes primitifs qui le font naître.

§. 5. Le moi, en réfléchissant sur son existence, trouve qu'elle est un fait inexplicable en lui-même, au-delà duquel il est impossible de remonter; mais un fait constant, irrécusable, un fait absolument contraire au néant. Le moi, existant par lui-même, est donc *un*, indivisible, indestructible : de là l'unité élémentaire[1]. L'esprit de l'homme s'y arrête ; c'est le dernier terme de ses opérations. Son amour s'y complaît ; c'est le gage de son existence.

§. 6. De cette unité sublime découlent les plus nobles contemplations sur l'immortalité, l'éternité, la dignité de notre être, etc. Elles excitent en nous un sentiment d'élévation et d'enthousiasme : c'est le *beau intellectuel*.

§. 7. Cette unité, nous la voulons dans tous nos ouvrages : unité dans les sciences, comme dans les belles-lettres et les arts. On part d'un principe, on en déduit tous les autres par des conséquences, on en tire les résultats ; on remonte ensuite au principe unique et fondamental, d'où jaillissent tous les autres comme d'une source abondante et féconde. On écrit un poëme, une tragédie, un roman ; on fait une statue, un tableau ; on élève un édifice : toutes les parties de ces ouvrages, quelque nombreuses et variées qu'elles soient d'ailleurs, doivent tendre vers cette unité qui constitue *l'ordre intellectuel*.

§. 8. Ce qui est *un*, c'est-à-dire, indivisible, in-

---

[1] Qu'on veuille bien se rappeler le raisonnement que j'ai fait ailleurs : ce qui est, est. Pour supposer que ce qui est n'a pas été ou ne sera pas, il faut supposer un instant de contradiction dans le passé, le présent ou l'avenir ; un instant où ce qui est n'est pas, c'est-à-dire, la conversion de l'être dans le néant : ce qui serait la plus grande absurdité. Donc ce qui est, a été et sera toujours. (Voy. chap. XVIII.)

destructible, existant par lui-même, est essentiellement libre et indépendant. Tout ce qui entrave la liberté et l'indépendance, contrarie cette unité; et l'effort que l'on fait pour la rétablir, soit dans ses pensées, soit dans ses actions, soit dans le rapport respectif des unes avec les autres, constitue *le beau moral :* il produit les idées de droit, d'obligation, de devoir; il excite également un sentiment d'élévation et d'enthousiasme. La conformité de la raison avec les actions constitue *l'ordre moral* en général, et en particulier l'ordre politique, le civil, le religieux, etc., lesquels dérivent du premier, comme espèces du genre qui les embrasse.

§. 9. Si l'effort produit le beau moral, l'expansion indéfinie des sentimens affectueux produit le *beau sentimental :* c'est le moi humain étendu sur toute l'humanité, sur toute la nature ; c'est l'unité d'affection.

§. 10. La différence essentielle entre la morale et le sentiment, c'est que la beauté de l'une est d'autant plus grande que l'effort est plus pénible, tandis que celle de l'autre n'est grande qu'en raison du peu d'effort qu'il a coûté : ou, pour mieux dire, le beau sentimental exclut toute espèce d'effort ; ses épanchemens doivent être libres, involontaires, indéfinis.

§. 11. Par une conséquence de cette expansion du sentiment, qui tire son origine de l'amour qu'éprouve le moi pour lui-même, l'objet avec lequel il a le plus de cohésion, le plus d'intimité, est celui qu'il affectionne le plus, indépendamment de toute idée de perfection, dont je parlerai bientôt. Ce ne pourra être que son *corps* ou, en d'autres termes, son *moi objectif;* et toutes les propriétés qu'il reconnaît en celui-ci, il se plaît à les retrouver dans d'autres êtres et d'autres objets. De là vient qu'on aime sa famille plus que ses concitoyens, ses concitoyens plus que les autres hommes, les autres hommes plus que les animaux, les animaux plus que les plantes, les plantes plus que les choses prétendues inanimées.

§. 12. Ce n'est pas que, frappé de quelque belle ou mauvaise qualité qui prédomine, on ne puisse aimer certaines plantes plus que certains animaux, et ces derniers plus que certains hommes difformes ou méchans ; mais, à beauté égale, le sentiment suivra l'analogie : un beau chien, par exemple, intéressera plus qu'une belle fleur ; celle-ci ne flatte que l'œil et l'odorat, celui-là plaît à l'œil et touche le cœur.

§. 13. Condition indispensable de toute beauté intellectuelle, morale et sentimentale, l'unité l'est encore de toute *beauté physique*, de tout ce que nous éprouvons d'agréable dans notre contact avec les objets.

§. 14. Je dis la *condition*, et non la *cause;* parce que la cause du plaisir ou de la douleur que me fait éprouver un objet, est dans l'amour ou l'aversion que je sens pour lui, en vertu de nos propriétés respectives : mais la *condition* de l'unité n'en est pas moins indispensable ; car nous ne pouvons connaître l'objet, ni par conséquent l'aimer ou l'abhorrer, s'il n'est *un*, distinct de tous les autres. Ce n'est pas que toute unité soit agréable ; mais, sans unité, point d'agrément. Elle est donc le genre ; le plaisir et la peine en sont les deux espèces principales.

§. 15. Les sensations, en général, nous donnent les premières notions de la diversité ; ce sont elles qui nous instruisent si un objet est rouge, blanc, dur, odoriférant, etc. ; et les sensations agréables en particulier sont les élémens qui, combinés de mille et mille manières, produisent le *beau physique* dans toute sa variété.

§. 16. Je dis les sensations *agréables*, sans en exclure aucun genre, aucune espèce, parce que je crois que tous les sens doivent être admis à l'honneur d'exprimer le beau. Si tous peuvent procurer des sensations agréables, tous peuvent aussi servir à l'expression du sentiment.

§. 17. Quiconque a serré la main à sa maîtresse, cueilli un baiser amoureux sur ses lèvres humides, senti sa douce haleine, goûté du vin présenté par elle, décidera si tous les sens, ou seulement quelques-uns, doivent être considérés comme organes du beau.[1]

---

[1] « En approchant du bosquet, j'aperçus, non sans une émotion
« secrète, vos signes d'intelligence, vos sourires mutuels, et le colo-
« ris de tes joues prendre un nouvel éclat. En y entrant, je vis avec
« surprise ta cousine s'approcher de moi, et d'un air plaisamment

§. 18. Si on ne peut rendre raison ni de l'existence ni de la nature des élémens physiques du beau, parce qu'ils sont des élémens, des faits primitifs, on peut du moins, je le pense, rendre raison des divers effets que produisent leurs diverses combinaisons.

§. 19. Pourquoi le corps humain, abstraction faite du sentiment qui s'attache plus ou moins à tout ce qui tient plus ou moins à nous-mêmes, nous plaît-il plus que tous les autres corps? C'est que, par son organisation interne et externe, il sert au développement des facultés de l'être pensant, du principe doué d'intelligence, de sentiment et de volonté : il en est l'organe. Comment ne pas se plaire dans un objet qui remplit de si nobles fonctions?

« suppliant me demander un baiser. Sans rien comprendre à ce
« mystère, j'embrassai cette charmante amie ; et tout aimable,
« toute piquante qu'elle est, *je ne connus jamais mieux que les*
« *sensations ne sont rien que ce que le cœur les fait être.* Mais
« que devins-je un moment après, quand je sentis......... la main
« me tremble......... un doux frémissement...... ta bouche de
« roses......... la bouche de Julie......... se poser, se presser
« sur la mienne, et mon corps serré dans tes bras! Non, le feu du
« ciel n'est pas plus vif ni plus prompt que celui qui vint à l'instant
« m'embraser. *Toutes les parties de moi-même se rassemblèrent*
« *sous ce toucher délicieux.* Le feu s'exhalait avec nos soupirs de
« nos lèvres brûlantes, et mon cœur se mourait sous le poids de la
« volupté .... quand tout-à-coup je te vis pâlir, fermer tes
« beaux yeux, t'appuyer sur ta cousine et tomber en défaillance.
« Ainsi la frayeur éteignit le plaisir, et mon bonheur ne fut qu'un
« éclair." (Nouv. Hel., tom. I.er, p. 123.) Voila le toucher qui exprime des sentimens ; et quels sentimens ! Jamais la sensibilité et l'éloquence ne furent portées plus loin. Quelle profonde metaphysique !

§. 20. En examinant la foule innombrable des corps organisés, nous observons que celui de l'homme est le plus propre à ces développemens ; et parmi les corps humains nous en observons encore qui le sont plus que tous les autres. ‹Ces derniers approchent donc le plus du type de la beauté physique de tous les êtres organisés que nous connaissons.

§. 21. Car, dans l'origine, tous les principes pensans et voulans sont les mêmes; mais ni leurs organes ni l'état présent de leurs progrès intellectuels, provenant de tous les états antérieurs (chap. XII, §. 197), ne sont à beaucoup près les mêmes. Donnez l'organisation humaine à l'animal, je veux dire au principe qui l'anime, il manifestera les mêmes développemens, mais à la longue ; car l'animal, revêtu des organes de l'homme, n'en montrerait pas d'abord l'intelligence, si son ame n'était pas aussi développée que l'était celle de l'homme avant le mode d'existence devenu commun à l'un et à l'autre.

§. 22. Il suffit qu'un être pense et veuille, pour établir l'analogie d'essence qui se trouve entre lui et l'homme. Celui-ci, sans doute, fait des raisonnemens plus nombreux et plus compliqués que les animaux ; mais le raisonnement n'est pas le caractère essentiel de l'être pensant : il n'en montre que la faiblesse. On raisonne, parce qu'on n'aperçoit pas la vérité, mais qu'on la cherche : c'est l'évidence intuitive, base fondamentale et dernier terme de tout raisonnement, c'est elle, dis-je, qui constitue l'être pensant ; plus on voit de choses intuitivement, plus on approche de la perfection intellectuelle. Voilà pourquoi, en parlant de Dieu, l'être le plus parfait, nous ne disons pas qu'il raisonne; mais qu'il voit tout, qu'il embrasse tout d'un coup d'œil. C'est donc de la quantité plus ou moins grande de choses que l'on voit ou que l'on parvient à voir intuitivement, et non de la quantité de raisonnemens que l'on fait; c'est de l'évidence et non de l'argumentation, que dépendent les divers degrés de l'intelligence, sa perfectibilité et son excellence. Et lors même qu'on admettrait une distinction, non d'intensité, mais de nature, entre l'ame de l'homme et celle des animaux, il n'en serait pas moins vrai que le corps le mieux organisé développe le mieux les facultés de l'ame, quels que soient sa nature et son degré de perfectibilité.

§. 23. Dès que nous reconnaissons que les corps les mieux organisés, les plus beaux, sont ceux qui développent *le plus et le mieux* nos facultés, tous les signes qui annonceront le plus de perfection sous ce rapport, le premier de tous, ne manqueront jamais à nos yeux d'agrément et de beauté, sous quelque aspect qu'ils se présentent. Oserai-je ici hasarder une conjecture? Je crois que si, par un renversement des principes de notre organisation, les mêmes signes qui caractérisent la vieillesse, c'est-à-dire un faible développement, indiquaient au contraire le jeune âge dans sa plus grande vigueur; quelque hideux qu'ils nous paraissent maintenant, loin de l'être alors, ils n'auraient pour nous que des attraits et des charmes. Ce prestige serait opéré par l'idée d'un organe plus parfait, et s'évanouirait avec elle.

§. 24. L'action et la réaction du moi sur le corps, et réciproquement, se font avec la plus grande facilité et la plus grande promptitude, vu leur liaison intime. Je veux, et mon bras se meut; mon bras est touché, et je le sens à l'instant. Dans cette intimité, l'homme ne peut pas toujours distinguer ce qui appartient à l'ame de ce qui appartient au corps, parce que cela demanderait une attention non interrompue, dont il est incapable; il confond ensemble l'ame et le corps, il les identifie dans sa pensée comme dans son amour : le corps devient un autre lui-même, son *moi objectif*, dont il a déjà été fait mention dans le beau sentimental.

§. 25. Cette espèce d'identification opérée, les objets qui plairont le plus à l'homme, seront ceux qui, en agissant sur ses organes, développeront le mieux ses diverses affections par l'analogie, la conformité et le contraste.

§. 26. Sans l'analogie, c'est-à-dire, sans l'identité reproduite en d'autres circonstances et sous d'autres rapports, l'homme ne verrait autour de lui que des êtres d'une nature tout autre que la sienne, n'ayant aucun trait de ressemblance avec lui, ni dans l'ame ni dans le corps : il ne pourrait se plaire en eux. Que dis-je? il ne les reconnaîtrait pas même; car deux êtres d'une nature *totalement* différente ne pourraient avoir aucun point de contact, ni se communiquer leurs propriétés respectives.

§. 27. Sans la conformité, cette communication n'est jamais que très-imparfaite ; il n'y a qu'un échange très-imparfait de sensations, de pensées, de sentimens : l'homme ne peut se faire entendre aux animaux comme à l'homme, son semblable, conformé comme lui ; il ne le peut absolument point à l'égard des plantes, car sa conformité avec celles-ci est encore bien moindre.

§. 28. Enfin, sans le contraste, les objets pourraient à la vérité manifester leurs propriétés respectives ; mais ils ne le feraient pas avec la même vivacité et la même énergie. Deux corps également durs ne sentiraient dans leur choc que de la dureté, de la résistance ; mais, que l'un soit moins dur ou plus dur que l'autre, il aura une foule de sensations différentes de solidité, d'élasticité, de mollesse, de finesse, etc. La blancheur ne saurait être relevée par la blancheur, mais bien par une couleur différente et surtout opposée, comme la noire.

§. 29. Si donc la femme est ce qu'il y a de plus beau, de plus enchanteur pour l'homme dans toute la nature, c'est qu'elle développe le mieux ses facultés par l'analogie, la conformité et le contraste. Mais ce n'est ici que la *beauté relative* du physique : car la beauté absolue appartient, non à l'objet qui développe le mieux les propriétés d'un autre objet composé, organisé; mais à celui qui développe le mieux les facultés du principe indivisible, lequel sent, pense et veut par lui-même, en un mot, de l'ame ou du moi [1]. Or le corps de l'homme est le mieux constitué pour remplir cette fonction, la plus haute et la plus importante de toutes. Le corps de l'homme est donc plus beau que celui de la femme, parce qu'il réunit mieux la beauté absolue et relative. Aussi est-ce dans le sexe masculin que se trouvent les génies les plus vastes et les plus élevés.

§. 30. Je prévois ici des objections. Un homme laid et difforme peut être un profond penseur; la bêtise est la compagne ordinaire de la beauté. Combien de femmes avec plus d'esprit et de génie que des hommes! De tous les animaux, le singe a le plus de conformité avec l'homme; et c'est le plus hideux. O fureur des systèmes!

---

[1] Sans cette distinction, tous les animaux auraient les mêmes titres que l'homme à la beauté; mais le peu de progrès qu'ils font, atteste suffisamment l'infériorité de leur organisation. Pour un crapaud rien n'est si beau que la grenouille, disait Voltaire. Il voulait faire sentir, si je ne me trompe, que le beau est toujours relatif et jamais absolu. Mais il me semble qu'il est l'un et l'autre à la fois : absolu, en tant qu'il est le produit de l'organisation la plus favorable au développement de l'être pensant; relatif, en tant qu'il est le produit de l'organisation la plus convenable au développement d'un objet composé. Un lion convient mieux à une lionne que l'homme : il est cependant moins beau que lui dans le sens absolu, quoiqu'il le soit davantage dans le sens relatif, c'est-à-dire, aux yeux de la lionne.

§. 31. Je réponds qu'il ne s'agit pas ici de tel ou tel individu, homme ou femme en particulier, mais du sexe et de l'espèce en général : qu'il ne s'agit pas du développement d'une seule faculté ou de quelques-unes prédominant sur toutes les autres, et s'exerçant même à leurs dépens ; mais du développement général de toutes les facultés qui, loin de s'entraver les unes les autres, se prêtent un secours mutuel et se trouvent dans un équilibre parfait : qu'enfin il ne s'agit pas de soutenir qu'un objet qui a le plus de conformité avec nous, ne puisse avoir des qualités rebutantes, que cette conformité même fera ressortir davantage.

§. 32. Or, trouvez-vous parmi les femmes un Homère, un Socrate, un Platon, un Aristote, un Virgile, un Cicéron, un Racine, un Molière, un Locke, un Neuton, un Leibnitz ? Et, s'il est reconnu que certains états morbifiques sont plus propres à la culture des sciences spéculatives que l'état de parfaite santé, pensez-vous qu'ils le soient de même aux développemens moraux et physiques ? Un illustre savant est rarement un illustre capitaine, et *vice versa*. Qui ne voudrait céder du superflu pour avoir le nécessaire ? Avec moins de science, on serait plus propre à d'autres travaux. Donc un homme capable de développer toutes les facultés est supérieur à celui qui n'en peut développer que quelques-unes, même dans un degré très-éminent : l'un est dans la plénitude de son existence et de son énergie ; l'autre n'en connaît qu'une partie, il est mort pour le reste.

§. 33. Cette plénitude du moi exige un organe, un instrument, un corps parfait sous tous les rapports, et cette perfection exige à son tour une organisation, c'est-à-dire, un arrangement, un rapport, un concours de toutes les parties vers un seul et même but, qui est le meilleur développement de toutes nos facultés; et c'est ce qui constitue, comme je l'ai déjà fait observer, la beauté physique objective.

§. 34. J'ai dit ailleurs que le corps est à l'ame ce que le télescope est à l'œil. Faites un changement essentiel à un télescope parfait, et vous ne verrez plus aussi bien; faites un changement essentiel à un corps parfaitement organisé, et l'ame à coup sûr n'exercera plus aussi bien toutes les facultés : la différence d'activité sera proportionnée au changement.

§. 35. Qu'importe, dira-t-on, à l'exercice des facultés un nez un peu plus grand ou un peu plus petit? Je conviens que cela n'importe guère. Il se peut qu'il y ait dans le corps humain des détails, des accessoires indifférens ou presque indifférens [1]; que, par exemple, un nez à la grecque ou à la romaine soit également favorable à l'organisation : mais si un nez *trop grand* ou *trop petit* nuisait à la respiration, ne renvoyait pas

---

[1] Je dis PRESQUE INDIFFÉRENS ; car je ne pense pas qu'ils le soient à la lettre. Les formes extérieures tiennent aux parties intérieures, et celles-ci aboutissent par des fibres au cerveau, siége principal de l'ame ou de l'être pensant. Donc un changement dans les formes extérieures doit en occasioner un, favorable ou contraire, dans toutes les parties correspondantes de l'intérieur.

au cerveau, et celui-ci à l'ame, des sensations d'odeurs bien vives et bien distinctes, il s'ensuivrait qu'entre ces deux extrêmes il y aurait, pour la grandeur et la petitesse du nez, un point ou terme moyen le plus favorable à l'acquisition de cette espèce de connaissance. Or, ce point constitue la beauté du nez. Il est sans doute difficile et presque impossible de le déterminer avec la précision la plus rigoureuse ; mais il doit exister, et l'expérience guide dans cette recherche, comme dans toutes les autres, avec plus ou moins de succès. L'homme dont l'odorat, à parité d'exercice et de circonstances, sera le plus fin et le plus subtil, doit être pris pour modèle à l'égard du nez, comme celui dont la vue sera la plus étendue et la plus juste doit l'être pour l'œil, etc. Ainsi la beauté physique aurait des principes universels, qui ne dépendraient plus du caprice ni du pouvoir arbitraire des passions.

§. 36. On pourrait objecter ici que, certains animaux ayant les sens plus parfaits que l'homme, témoin la vue de l'aigle, l'odorat du chien, etc., il faudrait, selon moi, pour avoir un être supérieurement organisé, réunir en un seul et même sujet les divers organes de ces animaux. Je réponds que, loin d'avoir un corps bien organisé, on n'aurait qu'un monstre, qui ne pourrait pas faire usage de ses membres, ou qui ne s'en servirait que d'une manière très-imparfaite, parce que, malgré la bonté de chacun des organes en particulier, ils ne se prêteraient pas un secours mutuel : nul rapport, nulle proportion, nulle connexion ; l'ensemble serait vicieux, et les détails parfaits : *défaut d'unité,* défaut essentiel, que rien ne peut compenser.

§. 37. C'est dans l'homme, et seulement dans l'homme, qu'il faut donc chercher les organes les mieux constitués, parce que leur réunion dans un seul et même sujet, loin de nuire à l'ensemble, lui donnerait plus de force, d'énergie et de facilité.

§. 38. Quant à l'exemple du singe[1], j'observerai

---

[1] « L'éloquent historien de la nature nous représente les singes
« comme des étourdis, des extravagans, des espèces de maniaques,
« et n'hésite pas à placer au-dessus d'eux le sage et grave éléphant,
« dont l'énorme masse, lourde et informe, diffère si prodigieuse-
« ment des belles proportions du corps de l'homme. Mais, si l'on
« compare ce qu'il a vu lui-même d'un orang-outang qu'on montrait
« à Paris, avec ce qu'il raconte de l'éléphant, je crois qu'on aura
« peine à refuser au singe la première place, que sa grande ressem-
« blance avec l'homme semble réclamer. Nous n'avons pas l'anato-
« mie la plus exacte du cerveau des deux animaux; mais, si toutes
« les parties, tant extérieures qu'intérieures, d'un animal sont en
« rapport, il y a lieu de présumer que l'organisation du cerveau de
« l'orang-outang se rapproche plus de l'organisation du cerveau de
« l'homme, que celle du cerveau de tout autre animal. Il faut pour-
« tant que le cerveau de l'orang-outang diffère par quelque chose de
« très-essentiel de celui de l'homme, puisque l'orang-outang ne parle
« point, quoiqu'il ait tous les organes de la voix de l'homme. Je
« n'entends pas ici par l'action de parler, la simple capacité de pro-
« férer des sons articulés : le perroquet, placé bien au-dessous du
« singe, profère de tels sons et n'en parle pas davantage ; mais
« j'entends par la faculté de parler, celle de lier à des sons articulés
« les idées que ces sons représentent. Combien il serait à désirer,
« pour le perfectionnement de nos connaissances psychologiques, que
« l'anatomiste et le philosophe pussent travailler sur l'orang-outang
« autant qu'ils ont travaillé sur l'homme ou sur les animaux domes-
« tiques ! »
(Œuvres de Bonnet, tom. VII, p. 183.)

que de tous les animaux c'est le plus intelligent, parce qu'il a le plus de conformité avec l'homme. Son corps est donc mieux organisé et plus parfait que celui des autres animaux ; mais il nous plaît moins, ou plutôt il nous déplaît, par la même raison que nous déplaisent, parmi les hommes, ceux dont nous sentons plus vivement les défauts physiques, à mesure qu'ils ont une plus grande conformité avec nous. Il nous déplaît encore, parce qu'il nous inspire une espèce de crainte, et qu'il n'a pas, comme d'autres animaux, quelque belle qualité physique ou morale prédominante, qui fasse oublier l'imperfection générale de ses organes. Un cheval est plus beau que lui ; mais il l'est aussi plus qu'un homme laid et difforme. Cependant un homme et un singe difformes peuvent exécuter mille choses que le cheval le plus beau ne saurait exécuter. Ainsi l'instrument dont ils se servent, c'est-à-dire, leur corps, est plus parfait dans l'ensemble, quoiqu'il ne le soit pas dans quelques détails que nous offre le cheval. D'ailleurs, les imperfections de celui-ci nous sont moins sensibles par la raison inverse qui fait que celles du singe le sont davantage : le cheval a moins de conformité avec nous que le singe.

§. 39. Enfin la prétendue fureur des systèmes n'est au fond que la tendance irrésistible et légitime de l'esprit humain vers un ensemble de découvertes acquises par l'expérience, enchaînées les unes aux autres, et remontant vers un principe unique et fondamental, vers l'unité, élément du beau intellectuel. Donc la difficulté d'un bon système ne prouve rien contre les systèmes mêmes : il faut la vaincre ou se condamner à ramper dans l'*empirisme*, sans pouvoir en sortir, sans pouvoir convertir les faits isolés en règles générales ; ce qui conduit droit au *matérialisme* et à ses funestes conséquences sur les dispositions morales. Revenons à notre sujet.

§. 40. Le corps humain plaît à notre raison, comme l'organe le plus parfait que nous connaissions. Par sa liaison intime avec l'ame, il plaît à notre sentiment, comme un autre nous-même. Il est donc naturel que, partout où nous en retrouvons l'analogie, elle nous soit infiniment agréable. Ainsi la *manière dont l'unité est établie* dans notre corps, nous aimerons à la retrouver dans nos ouvrages d'invention et d'imitation. De là cette *symétrie*, ou la distribution particulière des parties ; ces *proportions*, ou leurs rapports respectifs ; cette *ressemblance* parfaite, ou leur exacte copie ; cette *convenance*, ou leur concours vers un seul but ; ce caractère qu'elles doivent avoir, à l'instar de la physionomie humaine, c'est-à-dire, l'expression particulière de la pensée et du sentiment ; enfin cette *unité dans la variété* ou *l'ordre physique* : autant d'élémens du *beau mixte*, essentiels et indispensables à sa formation, comme à sa reproduction. Voilà pourquoi les parties simples seront toujours placées au milieu des parties doubles, quelque variées qu'elles soient d'ailleurs ; voilà pourquoi elles auront certaines mesures, produiront certaines sensations et réveilleront certains sentimens, conformes à l'objet qu'on se propose. Le dessin, le coloris et l'ordonnance ne sont que des modifications spéciales des élémens que l'on vient d'indiquer.[1]

---

[1] Unité, symétrie, proportions, etc. Voilà de l'abstrait, dira-t-on: il ne donne pas une connaissance plus positive de la beauté que la notion spécifique de l'homme n'en donne de Pierre ou de Jacques. Or, une notion hors du sujet dont elle est abstraite n'a point de valeur objective; elle n'est rien. On voudrait des règles précises sur le beau, des moyens sûrs et constans de le reproduire à volonté; et vous n'en donnez que des notions vagues et générales, des abstractions équivalentes *ici* à des chimères.

Voici ma réponse. Si l'on a bien saisi ce qui a été dit plus haut, on trouvera cette objection plus spécieuse que fondée. Observez parmi les corps organisés celui qui sert le mieux au développement de toutes les facultés; faites-en la description bien exacte, bien détaillée; et vous aurez à la fois le modèle et les règles de la beauté physique *absolue* : vous direz, par exemple, que la tête doit être divisée en trois parties égales, etc. Faites le portrait de votre maîtresse; et vous aurez le modèle de la beauté physique *relative*, qui ne produira d'effet que sur vous, et sur d'autres qui verront et sentiront comme vous. — Pour raisonner sur la foule innombrable d'objets épars dont nous sommes environnés, il faut commencer par y mettre de l'ordre, c'est-à-dire, les classer par espèces et genres, après avoir observé ce qu'ils ont de commun et de différent. Sans cette opération préliminaire, nul raisonnement n'est possible : on n'a que des sensations, qu'il est impossible de convertir en principes. (Voyez chap. VII.)

En appliquant ces remarques au beau, l'on verra que, sans notions générales et même universelles, obtenues par la voie de l'abstraction, il est impossible de le reproduire. En effet, comment un peintre qui n'aurait que de simples sensations et ne pourrait s'elever à des notions générales, vous peindrait-il un bel homme qui ne fût ni Pierre, ni Jacques, ni aucun individu connu? Comment vous

§. 41. Ici je me permets encore une conjecture. Si la manière dont l'unité est à présent établie dans notre corps, était toute différente, elle ne nous en plairait pas moins. Que les yeux, par exemple, au lieu d'occuper les côtés, soient l'un au-dessus de l'autre, et que le nez, au lieu de se trouver au milieu, soit à côté ou bien au-dessous des yeux ; pourvu que ce changement total ne nuise pas à l'exercice des facultés, ou que du moins nous n'en sentions pas les entraves, les règles de la symétrie et de la proportion, tout-à-fait différentes, se conformeraient à cette nouvelle ordonnance des parties.

§. 42. Cependant il ne faut pas croire que l'*ordre physique* ne puisse être observé que dans les choses régulièrement distribuées ; il peut aussi l'être dans les choses qui le sont irrégulièrement. Si dans un jardin régulier, par exemple, on est choqué de voir au milieu d'une allée la moindre sinuosité, on ne l'est pas

---

ferait-il un paysage délicieux, qui ne fût ni Toksova, ni Mourika, ni aucun autre ? Mais les notions, les idées, les principes, sont à leur tour infructueux, dès qu'on ne sait pas les mettre en œuvre, c'est-à-dire, les particulariser, les individualiser (voy. chap. XIV), unissant ainsi la théorie à l'expérience. L'une vous dit que le corps le mieux organisé est le plus beau ; l'autre vous en montre qui sont plus ou moins beaux. Vous en saisissez par abstraction les plus beaux traits, et vous formez un nouveau tout, encore plus parfait que celui de la nature. Dans les sciences, comme dans les beaux arts, il faut toujours partir de l'expérience pour remonter aux principes les plus généraux, ou bien redescendre des principes à l'expérience : sans l'expérience, les principes sont chimériques ; sans principes, l'expérience est inutile. (Voyez chap. XIV.)

moins, dans un jardin irrégulier, de voir une ligne droite intervenir brusquement au milieu des lignes courbes. Le mélange bien entendu de l'un et de l'autre genre constitue la perfection de l'art des jardins [1]; car c'est alors seulement que l'ordre, l'unité dans la variété se manifestent dans tout leur éclat, dans toute leur étendue. Sans unité, la variété ne serait que confusion; sans variété, l'ordre ne serait qu'uniformité.

§. 43. En général, si l'unité, la variété, l'analogie, la conformité, le contraste, la symétrie, les proportions, la similitude ou l'imitation, la convenance, l'expression, l'ordre ou l'harmonie, les sensations agréables, sont les élémens du beau intellectuel, moral, sentimental et physique; l'intensité particulière de ces élémens, plus ou moins grande, constitue les divers degrés de beauté, dont le plus élevé est le *sublime :* comme l'espèce particulière d'élémens, préférée à toutes les autres, constitue le *goût*, c'est-à-dire,

---

[1] Tous les passages brusques d'un ordre de choses à un autre, lorsqu'ils ne sont pas prescrits par le contraste, c'est-à-dire, par la nécessité de relever l'une par l'autre; tous ces passages, dis-je, indiquant une interruption de la grande règle, l'unité, à laquelle le contraste ne doit jamais s'opposer, ne sauraient produire un effet agréable. Un canal droit qui traverse une prairie où tous les objets sont épars et dispersés, me déplaît ou du moins ne me plaît pas comme une rivière qui la traverse en formant mille détours analogues à la nature du terrain, ainsi qu'à la situation des objets. Mais, à la vue du canal, les idées d'efforts utiles en tout genre se présentent à mon esprit, et détruisent l'effet d'une régularité choquante au milieu de tant d'objets irréguliers qu'elle ne sert nullement à relever.

le beau ou le sublime, qui plaît en particulier à telle personne, à telle nation, dans tel temps, pourvu toutefois que le nombre d'élémens que renferment les goûts divers du même genre, mais d'espèces différentes, soit le même ou bien à peu près le même; car dans la supposition contraire vous n'auriez pas diversité de goût, mais différence du beau, plus ou moins grande, en raison des élémens augmentés ou diminués. Je vais développer ce principe.

§. 44. Pour ce qui regarde les *degrés de la beauté*, j'observe d'abord que les vérités déduites excitent plus l'admiration que les vérités évidentes, quoique celles-ci soient le fondement des autres, parce qu'il faut un plus grand effort de raison pour trouver les premières, tandis que souvent la plus légère attention suffit pour découvrir les secondes, ou pour s'en rendre compte; car elles se jettent d'elles-mêmes aux yeux. Quiconque sacrifie sa personne au bien-être de sa famille, excite plus notre admiration que tel autre qui se bornerait à lui sacrifier sa fortune; mais nous admirons encore plus celui qui s'immole pour son pays. Certaines couleurs, certains sons, certaines saveurs, certaines odeurs, certaines sensations tactiles, nous plaisent plus que d'autres de la même espèce, etc.

§. 45. Il est sans doute difficile et même impossible de déterminer ces degrés avec la précision mathématique : on ne soumet pas au calcul la pensée et le sentiment, comme le nombre et l'étendue; mais cela n'empêche pas de saisir les différences plus ou moins prononcées, et c'est tout ce qu'il faut. Par la même raison, il est impossible de tracer une ligne de démarcation entre le beau et le laid, de fixer le point où finit l'un et où commence l'autre ; cependant on peut le faire avec quelque justesse, et c'est encore tout ce qu'il faut. Ainsi un raisonnement qui, en évitant l'erreur, n'établirait pas encore la vérité et laisserait subsister le doute qu'une réflexion plus mûre et plus soutenue pourrait détruire ; un tel raisonnement, dis-je, se trouverait aux confins de la beauté et de la *laideur intellectuelle*, si je puis me servir de cette expression. Un homme qui n'aurait que la force de se résoudre à triompher de ses passions, sans avoir celle d'exécuter ce noble projet, toucherait aux confins de la vertu et du vice, de la beauté et de la difformité ; tout comme celui qui, se bornant à plaindre l'infortune, sans aller jusqu'à lui tendre une main secourable, se verrait sur les confins du beau sentimental, entre la bienfaisance et l'égoïsme. Enfin, une sensation qui ne ferait ni plaisir ni peine, comme tant de sensations qu'on éprouve chaque jour, indique les confins de la beauté et de la laideur physique.

§. 46. Ensuite, quant au *goût*, j'observerai que l'architecture gothique a des charmes pour quelques individus et pour quelques nations, tandis que d'autres donnent la préférence à l'architecture grecque et italienne, quoique tous ces genres offrent les élémens du beau que nous venons d'indiquer. Ce n'est pas que les amateurs de l'architecture gothique aient moins d'esprit, moins de talens, moins de connaissances ou de sensibilité, que les amateurs de l'architecture grecque ou italienne : ils ne diffèrent entre eux que par le goût, par l'espèce de beauté qu'ils affectionnent le plus.[1]

---

[1] Si l'on compare l'architecture gothique à la grecque, on trouvera, toute prévention mise de côté, qu'elle l'emporte sur celle-ci sous le double rapport de l'expression et de l'illusion. Elle peut exprimer la hardiesse, l'élégance, la majesté, la mélancolie, et surtout la terreur, tandis que l'architecture grecque n'a que la grâce, l'élégance et la majesté : elle n'inspire pas la terreur comme l'autre ; elle ne possède pas, comme l'autre, l'art de faire paraître grand un édifice petit par lui-même : elle fait, au contraire, paraître petit au premier abord un édifice immense en lui-même, parce qu'en doublant et triplant les proportions dans les détails, l'ensemble paraît toujours le même.

Comparée avec l'architecture italienne, la gothique a moins d'avantages sur elle que sur la grecque ; elle en a cependant deux principaux, la solidité et l'illusion. On fait quelquefois, pour plus de solidité, une voûte gothique, que l'on revêt, pour plus de grâce, d'une voûte romaine. En entrant dans l'église de Saint-Pierre à Rome, on se dit : Quoi ! c'est donc là ce temple si fameux par sa grandeur et son étendue ! Qu'a-t-il donc de si merveilleux ? Mais, à mesure qu'on l'examine dans les détails, et qu'on s'approche, par exemple, de l'autel qui, lorsqu'on était à l'entrée de l'édifice, paraissait si petit ou plutôt d'une grandeur ordinaire, la surprise, l'étonnement et l'admiration naissent, augmentent à chaque pas, et parviennent enfin au plus haut degré d'intensité possible ; on se dit : Oui, c'est bien là une des merveilles du monde. C'est du moins l'effet que ce temple a produit sur quelques artistes célèbres qui l'ont visité ; et j'ajoute, sur moi-même, si j'ose me nommer après eux.

Il faut encore remarquer qu'après la renaissance des arts en Europe, l'architecture grecque, introduite dans l'Occident, suspendit les progrès naturels de la gothique, et qu'on se mit à bâtir sur les modèles de la Grèce. Si l'on eût continué de suivre son propre goût, on l'aurait probablement portée à un degré étonnant de perfection et de beauté.

§. 47. Par une suite de cette même variété de goût, la Vénus de Praxitèle ne donnerait pas aux Chinois, non plus qu'à d'autres peuples, l'idée d'une parfaite beauté : ce modèle n'est point pris sur les femmes qui leur plaisent de préférence par des traits, presque indifférens sous le rapport du développement, mais ayant le mérite de la nationalité. Le statuaire ne serait pas plus compris par ces peuples, que le poëte qui leur réciterait de beaux vers grecs ou latins. Néanmoins la beauté est *une;* elle réside dans l'organisation la plus favorable à l'exercice des facultés : mais cette organisation elle-même est accompagnée d'accessoires qui paraissent indifférens, parce que l'effet en est insensible; ils varient à l'infini chez les nations, et surtout dans les individus.

§. 48. Quelquefois aussi l'on est tellement captivé par un des élémens qui constituent le beau, qu'on ne s'aperçoit pas du défaut des autres; et si ce défaut accompagne ordinairement la beauté, il se formera dans notre imagination une telle association d'idées, constante et spontanée, que la beauté ne pourra plus se présenter qu'avec le défaut. Bientôt ils se confondront, ils s'identifieront; le défaut sera même regardé comme indispensable à la beauté, et l'on s'efforcera de l'imiter : ce sera mode [1] chez les peuples civilisés, coutume chez les peuples barbares; le goût se corrompra, et, pour le rectifier, il faudra remonter à l'origine du beau, examiner quelles en sont les con-

---

[1] Ce n'est pas que toute mode soit contraire au goût.

ditions, les espèces et les résultats, et déterminer, autant que possible, le point de convergence et de divergence. C'est pourquoi le beau ne peut être connu que des peuples policés dans toute sa pureté et son étendue. Ainsi, en abandonnant la couleur blanche et la noire au goût de l'Européen et de l'Africain, on exigera de l'un et de l'autre les proportions, comme une condition absolue de leur beauté respective : on ira jusqu'à leur permettre quelques nuances dans les proportions mêmes, sans jamais trop s'écarter du moyen terme.

§. 49. La musique française offre moins un goût, un genre particulier, qu'un essai très-imparfait, parce qu'elle ne possède pas tous les élémens du beau musical, ou qu'elle ne les possède que dans un degré bien inférieur à la musique italienne et allemande : elle n'a ni la mélodie de l'une ni l'harmonie de l'autre. On ne peut donc pas justifier la musique française, en l'attribuant à un goût particulier et national, parce que ses défauts portent sur les élémens mêmes.

§. 50. Les Grecs connaissaient, dit-on, la théorie et par conséquent les effets de l'harmonie; cependant les chœurs étaient à l'unisson. Les Italiens, meilleurs appréciateurs du beau dans la musique, ont adopté la mélopée des Grecs pour la déclamation passionnée, mais non l'unisson de leurs chœurs; et, pour bien sentir la différence des effets des uns et des autres, il faut avoir assisté à la représentation d'Oleg, où le célèbre Sarti a déployé son génie et son érudition.

Donc les Grecs ne possédaient que quelques élémens du beau musical, mais dans un degré supérieur. Les Italiens, qui les ont tous réunis et portés au plus haut degré d'intensité possible, sont les maîtres et les juges du beau en fait de musique. On peut dire avec autant de justesse que de raison : j'ai plus de goût pour la musique de Sarti que pour celle de Paésiello, ce sont deux espèces différentes; mais on ne doit pas dire : j'ai plus de goût pour la musique française que pour l'italienne, parce que celle-ci offre un genre accompli de musique, et que l'autre n'est, comme je l'ai dit, qu'un essai très-imparfait.

§. 51. Les sens sont capables de perfectionnement et de dégradation : on peut donner au tact plus de finesse ou de rudesse, rendre la vue plus forte ou plus faible, le goût plus délicat ou plus grossier, l'odorat plus ou moins subtil, l'ouie plus ou moins fine ou dure, plus ou moins sensible à l'harmonie comme à la mélodie.

§. 52. Mais dès que les sens ou les organes, internes et externes, sont profondément viciés, ou qu'ils ont contracté des habitudes aussi longues que défectueuses, alors ils ne sont plus propres à manifester le beau : on doit les considérer comme des instrumens défectueux, avec lesquels il est impossible ou du moins très-difficile de produire de bons ouvrages.

§. 53. L'organisation physique des Français les rend généralement peu sensibles, vu l'extrême mobilité des sensations qu'ils éprouvent. Aussi chantent-ils plus l'esprit que le sentiment. Ce vice radical, plus que le défaut d'harmonie de leur langue, fait qu'ils n'ont et n'auront jamais ni talent ni goût pour la bonne musique.[1]

§. 54. « Les Turcs préfèrent également ce qu'ils
« appellent leur musique aux productions des Pergo-
« lèze, des Durante, des Mozart, etc. Les Chinois,
« plus civilisés, ou peut-être plus heureusement or-
« ganisés, ont une mélodie agréable et douce. Ils ont
« un instrument appelé l'yo, qui rend des sons en-
« chanteurs, et dont ils se servent dans leurs céré-
« monies religieuses. En Moldavie, le contraste des
« goûts est frappant. Les Bohémiens, sortis d'Égypte,
« répandus en Italie et dans toute l'Europe, sont les
« seuls artistes qui figurent dans les chapelles et les
« tabagies. Leur musique rappelle le style italien ; ils
« ont des modulations qui étonnent les connais-
« seurs, et les *Grecs* préfèrent leur chant au chari-
« vari turc. Quand un *Musulman* vient fumer sa
« pipe dans une tabagie, le ménétrier bohémien
« change de gamme, et commence par se mettre au
« ton des oreilles qui vont l'écouter. On n'entend
« plus que les dissonances les plus choquantes, les
« sons les plus discordans ; en un mot, une musique
« qui certainement causerait des vertiges ou peut-être

---

[1] Voilà pourquoi on applaudit à l'opéra français, lorsque les chanteurs détonnent. Il y a de ces chanteurs qui ne détonnent jamais. C'est que, pour sortir du ton, il faut y être entré.

« quelque chose de pire à un maître de chapelle
« italien, s'il était condamné à tenir compagnie au
« fumeur. Tandis que l'artiste mercénaire ou esclave
« exécute cette psalmodie, dont il souffre lui-même,
« le Turc lui montre continuellement le pouce, qui
« est son signe d'approbation : les larmes sillonnent
« sa barbe ; et après en avoir été bien repu, il jette
« une bourse à son Apollon et sort absorbé dans une
« profonde mélancolie.[1] »

§. 55. C'est donc le beau, dira-t-on, puisqu'il plaît à tel point. Oui ; mais c'est le beau relatif qui, non pas toujours, mais quelquefois, est tellement opposé au beau absolu, au développement du principe sentant, qu'il l'exclut tout-à-fait. Sans doute le même palais, accoutumé à une nourriture désagréable dans l'origine, peut en apprécier plusieurs autres d'une manière aussi sûre que délicate. Mais, s'il a contracté une longue habitude de mets épicés et de boissons fortes, tout ce qui ne le piquera pas aussi vivement lui paraîtra fade et désagréable. De même une oreille, faite aux dissonances, ne sera jamais sensible aux charmes variés de la musique italienne ni de l'allemande ; il n'existera pour elle qu'*une* beauté relative à ses habitudes vicieuses : ce seront les dissonances (si ce n'est pas profaner la beauté, que de leur appliquer ce terme dans la moindre acception), tandis que d'autres oreil-

---

[1] Je dois ces détails plaisans autant que vrais à mon digne ami M. de S........, homme aussi distingué par ses vertus que par ses lumières et ses talens.

les, façonnées à de meilleures habitudes, auront une foule d'élémens du beau musical.

§. 56. Ainsi les Français ont une organisation vicieuse, quant à la musique ; les Chinois en ont une excellente, mais peu perfectionnée par l'art ; et les Turcs auront contracté dès l'enfance l'habitude de ces dissonances qui, dans l'origine, étaient désagréables à leurs oreilles, comme certains mets et certaines boissons (pour me servir du même exemple) commencent par inspirer du dégoût, et finissent par faire passion et fureur. Je dis *dans l'origine;* car des Turcs, élevés dans des pays civilisés, deviennent sensibles aux charmes de la musique : mais les Français ont beau voyager en Italie et s'y former aux beaux-arts, ils reviennent toujours chez eux avec un goût invincible pour les attitudes affectées qu'ils appellent grâces ; pour les expressions, tantôt fines et recherchées, tantôt outrées et fades, *dictées par le sentiment;* pour les vaudevilles et les petits opéra, comme Blaise et Babet, qui ont pour eux une simplicité, une naïveté, un charme inexprimable. Ils sont alors ravis, transportés, enchantés; ils pleurent et montrent leur visage, pour prouver qu'ils ont de la sensibilité ; ils battent la mesure des pieds, des mains et de la tête, pour faire voir qu'ils sentent l'harmonie : c'est qu'avec beaucoup d'esprit et de vivacité ils manquent de sentiment et de véritable énergie ; ici le vice est, non dans l'habitude, mais dans l'organisation.

§. 57. Lorsque tous les élémens du beau, réunis

dans un seul et même sujet, sont poussés au plus haut degré d'intensité possible, c'est *le beau par excellence, le beau le plus parfait.* Rien n'égale l'admiration et l'enthousiasme qu'il inspire aux ames faites pour le goûter. Quiconque a pu voir et connaître E......th, en a l'idée la plus accomplie.

> *Un seul de tes regards écarte les nuages,*
> *Chasse les aquilons, dissipe les orages,*
> *Redonne un air riant à Neptune irrité,*
> *Et répand dans les airs une vive clarté.*
> *Dès le premier beau jour que ton astre ramène,*
> *Les zéphirs font sentir leur amoureuse haleine;*
> *La terre orne son sein de brillantes couleurs,*
> *Et l'air est parfumé du doux esprit des fleurs.*[1]

§. 58. Jusqu'à présent il n'a été question que du beau naturel. Celui de l'art, ou le beau artificiel, a trois caractères distinctifs. L'artiste se contente d'imiter la nature : il rassemble les traits isolés qu'elle offre, pour en former un nouveau tout plus beau que la nature, mais qui s'accorde toujours avec elle : il tire, enfin, ses ouvrages de son propre fonds; il invente, il crée. Mais, observant dans les trois cas les élémens du beau, il excite un sentiment agréable pris dans le sens le plus étendu.

Lorsque je vois le portrait d'une personne charmante, j'admire les traits mêmes et les talens du peintre qui les a rendus. En voyant l'Apollon du Belvédère, j'admire un Dieu sous la forme humaine et l'art qui surpasse la nature. En voyant un palais, un tem-

---

[1] Imitation de mon épigraphe par Hénault.

ple, un souterrain, je n'admire que l'art qui me fait éprouver mille sentimens divers de satisfaction, de respect, de terreur, etc. : la nature disparaît ; elle n'entre pour rien dans mon admiration.

§. 59. Mais d'où vient que certains objets qui nous répugnent dans la nature, imités par l'art, ne laissent pas de nous plaire ? C'est qu'alors nous admirons, non l'objet en lui-même, mais le talent qui l'a su représenter ; ou bien c'est parce que les motifs de crainte et d'aversion que nous avons pour ces objets en nature, n'existant pas dans leurs images artificielles, rien ne nous empêche d'admirer quelques élémens du beau qu'ils peuvent d'ailleurs contenir.

§. 60. Concluons. L'origine, la cause primitive du beau, est l'amour du moi; le résultat ou l'effet du beau est toujours un sentiment agréable, noble et touchant, quelles qu'en soient la nature et l'espèce. Tout ce qui développe plus ou moins cet amour, est plus ou moins beau. Mais ce développement, soit dans les propres modifications du moi, soit dans son contact avec les objets, ne peut s'opérer que par la voie de l'unité, condition indispensable du beau : c'est l'unité qui met un prix à notre existence, un mérite à nos œuvres, un caractère à nos plaisirs. Seule, elle donne l'idée et même la certitude de l'éternité, qui découle de son essence indivisible. Répétée ou réunie à d'autres unités semblables ou différentes, elle produit la variété et tout ce que celle-ci a d'attraits et de charmes. Dans l'accord de la conduite avec la raison, comme dans l'expansion indéfinie des sentimens affectueux, elle constitue la moralité et la sensibilité. Établie et maintenue dans une foule d'objets divers, elle engendre l'ordre, la symétrie, les proportions. Enfin, imitée par l'art dans toutes ses variations, elle régénère nos jouissances, les perfectionne, en crée de nouvelles, inconnues à la nature entière. En un mot, l'amour est la cause du beau; le sentiment agréable en est l'effet, et l'unité la condition absolue.

Si j'ai bien rempli mon objet, je crois non-seulement avoir montré *ce qui est beau*, mais encore expliqué *ce que c'est que le beau*, c'est-à-dire, avoir indiqué et développé les faits primitifs qui le produisent.

FIN.

STRASBOURG, de l'imprimerie de F. G. Levrault.

www.ingramcontent.com/pod-product-compliance
Lightning Source LLC
Chambersburg PA
CBHW070928230426
43666CB00011B/2357